博士论文
出版项目

历史影响与外交政策

二战后日本对缅甸援助研究

Historical Influence and Foreign Policy

The Study of Japan's Aid to Burma after World War II

史 勤 著

中国社会科学出版社

图书在版编目（CIP）数据

历史影响与外交政策：二战后日本对缅甸援助研究／
史勤著. -- 北京：中国社会科学出版社，2024. 7.
ISBN 978-7-5227-3746-1

Ⅰ. D831. 30

中国国家版本馆 CIP 数据核字第 202413EE18 号

出 版 人	赵剑英
责任编辑	张　湉
责任校对	姜志菊
责任印制	李寡寡

出　　　版	中国社会科学出版社
社　　　址	北京鼓楼西大街甲 158 号
邮　　　编	100720
网　　　址	http://www.csspw.cn
发 行 部	010 - 84083685
门 市 部	010 - 84029450
经　　　销	新华书店及其他书店

印　　　刷	北京君升印刷有限公司
装　　　订	廊坊市广阳区广增装订厂
版　　　次	2024 年 7 月第 1 版
印　　　次	2024 年 7 月第 1 次印刷

开　　　本	710×1000　1/16
印　　　张	17
字　　　数	239 千字
定　　　价	98.00 元

凡购买中国社会科学出版社图书，如有质量问题请与本社营销中心联系调换
电话：010 - 84083683

出 版 说 明

为进一步加大对哲学社会科学领域青年人才扶持力度，促进优秀青年学者更快更好成长，国家社科基金 2019 年起设立博士论文出版项目，重点资助学术基础扎实、具有创新意识和发展潜力的青年学者。每年评选一次。2022 年经组织申报、专家评审、社会公示，评选出第四批博士论文项目。按照"统一标识、统一封面、统一版式、统一标准"的总体要求，现予出版，以飨读者。

全国哲学社会科学工作办公室

2023 年

前　言

一　选题缘起与研究意义

第二次世界大战（以下简称"二战"）是世界历史进程中极为重大的事件。"二战"深刻塑造了各国人民的历史观与世界观，影响了各国政策的走向和国际关系的演变，亦奠定了战后国际秩序。日本作为侵略者与战败国，其战后①的外交政策不可避免地建立在"二战"的历史遗产之上。但"二战"的历史遗产究竟有哪些，又是如何影响外交政策的，尚未得到学者们的深入研究。相较而言，不论是国际关系研究者，还是历史学研究者，都更加关注国家利益对外交政策的影响。这在一定程度上是因为从外交政策中发掘历史的影响及其背后的作用机制绝非易事。因此，若能厘清"二战"留给战后日本外交政策的历史影响，本书不仅能更为全面地认识战后日本外交政策、日本与亚洲国家间的关系，也将有助于深化国际关系理论，增进对外交决策中包括历史影响在内的非常规影响因素的理解。

---

① 冯昭奎认为，"战后日本外交"中的"战后"与"冷战时期"在时段上基本是重合的。本书认同此观点。冯昭奎：《日本外交：从战后到冷战后》，《太平洋学报》1994 年第 2 期。

　　论及"二战"对日本外交政策的历史影响，中日间的历史问题①是绕不开的话题。历史教科书问题、日本领导人参拜靖国神社问题和慰安妇问题时常伤害着中国人民的感情，引发中国对日本的外交反弹。从本质而言，这乃是历史问题对中国外交政策的影响，进而作用于中日关系。再者，"二战"的历史影响也不仅限于历史问题。研究案例的选择标准应以尽可能全面地揭示"二战"对日本外交政策的历史影响为准。就中日关系而言，"二战"的历史影响被战后长期中断的中日邦交所阻碍。自 1949 年中华人民共和国成立到1972 年田中角荣访华，由于东西方阵营的对立，中日两国之间没有正式的外交关系。在这样的情况下，战争创伤和日本侵华战争期间所形成的中日间政治、经济、文化与人际关系势必会因为两国关系的限制而逐渐萎缩或者变异。还有，从外交空间来看，战后日本外交大体上唯美国马首是瞻，特别是在中国政策上缺少自主外交的空间。"二战"的历史影响容易被美国或冷战因素遮蔽而不显著。由此观之，日本对华外交难以成为观察"二战"对日本外交政策的历史影响之合适案例。

　　那么日本对美外交是否可行？美国确实是"二战"后首批与日本恢复外交关系的国家。不仅如此，在 1945 年日本战败后，美国通过驻日盟军总司令部（GHQ）的间接统治、《旧金山对日和约》（以下简称为《旧金山和约》）深刻影响了战后的日本政治与外交。可以说，战后日本以美日关系为核心的外交路线在一定程度上就是"二战"历史影响的结果。不过，日本在战时仅兵临美国在太平洋的部分岛屿以及美属菲律宾，并没有侵占过美洲大陆。美日之间的战争创伤问题远不如日本与中国、东南亚国家间严重，也没有突出的历史遗留问题。在此情况下，日本对美外交仅能反映出其深受美国

_____

　　① "历史问题"是战后尚未处理完而日本试图继续逃避的"战争责任问题"。刘建平：《中日"历史问题"的过程性结构与"历史和解"可能的原理》，《日本学刊》2019 年第 6 期。

的影响，而无法体现出日本的侵略历史与其历史观在外交政策中的影响。是故，日本对美外交并非最佳案例。

鉴于此，最佳的案例应满足以下原则：其一，对象国必须遭受过日本的侵略与占领；其二，该国与日本较快恢复了邦交关系；其三，日本对该国的政策具有较大的外交空间，即相对少地受到美国或者冷战因素的影响。基于上述原则，印度、韩国、朝鲜、越南、老挝、柬埔寨、菲律宾和印度尼西亚等国被排除。印度不符合第一条标准，朝鲜半岛与印度支那均地处冷战年代东西方对抗的前沿地带。菲律宾曾是美国的殖民地，战后依然与美国保持着密切的联系。印度尼西亚是这些国家中最为符合前述三条原则的国家。然而，印度尼西亚是东南亚地区最大的国家，战后初期拥有过该地区规模最大的共产党组织，先在离岛叛乱上遭到美国的干预，后于 1965 年"九卅"事件后转向依赖以美国为首的西方世界的支援。因此，美国政府出于反共立场很关注印度尼西亚，并积极推动日本增加对印度尼西亚的经济援助。① 此外，马来西亚与新加坡在战后较长时期仍属于英国殖民地，直到 20 世纪 60 年代才彻底实现独立。

缅甸是最符合前述三条原则的国家。回顾日缅关系史，缅甸在"二战"期间遭到日本的侵略与殖民统治，战后最早同日本解决战争赔偿问题②，并于 1954 年和日本建立了正式的外交关系。再者，日

---

① "Visit of Prime Minister Eisaku Sato of Japan," November 9, 1967, *Digital National Security Archive*（*DNSA*）, JU00817; "Memorandum of Conversation," May 28, 1970, *Foreign Relations of the United States*（*FRUS*）, 1969 - 1976, Southeast Asia, 1969 - 1972, Vol. 20, Washington, D. C. : United States Government Printing Office, 2006, p. 650.

② 战争赔偿，是指由于战争行为，战败国向战胜国提供金钱、劳务、生产品等作为补偿。在日本所履行的赔偿中，只有日本对缅甸、菲律宾、印度尼西亚和南越的补偿行为被认定为正式赔偿。除正式赔偿外，还有两种赔偿形式。一种为临时赔偿，最初形式是拆迁赔偿，即盟军占领日本初期所实施的对中国、菲律宾等国的赔偿形式。日本独立以后，临时赔偿在形式上和目的上均发生了变化。日本主要以打捞沉船等劳务形式来补偿菲律宾、印度尼西亚等国，以此推动同这些国家的赔偿谈判进程。另一种是准赔偿，即在非直接依据《旧金山和约》第 14 条的情况下，通过有偿或无偿贷款提供经济援助，来补充赔偿之不足。

本的缅甸外交具有较大的外交空间。一方面，缅甸在美国对亚洲政策中的重要程度低。1956 年，美国国防部认为，从军事角度而言，缅甸并不重要，不值得美国投入军事援助。[①] 1962 年，美国负责国家安全事务的官员亦指出：相比于援助缅甸，保持印度在某种程度上以西方为导向的中立主义路线更为重要。[②] 另一方面，缅甸奉行中立主义外交与不结盟政策，避免卷入美苏两大阵营间的对抗，甚至还一度对美国持反感态度。这一反感发端于朝鲜战争时期美国扶植在缅甸的中国国民党残部武装，[③] 导致缅甸政府从 1953 年起停止接受美国的援助。此后，缅甸在外交上没有明显倒向过美国，也对接受美国援助持审慎态度。故而，日缅关系较少受到美国方面的干涉。

在此基础上，本书决定以日本对缅甸的经济援助为研究对象，探究 "二战" 对战后日本外交政策的历史影响。原因有三：首先，经济援助是战后日本的主要外交手段，在实现国家利益上发挥了重要作用。其次，经济援助是日缅关系与日本的缅甸政策的主要议题。日本长期是缅甸最大的援助来源国，缅甸同样频频位居日本的十大援助对象国之列。最后，日本对缅甸的经济援助历史悠久，起源[④]于 1954 年日本对缅甸的战争赔偿，延续至今，留下了丰富的档案文献

---

① "Memorandum From the Acting Secretary of State to the President," August 24, 1956, *FRUS*, 1955 – 1957, Southeast Asia, Vol. 22, Washington, D. C. : United States Government Printing Office, 1989, pp. 81 – 82.

② "Memorandum From the President's Deputy Special Assistant for National Security Affairs (Kaysen) to the Chairman of the Policy Planning Council and Counselor of the Department of State (Rostow)," April 16, 1962, *FRUS*, 1961 – 1963, National Security Policy, Vol. 8, Washington, D. C. : United States Government Printing Office, 1996, p. 272.

③ "Telegram From the Embassy in Burma to the Department of State," March 30, 1957, *FRUS*, 1955 – 1957, Southeast Asia, Vol. 22, pp. 99 – 101; "Foreign Office Weekly Newsletter," September 11, 1951, National Archives of Myanmar, 15 – 3 (31) – 43, pp. 4 – 5.

④ 日本政府与学者多将对东南亚国家的战争赔偿视为日本战后对外援助的起源。永野慎一郎、近藤正臣编：『日本の戦後賠償：アジア経済協力の出発』、東京：勁草書房、1999 年；Patrick Strefford, "How Japan's Post-war Relationship with Burma Was Shaped by Aid," *Asian Affairs*, Vol. 41, No. 1, March 2010, pp. 35 – 45.

材料，为本书研究提供了足够的空间与可行性。因此，不管是从研究价值还是从史料基础来看，日本对缅甸援助都是值得研究的对象。

围绕日本对缅甸援助的研究亦具有重要的学术价值与现实意义。在学术价值上，本书兼具历史影响研究和战后日本外交研究双重意义。从历史影响角度考察日本对缅甸援助政策，一方面可以观察"二战"对日本外交政策特别是亚洲政策的影响；另一方面可以通过分析日本对缅甸援助政策的动机与变迁，来解读历史影响的实质。关于战后日本外交研究，当前学界更多注意到美国与冷战因素的影响，对"二战"历史影响的研究仍然十分薄弱。这在一定程度上源于"二战"史与冷战史研究断代划分之沉疴。跨越断代划分，打通"二战"与战后的时空联系，将有助于我们理解战后的世界。从现实意义层面来看，本书在研究日本援助缅甸动机的基础上，考察战后日本的历史观与亚洲外交，试图辨析日本背负的历史包袱，以及日本谋求走出"战后"、成为"正常国家"的企图，为今后中日间乃至于亚洲国家间如何相处提供启示与借鉴。

二　研究现状综述

日本对缅甸的经济援助是"二战"后日缅关系的核心内容。它起源于1954年的《日缅战争赔偿与经济合作协定》，经1963年准赔偿性质的日缅经济技术合作，至1969年日本给予缅甸首笔政府开发援助，于20世纪70年代末到80年代盛极一时，迄今仍未断绝，实质上贯穿了整个现代日缅关系。再者，"二战"时期日本对缅甸的侵略与伤害是战后日本赔偿的缘由。因此，透过日本对缅甸的经济援助及其动机，我们不仅可以看到战后日缅关系与日本对缅甸政策的变迁，而且能更好地认识"二战"对后世的影响。下文先简要回顾战后日缅关系研究，再详细梳理日本对缅甸经济援助动机的研究现状。

　　战后日缅关系研究的兴起与发展同缅甸政局的演变紧密相关。20 世纪 80 年代末到 90 年代初，缅甸政局发生巨变。1988 年缅甸政治转型危机与军事政变、1989 年 7 月军政府软禁在野党领袖昂山素季、1990 年大选与军政府拒绝还政于民和 1991 年昂山素季荣获"诺贝尔和平奖"等一系列事件引起国际社会对于缅甸政治转型的关切。1989 年 2 月，日本成为西方阵营中最先承认缅甸军政府的国家并恢复了对缅甸的经济援助，此举遭致国际舆论与缅甸国内反对派的批评。同一时期，出于对缅甸问题的兴趣，国际学界兴起了日缅关系的研究热潮，探究日本的缅甸政策以及反思过往政策。代表性学者有戴维·斯坦伯格（David I. Steinberg）、唐纳德·米赛金斯（Donald M. Seekins）、斋藤照子、根本敬与工藤年博等。[①] 此后，2003 年"五·三〇"事件中昂山素季再次被软禁、2007 年日本记者长井健司在仰光的游行示威中遇害，亦引起国际社会以及学界的关注。2007 年，唐纳德·米赛金斯出版了专著《自 1940 年以来的日缅关系》，这是迄今为止唯一一部有关日缅关系的通史性著作。[②] 再到 2008 年，缅甸宣布将于 2010 年举行大选。2010 年缅甸大选的顺利举行与登盛政府的成立，再度激发学界对于缅甸问题和日缅关系的研究热情。这一次，中国学者也参与到日缅关系的学术讨论中。毕世鸿、范宏伟与刘晓民先后在《当代亚太》上发表关于日缅关系与

---

① David I. Steinberg, "Japanese Economic Assistance to Burma: Aid in the 'Tarenagashi' Manner?" *Crossroads: An Interdisciplinary Journal of Southeast Asian Studies*, Vol. 5, No. 2, 1990, pp. 51 – 107; Saito Teruko, "Japan's Inconsistent Approach to Burma," *Japan Quarterly*, Vol. 39, January-March 1992, pp. 17 – 27; Donald M. Seekins, "Japan's Aid Relations with Military Regimes in Burma, 1962 – 1991: The Kokunaika Process," *Asian Survey*, Vol. 32, No. 3, March 1992, pp. 246 – 262; 根本敬:「『日本とビルマの特別な関係』?: 対ビルマ外交に影を落としてきたもの」、『アジア・アフリカ言語文化研究所通信』1993 年第 77 号、第 11—17 頁; 工藤年博:「日本の対ビルマ援助政策の変遷と問題点」、『アジア・アフリカ言語文化研究所通信』1993 年第 79 号、第 1—18 頁。

② Donald M. Seekins, *Burma and Japan Since 1940: From "co-prosperity" to "quiet dialogue"*, Copenhagen: NIAS Press, 2007.

日本对缅甸外交的论文，引领了中国学界对于该主题的研究。[①]

纵观这三十余年的日缅关系研究，学界已经在日本对缅甸经济援助、日缅战争赔偿问题、1988 年以来的日缅关系特别是缅甸政治转型背景下的日本对缅外交等问题上取得丰硕的成果。[②] 在经济援助研究中，国际政治角度的研究主要使用以下三种理论来揭示援助的动机：现实主义的国家利益理论、超国家理论、国家内部因素的外化理论。除此以外，人道主义亦是重要的动机。在日本对外援助研究上，前人多立足于国家利益论来解释日本的援助动机，肯定经济援助是日本实现国家利益的重要外交手段。[③] 具体到日本对缅甸经济援助，已有研究在主张日本援助缅甸是出于自身利益需要的同时，也指出其援助原因中有非常规因素。归纳而言，前人研究大致提出了三种观点：经济利益、政治利益、"日缅特殊关系论"。

经济利益是日本援助缅甸的重要动机。缅甸拥有丰富的自然资源、大量的廉价劳动力，同时与中国、印度市场相邻，是颇具发展潜力的市场，号称"亚洲最后的边疆"。[④] 是故，绝大多数学者在揭示日本援助动机与目的时都会提到经济利益，认为日本重视缅甸的

---

① 毕世鸿：《冷战后日缅关系及日本对缅政策》，《当代亚太》2010 年第 1 期；范宏伟、刘晓民：《日本在缅甸的平衡外交：特点与困境》，《当代亚太》2011 年第 2 期。

② 有关战争赔偿的研究有：Ma Myint Kyi, *Burma-Japan Relations 1948－1954：War Reparations Issue*, Ph. D. dissertation, University of Tokyo, 1988；史勤：《日本与缅甸关于战争赔偿的交涉》，《世界历史》2018 年第 5 期；孔祥伟：《日本对缅甸的赔偿政策及其实施过程（1954—1960）》，硕士学位论文，华东师范大学，2019 年。围绕 1988 年以来的日缅关系的代表性研究：Patrick Strefford, "Japanese ODA Diplomacy towards Myanmar：A Test for the ODA Charter," *Ritsumeikan Annual Review of International Studies*, Vol. 6, 2007, pp. 65－78；Ryan Hartley, "Japan's Rush to Rejuvenate Burma Relations：A Critical Reading of post－2011 Efforts to Create 'new old friends'," *South East Asia Research*, Vol. 26, No. 4, 2018, pp. 367－415；吉次公介：「ミャンマー民主化と日本外交」、『世界』2014 年第 861 号、第 239—248 頁；毕世鸿：《冷战后日缅关系及日本对缅政策》，《当代亚太》2010 年第 1 期；范宏伟、刘晓民：《日本在缅甸的平衡外交：特点与困境》，《当代亚太》2011 年第 2 期。日本对缅甸经济援助的研究现状可参见下文。

③ 张光：《日本对外援助政策研究》，天津人民出版社 1996 年版。

④ 吉次公介：「ミャンマー民主化と日本外交」、第 239—248 頁。

自然资源与市场。但具体到不同年代，日本的经济利益不尽相同。就20世纪50年代初期而言，日本主要是为国内粮食安全而关注缅甸大米。① 20世纪70年代的石油危机发生后，日本的经济利益转为集中于以石油为代表的能源资源。这让此后的研究更重视能源资源领域，而忽视了早期的粮食安全。② 此外，围绕2010年以来的新动向，石原忠浩认为，日本支援缅甸政治改革有政治与经济两个方面的原因，其中日本最期待的是经贸利益。③ 然而，经济利益说也有其解释力不足之处。自1962年缅甸政变以来，奈温政权奉行"缅甸式社会主义"政策。在军人政权糟糕的经济管理能力下，20世纪50年代还在东南亚经济中占有一席之地的缅甸在20世纪80年代末沦为世界上最不发达国家之一。其间，日缅间的贸易往来极为有限。日本的援助难以获取对泰国、印度尼西亚那样规模的经济利益。即便如此，七八十年代日本对缅甸的援助金额节节攀升，日本成为缅甸最大的援助来源国，而缅甸亦跃居日本对外援助的十大受援国之列。因此，在已有研究中，经济利益虽然一直被反复提及，却很少被视为唯一或最主要的动机。

除经济利益外，日本意图通过援助谋取政治利益。日本希望在战略位置重要的缅甸拥有政治影响力。地缘政治上，缅甸位于中国与印度之间，是中国至孟加拉湾的出海口，还毗邻日本与中东的重要通道印度洋。④ 加之，邻邦中国在缅甸享有巨大的影响力。因此，日本对缅甸的援助目的，在一定程度上有制衡中国影

---

① 根本敬：「日本とビルマの関係を考える—占領と抗日、戦後のコメ輸出、賠償とODA、そして未来」、永井浩、田辺寿夫、根本敬編著：『「アウンサンスーチー政権」のミャンマー：民主化の行方と新たな発展モデル』、東京：明石書店、2016年、第163—164頁。

② 白如纯：《日本对缅甸经济援助：历史、现状与启示》，《现代日本经济》2017年第5期。

③ 石原忠浩：《加温中的日缅关系：简析当前日本对缅甸的经济合作》，《新社会》(New Society For Taiwan) 2016年第46期，第35—38页。

④ 吉次公介：「ミャンマー民主化と日本外交」、第239—248頁。

响力的企图。① 这种中日影响力竞争早在 20 世纪 60 年代初就曾发生过。吉次公介与张绍铎均指出，日本池田勇人内阁在决定向缅甸提供经济与技术援助时，怀有反共与制衡中国、配合美国战略的考虑，以期借援助分化中缅关系，争取使缅甸倒向西方阵营。② 然而，20世纪 70 年代起，缅甸的地缘政治价值随着中美关系、中日关系的改善而有所下降，同期日本对缅甸的援助却在逐年递增，这无法用缅甸战略位置的重要性与制衡中国影响力等因素解释。冷战结束以后，随着中国的崛起、中日关系的恶化与中日在缅甸影响力的兴衰，日本对缅甸经济援助政策愈发呈现出制衡中国的态势。毕世鸿认为，日本的最终目的在于努力使缅甸成为在日本主导之下、通过接受经济援助而逐渐走向市场经济和实现民主化社会的样板国家，从而为日本在东南亚地区确立主导地位、实现政治大国目标奠定基础。③ 亦有研究指出，2010 年以来日本的援助反映了日本在地区外交层面配合美国亚太战略的目的。④

　　就国家利益论难以解释的部分，学界认为，需要考虑日本与缅

　　① 有关中日在缅甸的竞争研究主要有：James Reilly, "China and Japan in Myanmar: Aid, Natural Resources and Influence," *Asian Studies Review*, Vol. 37, No. 2, 2013, pp. 141 –157；Ryan Hartley, "Japan's Rush to Rejuvenate Burma Relations: A Critical Reading of post-2011 Efforts to Create 'new old friends'," *South East Asia Research*, Vol. 26, No. 4, 2018, pp. 367 –415；罗圣荣：《1988 年以来中日官方对缅甸援助比较与启示》，《深圳大学学报》（人文社会科学版）2018 年第 1 期。

　　② 吉次公介：『池田政権期の日本外交と冷戦：戦後日本外交の座標軸 1960—1964』，東京：岩波書店、2009 年、第 121—141 頁；张绍铎：《中日对缅经济外交的争夺战（1960—1963）》，《国际观察》2015 年第 5 期。

　　③ 毕世鸿：《冷战后日缅关系及日本对缅政策》，《当代亚太》2010 年第 1 期；Bi Shihong, "New Developments in the Japan-Myanmar Relationship since Thein Sein Came to Power," in C. Li, C. C. Sein, and X. Zhu, eds., *Myanmar: Reintegrating Into The International Community*, Singapore: World Scientific Publishing Co, 2016, pp. 157 –180.

　　④ 白如纯：《日本对缅甸经济援助：历史、现状与启示》，《现代日本经济》2017年第 5 期。

甸间的"特殊关系"。① 围绕日本为何长期重金援助经济停滞的缅甸，唐纳德·米赛金斯指出这并不符合日本政府开发援助来为本国私有资本进入第三世界国家开路的传统模式。虽然他很难回答是不是因为战争亲历者的个人关系网络、日本政治家和奈温让缅甸得到特殊对待，但肯定个人网络确实存在。② 根本敬深入分析了日本政界和商界的"日缅特殊关系论"。该论强调战后日缅两国间拥有历史性的极为亲密友好关系。这一历史性由一套日缅关系史叙事的背书。"二战"时期日本"帮助"缅甸独立并培养民族志士，战后初期缅甸向日本提供粮食，率先同日本缔结赔偿协议，展现了对日本的友好态度。该叙事据此证明日缅友好关系的历史基础与悠久性。根本敬一方面批判这一叙事存在选择性阐释历史的问题，忽视了日本侵占时期缅甸共产党的抗日活动、1945 年缅甸的抗日起义；另一方面仍承认"特殊关系"对日本援助的影响。③ 然而，战后缅甸在长期奉行中立主义外交政策与不结盟立场的情况下，是否会与日本结成"特殊关系"？20 世纪 60 年代初，缅甸曾向中国抱怨日本对其经济独立的威胁。虽然不能以此为由否定日缅友好关系的存在，但至少可以说明当时缅甸对日政策亦有警惕的一面。④ 因此，所谓的"日缅特殊关系"究竟是日缅关系的真实写照，还是日本单方面的认识，又在日本对缅甸援助政策上产生了怎样的作用，还有待进一步的研究。

综上所述，国内外学界在日本为什么援助缅甸问题的研究上硕果累累。这些成果呈现出三个特点：其一，解释的多元性。学者们

① Saito Teruko, " Japan's Inconsistent Approach to Burma," pp. 17 – 27；工藤年博：「日本の対ビルマ援助政策の変遷と問題点」、第 1—18 頁。

② Donald M. Seekins, *Burma and Japan Since 1940*: From "co-prosperity" to "quiet dialogue", p. 66.

③ 根本敬：「戦後日本の対ビルマ関係：賠償から"太陽外交"まで」、『フォーラム Mekong』2001 年第 3 巻第 4 号、第 3—6 頁。

④ 张绍铎：《中日对缅经济外交的争夺战（1960—1963）》，《国际观察》2015 年第 5 期。

注意到日本对缅甸援助动机与目的的复杂性与多重性，故采取全面多元的解释方式，既指出日本对缅甸援助动机中的经济利益，也提到政治利益的追求，有时还回顾两国间的历史友谊。[①]　其二，解释的时效性。不同时期，经济利益、政治利益与"特殊关系"是否起作用、起多大的作用是不同的。甚至，经济利益与政治利益的内涵也随着时间的变迁而发生了变化。其三，解释的时政性。日缅关系研究紧跟时局的嬗变，这意味着大多数的研究落脚点旨在理解当时或者 1988 年以来的日缅关系以及日本的缅甸政策，对历史的关注较为不足。已有研究即便有历史的回顾与分析，也多缺乏对于 1962—1988 年奈温执政时期日缅关系的深入讨论。[②]　而日本恰恰是在这一时期开启并大幅增加对缅甸政府开发援助。总之，既有研究多从横向剖析日本援助缅甸的多元动机，较少从历史纵向上考察日本对缅甸援助动机的变迁，更没有深究"特殊关系"的由来及其影响日本对缅甸援助的路径。

三　研究思路与方法

在前人研究的基础上，本书将通过梳理战后日本对缅甸经济援助政策，剖析其援助原因，进而揭示"二战"的历史影响在日本外交政策中的角色。前述问题意识可以进一步细分为下述三个小问题：（1）"历史"是否在日本外交政策中产生了影响；（2）若存在历史

① 范宏伟、刘晓民：《日本在缅甸的平衡外交：特点与困境》，《当代亚太》2011 年第 2 期；毕世鸿：《缅甸民选政府上台后日缅关系的发展》，《印度洋经济体研究》2014 年第 3 期；韩召颖、田光强：《试评近年日本对缅甸官方发展援助政策》，《现代国际关系》2015 年第 5 期；白如纯：《日本对缅甸经济援助：历史、现状与启示》，《现代日本经济》2017 年第 5 期。

② 吉次公介的新作部分填补了 20 世纪 60 年代日缅关系史的研究空白。吉次公介：「佐藤政権期における対ビルマ経済協力：対ビルマ円借款の起点」、『立命館法学』2019 年第 387・388 号、第 494—520 頁。

影响，这一影响是如何产生的；（3）若不存在历史影响，日本为何会出现"特殊关系论"的说法。为达成上述研究目标，本书将从以下视角和方法出发来展开研究。

本书试图从历史影响的角度分析日本援助缅甸的原因。"二战"对日本外交政策的历史影响，归根结底是对决策者的影响。在外交政策制定上，决策者会受到国内外因素的多重影响，包括决策者的认知与经验、相关的人际网络、国内舆论、国际形势与压力等。在此基础上，本书将探究"二战"历史在这些影响因素的形成上是否发挥过作用，以及起作用或不起作用的原因。

虽然立足于历史影响角度，但本书不会忽视现实利益对日本援助的影响。国家利益在外交的方向上起着极为重要的作用。任何违背国家利益的外交政策都会因为难以得到立法机构、全国人民的支持而不可能持久。同时，随着时空的推移，日本决策者们的认知也会有差异或者变化。现实的国际局势、双边关系、内政局面都可能影响领导人的认知与利益判断。因此，笔者将从古今互动的关照下审视外交与历史、现实之间的关系，以严谨、客观的态度去厘清日本援助的原因，辨析历史影响之有无和作用机制。

本书内容的时间跨度长达七十余年，起始于 1945 年"二战"的结束，截至 2020 年日本首相安倍晋三辞职。在当代外交史研究中，学者们更多地选择短时段视角，即以事件、时段来明确研究对象与范围。这样的研究视角能更好地揭示事物的特殊性与复杂性，但同时也有可能造成学者对于特殊性与复杂性背后的规律或者常量因素的忽视。基于此，作者拟在长时段视角下观察日本对缅甸的经济援助政策及其动机，不仅把握每一个重要事件、重要时间节点的特殊性，而且试图揭示变迁情况及变迁中的常量因素。不管是相对于短时段的事件史研究而言，还是从缅甸独立建国和日本对外经济援助的历史来看，本书的研究可以称得上是长时段考察。

除纵向的长时段考察外，笔者不会局限于双边视角，而是尽可能拓展横向方面的探讨，从日本对东南亚外交的广域视野下审视该问题，将日本对缅甸的政策、援助同日本对其他东南亚国家的政策、援助做比较，以及探究日本的缅甸政策与东南亚政策的联系。原因如下：一是，日本向包括缅甸在内的东南亚国家均提供过经济援助。比较研究可以较好地揭示缅甸案例的特殊性与内在价值。二是，日本将缅甸视为东南亚政策中的重要对象国。缅甸与其他东南亚国家在地缘政治上相互联系，共同构成了攸关日本利益与安全的地区态势。因此，在具体的研究中，本书不但分析了日本对缅甸经济援助的过程，还关注到日本对东南亚政策、对东南亚国家的经济援助及其同日本援助缅甸的联系与差异，力求对日本援助缅甸原因做全方位、深入的研究。

　　最后，笔者综合利用了多边多种文献资料，以期达成研究目的。本书主要立足于日本史料、辅之以美国、英国的相关文献来探究战后日本对缅甸经济援助政策。例如日本外务省外交史料馆馆藏外交档案、日本外交开示文书、《日本外交蓝皮书》、"日本国会议事录"、《美国对外关系文件集》和英国国家档案馆馆藏外交档案等材料。在日本外交史料馆的档案中，数个卷宗经笔者的申请与史料馆的审查后解密，属于首次公开面世。除官方档案文件外，《朝日新闻》、厦门大学南洋研究院图书馆馆藏的缅甸华文报刊与京都大学东南亚研究所图书室馆藏的日本缅甸协会刊物《缅甸情报》（后更名为：《缅甸新闻》）等有关报刊资料亦是重要的史料基础。此外，在京都大学东南亚所学者的引荐与个人联系下，作者通过口述访谈与邮件联络，访谈了日本外交研究方向的立命馆大学教授、曾任日本驻缅甸大使馆二秘的亚洲开发银行官员、原内阁部长三人。幸得诸位师长的分享，笔者得以洞悉"特殊关系论"的多重内涵、日本外交与援助的运作和领导层的缅甸观。

四　历史影响的概念与作用机制

　　"二战"对战后日本外交政策的历史影响，不仅反映着"历史"影响政府行为的可能性与效果，还体现着"历史"与"人"的关系。政府由人所构成，外交政策的制定与实践也是由人完成。有鉴于此，本节在前人研究与笔者个人对"历史"的认识基础上，从一般意义上思考"历史"与"人"的关系、历史影响是什么的问题，进而勾勒历史影响的作用机制。

　　"历史"与人有着紧密的关系。一方面，"历史"的生成需要以过去的事实作为基础。过去的事实一般是由人的活动及其产物所构成。① 另一方面，"历史"亦需要人的记忆、记录与发现。过去发生的事，并不自动地成为"历史"。② 卡尔的《历史是什么?》指出："我们所接触到的历史事实从来不是'纯粹的历史事实'，因为历史事实不以也不能以纯粹的形式存在：历史事实总是通过记录者的头脑折射出来。"③ 人的活动及其产物历经时间的洗礼，通过人的记录、叙述以及实物遗存等形式，留下了"历史"的片段。若是时间并未过去太久，亲历者依然在世。他们既承载和记忆着"历史"，又在一定程度上代表着"历史"。在时间久远的情况下，历史学家承担着发现与重新认识的工作。他们可以通过对片段的发掘、选择、观察与分析，形成对于过去的历史认识与记忆。

　　"历史"会对人产生影响，这种影响可以分为原始影响与非原始

---

　　① 环境史的兴起尽管在冲击着"以人为中心"的历史，但其本身仍依赖人的发现、研究，才能成为对人有意义、有影响的历史。

　　② 钱乘旦：《发生的是"过去"写出来的是"历史"——关于"历史"是什么》，《史学月刊》2013 年第 7 期。

　　③ ［英］霍华德·卡尔：《历史是什么?》，陈恒译，商务印书馆 2007 年版，第106 页。

影响。历史的亲历者们基于自己的历史记忆①与认识做出反应。例如，肩负决策之责的亲历者吸取历史经验教训，改革制度与方针。还有亲历者会对外讲述或者记录下自己的经历，留下"历史"的片段。本书将此定义为"历史"对于人的原始影响，且该影响只发生在亲历者身上。亲历者的反应及其结果可能会进一步影响到更多人的历史认识与行为。由此，个体的历史记忆与认识可能成为集体的历史记忆与共识，形成历史记忆与认识的扩散。扩散规模的大小在很大程度上取决于传播的方式。传播方式包括人的口头讲述、记录以及创作。讲述与记录相对更为接近历史事实。而创作则以"历史"为基础，以小说、电影等体裁来呈现"历史"，虽然偏离历史事实，但是往往会影响到更大规模的人群，塑造众人的历史记忆、认识与行为。这便是"历史"对于人的非原始影响。相较于原始影响，非原始影响的受众范围更广，既可以作用于亲历者身上，也会影响亲历者的亲友和其他的听众、读者、观众。

历史遗存的事物同样会影响人的历史认识与行为。遗存的事物是指在历史时期内人的活动产物，代表着"历史"的存在，既包括实物遗存，也包括非实物遗存。实物遗存不难理解，指的是具有客观存在的实体，比如战争的遗迹、遗物与遗骸等。非实物遗存指的是不完全依存于人的意志而存在的非实体事物。例如政治与军事制度，或者口耳相传的歌曲，还有人际关系，乃至于精神上的战争创伤，都属于历史活动的产物。人可以通过这些无形的存在知晓部分的历史事实。如果后人改变了制度与歌曲，改变后的制度与歌曲只能被认为是新事物，而不属于历史遗存。当人彻底忘记、也没有其他事物记录非实物遗存的时候，该历史遗存将消失。不管是实物还是非实物的历史遗存，都可以通过与人的联系，对人的历史认识与行为产生不同程度的影响。联系的方式非常广泛，分为直接的接触与间接的感知。考古发掘、战争遗迹的走访与历史歌曲的颂唱等，

————————

① 历史记忆是"人"对于"历史"的记忆与表述。

这是人与历史遗存的直接接触。人亦可以通过电视、图片领略历史遗迹、古建筑的风采，间接感知历史遗存。

鉴于此，本书将人与历史遗存的事物定义为历史影响的载体，并将人的历史认识视为附属于人的准载体。同时，图书影像若体现了作者的历史认识，亦是附属于作者的准载体。例如历史电影、小说与教科书等。人根据其历史认识而展开的行为（反应）即为历史影响的结果。当历史影响的结果进一步影响到更多的人，则此"结果"起到了传播历史影响的功能。换言之，历史影响的结果还承担着联系历史本体、载体、准载体的职能。由此，历史的本体、载体、准载体与结果共同构成了历史影响的全过程。

综上所述，根据前文关于历史影响的概念界定，笔者绘制了如下流程图，有助于读者全面、深入地理解历史影响的概念与运作机制。

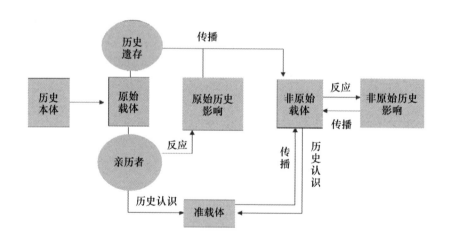

图 1　历史影响流程图

需要指出的是，本书所关注的历史影响并不是发生于第二次世界战争期间，而是在战争结束后"二战"对人、事、物的影响。围绕"二战"的历史影响，学界已经展开了一定的研究。[①] 例如，中国第二次世界大战史研究会和南京陆军指挥学院于 2004 年 11 月 8—9 日在南京联合举办了"第二次世界大战及其遗留问题对战后世界的影响"学术研讨。[②] 在前文关于"历史"的原始影响与非原始影响的划分标准下，已有研究多考察的是原始影响，探究"二战"对于战后国际社会、国家、群体与个人的影响。[③] 本书在发掘原始影响的同时，也探究了"历史"的非原始影响。

[①] 受到学界关注的"二战"对战后美国民权运动、印第安人、华人的影响，就属于历史影响。谢国荣：《二战对美国民权运动的影响》，《世界历史》2005 年第 3 期；丁见民：《试析二战对美国印第安人的负面影响》，《史学月刊》2013 年第 5 期；李爱慧：《二战对美国华人社会地位的深远影响新探》，《暨南史学》2017 年第 2 期。

[②] 彭训厚：《二战及其遗留问题对战后世界的影响学术研讨会在南京召开》，《军事历史》2004 年第 6 期。

[③] 以下列举的研究均关注"二战"对于战后世界的原始影响。姜富生：《"二战"对战后军队编制体制改革的影响》，《军事历史》1992 年第 6 期；顾关福：《二战对战后国际关系的影响》，《外交学院学报》1995 年第 3 期；余亮：《试论二战遗留问题对日俄关系的影响》，《日本研究论集》，2006 年；万文秀：《二战期间日澳关系及其对战后双方的影响》，硕士学位论文，吉林大学，2013 年。

摘　　要

　　第二次世界大战是人类发展进程中极为重大的历史事件。"二战"深刻塑造了各国人民的历史观与世界观，影响了各国政策的走向和国际关系的演变，亦奠定了战后国际秩序。日本作为侵略者与战败国，其战后的外交政策不可避免地建立在"二战"的历史遗产之上。第二次世界大战从根本上改变了日本同其他亚洲国家的关系，制约了战后日本的外交手段，也在某种程度上造就了日本的历史观、对亚洲国家的认识与自我认知。

　　本书试图从历史影响的角度理解战后日本外交，并以日本对缅甸的援助为研究对象。日本在"二战"时期侵占过缅甸，但战后却和后者建立了亲密友好的关系，还称之为"特殊关系"。同时，历史影响与现实利益、环境相交织，以致须从古今互动的关照下审视历史与外交之间的关系。基于此，本书主要运用日本的外交档案、国会议事录、报刊与访谈资料，辅以缅甸、美国、英国的档案，综合考察日本援助缅甸的原因，揭示"二战"的历史影响因素在其中扮演的角色，厘清历史影响之有无与生成机制，进而探析战后日本的历史观与亚洲外交，并在此基础上思考历史和人、国家间的关系。

　　通过长时段的历史考察，本书得出以下结论：第一，日本对缅甸的援助是经济利益、政治目标与历史影响等多重因素作用的结果。第二，"二战"通过历史遗留问题、历史亲历者、历史人际关系和历史认识影响了日本对缅甸的援助政策。第三，所谓的"日缅特殊关系"宜被理解为两国间存在历史的联系，非指双边关系的实际状态。

此论背后则是日本存在错误的历史认识。即一部分日本人更愿意"相信"日本"解放"亚洲的历史。第四，日本错误的历史认识造成其与亚洲邻国不时围绕"二战历史"发生分歧，导致日本的亚洲外交背上了沉重的历史包袱。但是，在缅甸的案例中，日本忽视侵略伤害，强调自身对缅甸独立的历史贡献。缅甸军政府也出于政权合法性需要部分肯定这一点。这让战后日本的缅甸外交非但没有历史包袱、反而在支援缅甸上产生了令人可笑的责任感、使命感。第五，本书从哪些"历史"能产生影响出发，讨论了历史与人、国家的关系。

关键词：历史影响；第二次世界大战；日本外交；经济援助

Abstract

The Second World War was one of the most important events in human history. The war profoundly shaped the historical understanding and worldviews of people around the world, affected the direction of policies in various countries, transformed international relations, and laid the foundation for the post-war international order. As an invader and a defeated power, Japan's post-war foreign policy was inevitably built upon the historical legacy of World War II. The War fundamentally changed the Japan's relationships with other Asian countries, constrained its diplomatic means after the war, and, to some extent, shaped Japan's view of history, understanding of Asian countries and self-cognition.

This book aims to explore the Japanese post-war diplomacy from the perspective of historical influence, focusing on Japan's aid to Burma as a case study. Japan invaded Burma during World War II, but established what it calls a "special relationship" with Burma after the War. Besides, historical influences are often intertwined with pratical interests and circumstances. Therefore, this book examines the relations between history and diplomacy from the perspective of the interaction between history and reality. In view of this, drawing primarily on Japan's diplomatic archives, congressional records, newspapers and interviews, in addition to Burmese, American and British archives, this book investigates the reasons for Japan's aid to Burma and the role played by historical influence of World War II, clarifies whether there was any historical influence, the formation mechanism of this historical influence, and then probes into Japan's view of history and Asian diplomacy after the War. Based on these findings, it further explores the relationship between history, individuals and states.

On the basis of historical investigation from a long-term perspective, this book reaches the following conclusions: First, multiple factors, including economic interests, political objectives, and historical influence, contributed to Japan's aid to Burma. Second, the Second World War exerted historical influences on Japan's aid policy through historical legacy issues, historical witnesses, historical interpersonal relationships and historical understanding. Third, the so-called "special relationship" between Japan and Burma should be understood as a historical connection rather than the actual state of bilateral relations. This perspective is rooted in a misperception of history among the Japanese people, as some are more inclined to believe in Japan's historical role in the "liberation" of Asia. Fourth, misinterpretations of history have periodically sparked disputes between Japan and its Asian neighbors over history of World War II, imposing a heavy historical burden on Japan's Asian diplomacy. However, in the case of Burma, Japan ignored the harm of the invasion, emphasizing its contribution to Burma's independence instead. The Burmese junta also partially acknowledged this perspective due to their need for legitimacy, enabling Japan's diplomacy with Burma to not only avoid bearing the historical burden, but also develop a sense of responsibility for supporting the country. Fifth, this book discusses the relationships between history, individuals and states by explaining what "history" can make a difference.

Key Words: Historical Influence; World War II; Japanese Diplomacy; Economic Assistance

目　　录

第一章　"二战"、亚洲与战后日本外交 ……………………（1）

　　第一节　战后外交决策体制 ………………………………（1）

　　第二节　以美日关系为核心的外交路线 …………………（6）

　　第三节　经济援助与援助对象的甄选 ……………………（11）

第二章　"二战"的历史遗产与日本对缅甸政策的基础 ……（18）

　　第一节　个人间的人际关系 ………………………………（18）

　　第二节　日本人缅甸情结的纽带：日军遗骸与

　　　　　　《缅甸的竖琴》 …………………………………（25）

　　第三节　战争赔偿问题及其解决动力 ……………………（31）

第三章　战争赔偿与日本对缅甸经济援助的萌芽……………（39）

　　第一节　战争赔偿问题的解决与日缅建交 ………………（39）

　　第二节　日缅经济关系的恶化 ……………………………（50）

　　第三节　日本对缅甸赔偿再协商问题 ……………………（60）

第四章　历史人际关系与1963年《经济技术合作协定》 ……（70）

　　第一节　缅甸政变与日本的反应 …………………………（70）

　　第二节　缅甸新政府、奥田重元与赔偿再协商谈判 ………（74）

　　第三节　赔偿再协商问题的解决 …………………………（80）

　　第四节　昂季下台与《经济技术合作协定》 ……………（86）

第五章　友好关系的形成与 1969 年日本对缅甸的日元贷款 …… （92）

第一节　疏远的日缅关系 ……………………………………… （92）

第二节　四大工业项目与日元贷款问题 ……………………… （99）

第三节　1967 年佐藤荣作访缅与日本的援助承诺 ………… （103）

第四节　向好的日缅关系与日元贷款问题的解决 ………… （109）

第六章　缅甸观与 70 年代初日本对缅援助 ……………… （113）

第一节　处变自省与日本对外援助的演变 ………………… （113）

第二节　佐藤内阁末期的对缅认知与援助 ………………… （118）

第三节　田中内阁时期的对缅认知与援助 ………………… （124）

**第七章　"准东盟国家"认知下的 70 年代中后期
　　　　日本对缅援助** ……………………………………… （133）

第一节　"亲日的准东盟国家"：日本对缅甸的新认知 … （133）

第二节　日本援助理念的变化与援缅内容的调整 ………… （142）

第三节　缅甸援助国会议与日本的国际援助合作 ………… （150）

第八章　从奈温到昂山素季：日本对缅甸援助动力的变迁 … （159）

第一节　历史影响的衰退与日缅不对称关系的解体 ……… （159）

第二节　缅甸政治转型、昂山素季的崛起与日本的
　　　　缅甸政策 ………………………………………… （168）

第三节　昂山素季与日本对缅甸的经济援助 …………… （177）

结　论 ……………………………………………………… （187）

参考文献 …………………………………………………… （201）

索　引 ……………………………………………………… （231）

后　记 ……………………………………………………… （238）

Contents

Chapter 1   World War II, Asia and Post-war Japanese

Diplomacy ··· (1)

1. 1   Diplomatic Decision-making Mechanism   ···················· (1)

1. 2   Diplomatic Line Centered on U. S. -Japan

Relations ··· (6)

1. 3   Economic Assistance and Selection of Aid Recipients ······ (11)

Chapter 2   Historical Legacy of World War II and the

Foundation of Japan's Policy towards

Burma ·· (18)

2. 1   Interpersonal Relationships among Individuals ·············· (18)

2. 2   Bonds to Burmese Complex of the Japanese:

Remains of Soldiers and the Harps of Burma   ··············· (25)

2. 3   War Reparations Issue and the Motivation for Solution   ··· (31)

Chapter 3   War Reparations and the Seeds of Japanese

Economic Assistance to Burma ······················· (39)

3. 1   Settlement of the War Reparations Issue and

Establishment of Diplomatic Relations

between Japan and Burma   ······························· (39)

3. 2   Deterioration of Economic Relations ···················· (50)

3. 3   Re-examine of the War Reparations Issue   ················ (60)

Chapter 4   Historical Interpersonal Relationships and the
Agreement on Economic and Technical
Cooperation in 1963 ·· (70)

4. 1   The Coup in Burma and Japan's Response ···················· (70)

4. 2   Burma's New Government, Shigemoto Okuda and
Negotiations on Re-examine of the War
Reparations Issue ·· (74)

4. 3   Settlement of Re-examine of the War Reparations
Issue ·· (80)

4. 4   Aung Gyi's Resignation and the _Agreement on_
Economic and Technical Cooperation ······················ (86)

Chapter 5   Formation of Friendly Relations and
Japan's Yen Loan to Burma in 1969 ················· (92)

5. 1   Alienated Relations between Japan and Burma ··········· (92)

5. 2   Four Industrial Projects and the Yen Loan Issue ··········· (99)

5. 3   Sato's Burma Visit and Japan's Aid Commitment in
1967 ·· (103)

5. 4   Improved Japan-Burma Relations and the Resolution
of the Yen Loan Issue ······································ (109)

Chapter 6   "View of Burma" and Japan's Aid to Burma
in the Early 1970s ·································· (113)

6. 1   Self-examination under Changing Circumstances and
Evolution of Japan's Foreign Aid ·························· (113)

6. 2   Recognition and Assistance to Burma during the
Late Sato Cabinet ··· (118)

6. 3   Recognition and Assistance of Tanaka Cabinet
towards Burma ··· (124)

Chapter 7   Japan's Aid to Burma in the Mid-to-late 1970s
            under the Recognition of Quasi-ASEAN
            Member State ·· (133)

  7. 1   Japan's new Recognition: A Japanophilia Quasi-ASEAN
            Member State ·· (133)

  7. 2   Change in Japan's Aid Philosophy and Adjustment of its
            Aid Content to Burma ·································· (142)

  7. 3   Burma Aid Consultative Group and Japan's International
            Cooperation ·· (150)

Chapter 8   Transition of Impetus for Japan's Aid to Burma:
            From Ne Win to Aung San Suu Kyi ·············· (159)

  8. 1   Decline of Historical Influence and Breakdown of the
            Asymmetric Relationship between Japan and Burma ······ (159)

  8. 2   Political Transition in Burma, Rise of Aung San Suu
            Kyi and Japan's Burma policy ·························· (168)

  8. 3   Aung San Suu Kyi and Japan's Economic Assistance to
            Burma ··· (177)

Conclusion ··· (187)

Bibliography ·· (201)

Index ·· (231)

Postscript ·· (238)

第 一 章

"二战"、亚洲与战后日本外交

战后日本外交挣脱了战前的扩张路线，走上具有"宪法九条""美日同盟""经济中心""历史遗产"四位一体特征的道路。[1] 既有文献从多个方面对此做过精辟的剖析，或从政治角度（美国因素），或从经济角度（经济利益与经济外交），抑或从外交体制、思想及其具体的外交实践展开论述。[2] 在前人研究的基础上，本章将从战后日本外交决策体制、外交路线与外交手段三部分出发，探究日本外交的整体情况，并重点关注"二战"与亚洲因素在其中的角色。

第一节 战后外交决策体制

外交决策体制是确保外交政策得以出台的组织架构。哪些机构、团体、个人在参与外交政策的制定，它们之间的分工、职权范围，便是解剖一个国家外交决策体制的主要课题。一般而言，国家行政

---

[1] 张勇：《摆脱战败：日本外交战略转型的国内政治根源》，社会科学文献出版社 2020 年版，第 18—19 页。

[2] 細谷千博、綿貫讓治：『対外政策決定過程の日米比較』、東京：東京大学出版会、1977 年；宋成有、李寒梅：《战后日本外交史（1945—1994）》，世界知识出版社 1995 年版。

机构领导、协调和控制着外交决策过程，确定政策取向及目标。行政机构以外，立法机构、政党、利益集团也在推动或制衡外交政策的制定。本节将梳理"二战"后日本的外交决策体制，明晰各机构、团体、个人的职权与运作机制。

在战后相当长时期里，官僚①在日本的外交决策体制中处于优势地位。② 官僚优势地位是指以外务省为主的政府部门官僚在相当大程度上是政策的主要制定者，尤其在决策各环节的细节方面更是如此。③ 日本外交决策机制的基本流程如下：在外务事务次官主持下，外务省部局课等基层部门先起草政策方案，再逐层申报批准。外相根据形势的变化或参照国内政策，对所属部局上报的政策建议做出判断并向首相汇报。外交政策经首相认可后遂告成立。④ 这里的课级官员、局级官员与事务次官属于官僚，而外相与首相是政治家。相较于频繁更替的内阁，官僚作为国家公务员具有稳定性。除此之外，作为外交决策中重要的一环，外交情报收集与分析工作主要是由外务省职业外交官（官僚）负责，让外务省具有情报与专业优势。

外务省情报优势的基础在于遍布世界各地的驻外使领馆。使领馆官员通过与驻在国的官民、日本侨民与访客、其他国家外交代表的接触，直接且最先掌握了驻在国内政外交的一手情报。使领馆官员还会搜集和摘录所在国的媒体报道，展开对当地的政治、经济、文化、外交等领域的调查研究，从而对所在国有较为全面、深入的

---

① 在日本，考试录用的国家公务员为行政官僚，负责法律的实施工作，而选举产生的国会议员为政治家，负责法律的制定工作。

② 在个别的外交领域、议题以及不同的时期，政治家、政党方面也曾占据上风。日本学者高岭司在考察日本对华援助决策体制的演变时发现，到20世纪90年代的时候决策主导权由外务省转移至自民党。高嶺司：「日本の対外政策決定過程：対中援助政策決定をめぐる外務省と自民党の主導権争いを事例に」、『名桜大学紀要』2015年第20号、第1—14页。

③ 张勇：《"日本型"外交决策的类型特征》，硕士学位论文，中国社会科学院，2003年，第7页。

④ 张勇：《摆脱战败：日本外交战略转型的国内政治根源》，第60—63页。

认知。使领馆或主动将搜集到的情报汇报给外务省，或根据外务省的要求提交调查报告以及意见反馈，使得外务省可以根据这些情报做出决策。当然，除来自外务省的官员以外，使领馆内亦有其他日本政府部门、半政府机构的官员，例如通产省、国际协力银行的官员。① 因此，外务省虽然在日本外交决策中占据优势地位，但不是唯一掌握外交情报、处理外交事务的单位。

尽管官僚占据优势地位，但是，以首相为代表的政治家在外交决策中仍有举足轻重的作用。当日本政府内多个部门围绕相关外交事务、预算产生分歧的时候，官僚们除内部的协调外，时而会仰赖于首相的政治决断与调解。政治家们也会主动过问自己关心的议题、重要问题以及突发事件，享有一定的决策与发言权。再者，首相不但可以听取官僚的政策建议，有时还会组建智囊团和吸纳智库团队的意见，甚至自身或亲信曾任职外务省而具备一定的外交技能与知识，不必在外交决策上完全倚重外务官僚。此外，首相、外相及其他日本政要出访外国，可能会主动或者受对象国领导人的请求，调整相关政策、方针与措施。领导人的外访亦会促使外务省进行准备工作，包括收集、整理和分析对象国情报。换言之，政治家的动向会影响官僚机构的工作重心与工作内容。

日本的外交决策与国会有紧密的联系。首相、外相及其他政府官员经常需要出席国会会议，若无正当理由不出席会议则构成对国会的藐视，将受到各方的批评。于是，首相与外相的出国访问多避开国会会期。国会会议上，参众两院议员可以就自己关心的议题发表意见，并质询政府官员。关心的议题不仅有重大问题和舆论焦点问题，还有议员根据自身的经历、认知和选民、利益集团的关切而产生兴趣的外交议题。国会两院的全体会议以及一部分专门委员会

---

① 笔者于 2019 年 12 月 26 日访谈了一位时任亚洲开发银行官员。该官员曾任职于日本海外经济协力基金、国际协力银行，于 1999 年末出任日本驻缅甸大使馆负责政府开发援助事务的二等秘书。

的重要审议、质询一般都有电视直播。① 会议期间以及会后，审议与质询情况亦会受到媒体记者的关注。为应对质询，相关官僚会为答辩官员准备材料与答辩书。有时候，首相或外相还会借国会的场合宣示日本重要的外交政策，例如佐藤荣作在回应日本社会党委员长成田知巳的提问时，首次明确主张"无核三原则"。②

利益集团同样是外交政策制定的重要参与者。利益集团是指那些为追求共同利益而采取一致行动的个人集合体，其行动多数通过影响政府决策过程以保护、扩大集团或成员的利益。利益集团有很多影响政策的方式，既可以游说政治家、官僚，也可以发动示威游行，还可以介入国会选举，甚至向国会输送本集团的国会议员。在国会两院中，日本众议院拥有比参议院更大的权力，其议员的任期为 4 年。根据宪法赋予的解散众议院权力，首相多在届满前择一有利时机解散众议院，发动大选，以求取得选举的胜利。同时，日本首相一般是自民党总裁，党总裁的任期是两年③。国会任期与总裁任期的不一致问题加剧了国会选举的频繁程度。一旦自民党总裁发生更选，新总裁出任首相，就会在相对短的时期内举行大选，来建立政权的民意基础。此外，首相亦会在面临重大议题或出台重要政策之际征求民意而举行大选。在频繁的选举下，政治家需要相当多的选举资金，并渴求选民的支持，才有可能实现胜选与连任。于是，一个利益集团只要能够提供大量的成员选票，或者能够捐献不菲的政治献金，那么它们提出的政策问题就会获得政治家们的认真或优先考虑。④ 在日本，以经济团体联合会为代表的商界团体是经济实力强大的利益集团，还有像劳动组合总联合会这样代表着约 700 万工

---

① 这种直播起源于 20 世纪 50 年代初。衆議院：「衆議院インターネット審議中継」、https：//www. shugiintv. go. jp/jp/index. php？ ex＝FQ，2021 年 5 月 30 日。
② 第 57 回国会、衆議院予算委員会、第 2 号、1967 年 12 月 11 日。
③ 2003 年以前，自民党总裁任期一般为两年。自 2003 年起，任期延长至三年。
④ ［美］加布里埃尔·阿尔蒙德、宾厄姆·鲍威尔主编：《当代比较政治学　世界展望》，朱曾汶、林铮译，商务印书馆 1993 年版，第 66 页。

会成员①利益的集团。

"二战"日军亡故者的遗属、旧军人也组建了他们的利益集团。这些团体虽然没有经济团体联合会那般雄厚的财力，但曾分别拥有几十万乃至几百万人规模的会员，在日本国家认同塑造中扮演着日本政府难以忽视的角色，进而在部分外交议题上得以影响日本政府的决策，成为日本外交决策体制中的外围成员。代表性组织有1947年成立的日本遗族会。该会宗旨不仅以救济与增进遗属的福利为要，还试图将亡故的侵略军人塑造为日本国家的基石。② 遗族会的会长一职长期由国会议员担任。现任会长③为前参议院议员、前内阁府副大臣水落敏荣。水落早年在遗族会工作，后得到遗族会的支持，以自民党党员身份当选议员。④ 由此可见，遗族会具有一定的政治能量。值得一提的是，中曾根内阁以前的日本政府不公开明确承认对华战争是"侵略战争"，部分源于遗族会的干扰。⑤

旧军人创立了日本战友团体联合会。该组织成立于1955年6月，1956年更名为日本乡友联盟。原关东军司令植田谦吉任首任会长，臭名昭著的冈村宁次担任理事长兼副会长。乡友联盟现在以自卫队的退休干部为中心，现任会长⑥为原统合幕僚会议主席（日本海陆军自卫队最高领导）寺岛泰三。⑦ 寺岛还兼任着"不辜负英灵会"组织的会长。⑧ "不辜负英灵会"妄图灌输错误的历史观给日本

---

① 日本労働組合総連合会：「組織構成図」、https：//www.jtuc-rengo.or.jp/about_rengo/jtuc/organization.html，2021年5月30日。

② 日本遗族会官网，http：//www.nippon-izokukai.jp/aboutus/，2021年5月30日。

③ "现任会长"指的是2021年5月30日日本遗族会官网上所示的会长。

④ 水落敏荣于2004年首次当选参议院议员，两度连任后，在2022年的选举中落选。

⑤ 庄司潤一郎：「戦後日本における歴史認識：太平洋戦争を中心として」、『防衛研究所紀要』2002年第4卷第3号、第100—119頁。

⑥ "现任会长"指的是2021年5月30日日本乡友联盟官网上所示的会长。

⑦ 日本乡友联盟官网，http：//goyuren.jp，2021年5月30日。

⑧ 寺岛的兼任信息也是2021年5月30日"不辜负英灵会"官网上所示的。

人民，并主张首相应该正式参拜靖国神社。① 乡友联盟、日本遗族会、队友会、旧战友联与全缅甸会等都是该组织的团体会员。

在这些团体的组织下，遗属和旧军人多次赴包括东南亚地区在内的原"二战"战场搜寻并试图带回亲人、战友的遗骸，让后者落叶归根，并走访日军侵略路线，展开悼念活动，在当地树立纪念碑。日本厚生省多次参与和支持这些民间团体前往东南亚地区展开活动。日本政府从错误的历史观出发，认为这些侵略者是为国捐躯，② 故有必要支持这样的悼念、纪念活动。同时，日本当局也更照顾本国遗属，而非饱受创伤的被侵略国人民。战后初期，相较于履行战争赔偿义务，日本政府优先在 1952 年编列补助日本战争遗属的预算。③

综上所述，日本外交决策体制呈现出政府官僚、执政的政治家与利益集团三角结构。前两者直接参与决策，而利益集团则处于建议者地位，属于间接参与者。除以上三方力量外，在野党、智库、市民团体、大众媒体与公共舆论也在塑造日本的外交政策上占有一席之地，共同构成日本外交决策的国内环境。至于国际环境方面，美苏两个超级大国、亚太国家、西欧国家以及国际组织是日本外交的重点。尤其是美国，不但是日本最为重视的盟国，更在一定程度上主导了战后日本的外交路线。

第二节　以美日关系为核心的外交路线

外交路线是一个国家在相当长时期内较稳定的对外活动指导思

---

① 不辜负英灵会官网，http://eireinikotaerukai.com/concept/organization.html，2021 年 5 月 30 日。

② 宫城大藏编：『戦後日本のアジア外交』、京都：ミネルヴァ書房、2015 年、第 199 頁。

③ 北岡伸一：「賠償問題の政治力学（1945—1959）」、北岡伸一、御厨貴編：『戦争・復興・発展：昭和政治史における権力と構想』、東京：東京大学出版会、2000 年、第 180 頁。

想和准则，反映该国对外关系的方向、活动形式、任务和内容。
自吉田茂内阁以来，日本政府主要奉行两条外交路线，其一是对
美协调，其二是对美自主。① 前者主要指的是吉田路线，即轻武
装、重经济与美日安保中心主义。后者旨在修正前者的对美一边
倒、忽视亚洲的政策，代表人物是岸信介。这两条以美日关系为
核心的外交路线基本被此后的日本政府所继承。② 以美日关系为核
心的外交路线是如何形成的，对日本有何影响？日本为何选择并
坚持这一外交路线？

1945 年日本投降后，盟军占领了日本，并成立驻日盟军统帅
部（GHQ），通过天皇与日本政府实施间接统治。以美国为首的占
领当局对日本实施了一系列非军事化、民主化改革。1947 年，在
美国的主导下，日本制定了和平宪法。其中，宪法第九条规定：
"日本国民衷心谋求基于正义与秩序的国际和平，永远放弃以国权
发动的战争、武力威胁或武力行使作为解决国际争端的手段。为
达到前项目的，不保持陆海空军及其他战争力量，不承认国家的
交战权。"③ 在和平宪法框架下，日本认为，如何在美军占领结束
后维护自身的国家安全：唯有两条路，其一是依托超级大国的保
护，其二是完全中立。④

随后在东西方关系趋于紧张的背景下，美国不仅调整了对日本
的占领政策，放弃惩罚性的占领措施，转而促进日本的经济复兴，
而且在对日媾和上释出善意，"不是以胜者对败者的立场，而是以友

---

① 添谷芳秀：「戦後日本外交の構図」、『法學研究：法律・政治・社会』1992
年第 65 巻第 2 号、第 79—101 頁。

② 波多野澄雄、佐藤晋：『現代日本の東南アジア政策：1950—2005』、東京：
早稲田大学出版部、2007 年、第 44 頁；アジア局：「総理東南アジア訪問用　発言メ
モ」、1973 年 12 月、『田中総理東南アジア諸国訪問』、外務省外交史料館、2014—
5046；宮城大蔵編：『戦後日本のアジア外交』、第 163 頁。

③ 『日本国憲法』、1946 年 11 月 3、衆議院、http：//www. shugiin. go. jp/internet/
itdb_ annai. nsf/html/statics/shiryo/dl-constitution. htm，2021 年 5 月 30 日。

④ 宮城大蔵編：『戦後日本のアジア外交』、第 54—55 頁。

邦的身份来考虑媾和的条件"①，试图拉拢日本，使之成为遏制苏联的桥头堡。由此，日本成为美国在太平洋地区安全保障体系的一环，其战略地位得到显著提升。

这一时期，日本的具体外交目标是尽快实现媾和，结束占领，恢复国家主权地位，重返国际社会。② 在媾和问题上，日本面临着两难选择。面对美苏冷战的大环境，日本国内保守势力主张，若想尽早恢复独立，必然是与以美国为首的西方国家媾和，通过和西方国家合作，来实现国家的经济复兴、政治与社会的稳定，即多数媾和论或片面媾和说。与之相反，社会党、工会、知识分子等主张全面媾和论，要求同包括苏联、中国在内的所有交战国媾和。全面媾和论者在两个方面上批判前者：其一，片面媾和在强化日本与西方国家关系的同时，会造成和中苏两国的战争状态的延续，形成新的敌对关系。其二，此举损害日本的经济自立。日本经济自立的基础在于亚洲国家，特别是与中国的贸易关系。片面媾和切断了日本和亚洲邻国的关系，以致日本在经济上依附美国。③ 及至朝鲜战争，美国与中苏两国的对立形势更为分明，进一步降低了全面媾和的可能性。

为尽快实现媾和与独立，日本接受了片面媾和方式，加入以美国为主导的战后亚太国际秩序"旧金山体系"。1951 年 9 月 8 日，日本和美国、英国、法国等 48 个战胜国（不含中苏两个主要交战国）片面签署《旧金山和约》，并将冲绳交由美国行使施政权。④ 同日，日本还跟美国签订了《美日安保条约》。根据此条约，美国有权在日本国内及其周围驻扎陆海空军，并根据日本政府的请求，可以

---

① 吉田茂：『回想十年』第 3 卷、東京：白川書院、1982 年、第 29—30 頁。
② 宋成有、李寒梅：《战后日本外交史（1945—1994）》，第 11 页。
③ 楠綾子：「サンフランシスコ講和とアジア1945—1952」、『戦後日本のアジア外交』、第 54—55 頁。
④ 《对日和约》，1951 年 9 月 8 日，《国际条约集（1950—1952）》，世界知识出版社 1959 年版，第 333—350 页。

派遣美军镇压日本发生的暴动和骚乱。对于日本而言，这意味着在国防安全上依赖美国的保护，[①] 自身则专注于经济发展，即走上轻武装、重经济与美日安保中心主义之路。是故，《旧金山和约》与《美日安保条约》奠定了战后美日关系的基础与日本"以美日关系为核心"的外交路线。

1957 年，主张对美自主的岸信介首相明确向美国当局表示，将与美国的友好关系作为外交政策的重点。[②] 即便美日在外交议题上有分歧时，日本大体上也紧跟美国政策的大方向。20 世纪 50 年代，围绕对华贸易管制问题，日本没有直接反对美国维持差别管制的努力，而是推动管制的松动，以期扩大与中国的贸易。[③] 六七十年代，在越南战争问题上，日本舆论基本上不接受美国对于越南局势的解释，认为美国正在支撑一个摇摇欲坠、缺乏足够民意基础的政府。日本媒体强调这场斗争的内战色彩，将河内的抵抗描述为坚决和正当的，并质疑美国关于最终与中国开战的判断。[④] 在国内的反战声与美国要求日本增加对南越援助的夹缝中，佐藤荣作内阁选择支持美国。这是因为彼时日本最关心的是冲绳返还谈判。1965 年 8 月，战后日本首相首次访问冲绳之际，佐藤发表演说：只要冲绳还没有回归祖国，"战后"就没有结束。但越南战争的升级增强了冲绳在美国东亚战略中的地位，进而加大了日本收复冲绳的难度。为达成冲绳返还的目

---

① 外务省：「佐藤総理とスハルト大統領代理との第 2 回会談記録」、1967 年 10 月 10 日、『佐藤総理第一次東南アジア訪問関係 会談関係』、外務省外交史料館、A-0433。

② "United States Minutes of the ANZUS Council Meeting," October 4, 1957, *FRUS*, 1955 – 1957, East Asian Security；Cambodia；Laos, Vol. 21, Washington, D. C.：United States Government Printing Office, 1990, pp. 382 – 383.

③ "Special National Intelligence Estimate," January 17, 1956, *FRUS*, 1955 – 1957, Foreign Aid and Economic Defense Policy, Vol. 10, Washington, D. C.：United States Government Printing Office, 1989, pp. 294 – 295.

④ "Paper by the Under Secretary of State (Ball)," undated, *FRUS*, 1964 – 1968, Vietnam, June-December 1965, Vol. 3, Washington, D. C.：United States Government Printing Office, 1996, pp. 111 – 112.

标，日本在国防与经济两方面，必须向美国展示出分担亚洲地区"责任"的姿态。① 因此，佐藤荣作在 1967 年出访东南亚国家之旅中，不顾国内反对，前往南越，还增加了对南越与印度尼西亚的援助。

"以美日关系为核心"的外交路线削弱了日本外交的自主性。因此，战后日本会周期性出现摆脱对美国的"过度依赖"潮，特别是在面临内部压力或对美国政策转变感到意外的时候。当涉及棘手的问题，日本通常只在非常有限的条件下开展"独立性"外交。日本退而求其次，通过放大微小的美日差异和反应过度，在无关紧要的小事上表现出不合作的姿态。美国判断，日本如果不进行根本性且代价高昂的政策改革，就无法摆脱对美国的经济和军事依赖。②

20 世纪 70 年代初，在遭遇尼克松的"越顶外交"冲击后，日本外交的自主性有所增强。日本走上了多边外交路线，既加强与亚太国家、西欧国家的传统友好关系，也促进同中苏两国的友好关系。尽管如此，日本依然将保持和美国最紧密的友好合作关系放在首位。③ 1972 年 11 月 21 日，日本亚太地区大使会议上，外务事务次官法眼晋作明确指出日本的外交基础归根结底还是美日合作，并将日本的安全寄望于《美日安保条约》，而非中日邦交正常化。④

总之，战后日本身处以美国为首的西方阵营之中，不论是对美协调还是对美自主，其外交政策都以美日关系为核心。这是日本从国家安全需要和国际形势出发选择并坚持的结果。但"以美日关系

① 宫城大藏编：『戦後日本のアジア外交』、第 132 頁。

② "Memorandum From the Department of State's Country Director for Japan (Sneider) to the Assistant Secretary of State for East Asian and Pacific Affairs (Bundy)," April 26, 1968, *FRUS*, 1964–1968, Japan, Vol. 29, Part 2, Washington, D. C.: United States Government Printing Office, 2006, p. 274.

③ 日本外務省：『わが外交の近況』第 17 号、東京：外務省、1973 年、第 90—91 頁。

④ 「『日中後』も政策不変　外相、慎重な姿勢強調　アジア・太平洋大使会議始る」、『朝日新聞（朝刊）』1972 年 11 月 21 日第 2 版。

为核心"没有全面体现出日本的外交政策，也没有反映出日本对于"二战"历史的认识，乃至在一定程度上割裂了"二战"后与之前的日本。例如日本如何处理同曾经侵略过的亚洲邻国的关系，便部分超出"以美日关系为核心"的范畴。虽然战后的日本外交起步于对战争目的的全面否定，① 朝着与战前完全不同的方向发展，不过事物的变迁具有一定的延续性，战后日本如何看待战时侵略及其遗产同样是其制定对外政策的重要影响因素。因此，若要深入剖析战后日本外交，"二战"的历史影响是不容忽视的角度。

第三节　经济援助与援助对象的甄选

经济外交是与美日同盟并列的战后日本外交两大支柱之一。② 经济援助则是经济外交中主要的、卓有成效的外交手段，不仅协助日本企业开拓市场、争取自然资源，还在改善双边关系和影响对象国的政治外交立场上扮演重要角色。经济援助③一般是指政府开发援助（ODA），即由援助国政府提供资金、接受对象为发展中国家或国际组织、以促进发展中国家的经济开发和提高福利水平为主要目的、赠予比例在25％以上的援助。④ 政府开发援助既有双边的无偿赠予与有偿贷款，也包含多边的向国际组织出资。赠予比例在25％以下的援助被归类为其他政府资金（OOF）、民间资金（PF）。

战后初期，日本政府并不热衷于对外援助。当时，日本经济凋

---

① 渡辺昭夫編：『戦後日本の対外政策：国際関係の変容と日本の役割』、東京：有斐閣、2003年、第5頁。
② 林晓光：《战后日本的经济外交与ODA》，《现代日本经济》2002年第6期。
③ 本书认为战争赔偿虽然不是政府开发援助，但符合后者的一般标准，属于特殊的经济援助。
④ 张光：《日本对外援助政策研究》，第2—4页。

敝，财政和外汇情况紧张。直到 20 世纪 60 年代以前，日本还需要国际社会特别是美国的援助。在此期间，仅出于战争赔偿责任，日本向相关东南亚国家提供了战争赔偿、准赔偿与非援助性经济合作，来建立与改善同后者的外交关系。

从 1954 年 12 月到 1970 年 7 月，日本迎来了长达近 16 年之久的高速经济成长期。1968 年，日本国民生产总值（GNP）超越英国、法国和联邦德国（西德）三国，一举成为资本主义世界的"经济大国"。① 随着经济的高速发展，日本在亚洲的重要角色得到美国与东南亚国家的承认，同时也背上了对外援助的"责任"。美国评论认为："日本已经拥有成为亚洲领袖的所有必备条件。它已经跻身成为全球四大工业国之一。对于日本和美国而言，重要的问题是日本如何参与国际开发，特别是对亚洲的开发。其他亚洲国家明显认识到日本是该地区经济发展的潜在支援国。"② 1967 年，日本首相佐藤荣作在出访中感受到东南亚国家愈发期待日本的经济与技术合作。③ 与此同时，南北问题开始凸显。1964 年，第一届联合国贸易和发展会议商议应对发达国家与发展中国家贫富差距问题。在国际压力的驱使下，佐藤荣作内阁全面加大对东南亚国家的经济合作力度，承诺拿出国民收入的 1% 作援助。④

加强对东南亚援助的背后亦藏着日本摸索自身在西方阵营中

---

① 米庆余：《日本近现代外交史》，世界知识出版社 2010 年版，第 408 页。

② "Visit of Prime Minister Eisaku Sato of Japan," November 9, 1967, *DNSA*, JU00817; "Speech Delivered by Hon'ble Prime Minister U Nu at the Dinner Given in Honour of His Excellency the Prime Minister of Japan and Madame Hayato Ikeda," Novermber 24, 1961, National Archives of Myanmar, 12 – 3 – 402.

③ 外務省アジア局南東アジア課長：「佐藤総理の東南アジア、大洋州諸国歴訪」、1967 年 11 月 1 日、『佐藤総理第一次東南アジア訪問関係（1967.9）』第 1 巻、外務省外交史料館、A – 0433；"Visit of Prime Minister Eisaku Sato of Japan," November 9, 1967, *DNSA*, JU00817.

④ 「佐藤総理の東南アジア、大洋州諸国訪問の意義」、1967 年 7 月 18 日、『佐藤総理第一次東南アジア訪問関係（1967.9）』第 1 巻 、A – 0433。

的角色、提升对美外交中本国地位的企图。20 世纪 50 年代中后期，岸信介内阁的重点工作是推动美日关系的对等化，谋求修改 1951 年版的《美日安保条约》。1957 年岸信介在访美前先出访了东南亚国家。此举意在让日本成为亚洲的中心，以此增强日本在美日谈判中的分量。① 6 月访美期间，岸信介向艾森豪威尔阐述了本国的政策立场：自民党建立在反共、自由和对"自由国家"共同体成员身份的认同之上。日本作为共同体的一员，必须履行其肩负的重担，对内执行反共政策，对外同美国密切合作。接着，岸信介谈及东南亚之行的感受：东南亚地区在经济、政治和社会方面都存在动荡情况，这为共产党的"渗透"提供了温床。鉴于此，岸信介表示，不管是为了对抗共产主义还是为了促进对东南亚的出口贸易，日方都愿意为东南亚地区的经济繁荣提供帮助。② 到池田勇人内阁时期，日本进一步明确了自身的定位：日本同美欧一道，构成西方阵营的三大支柱。③ 在此定位下，日本认为，可以在两大领域做出贡献：其一是日本的经济发展，其二是经济援助。关于第一点，日本打算通过自己的经济发展，诱使东南亚国家相信，资本主义体制可以比共产主义体制取得更好的国家发展，从而让亚洲各国站在西方阵营一方。④ 就第二点，池田提出了分工论，美国负责安全保障，日本通过经济合作与援助解决贫困问题，促进东南亚国家的经济稳定，进而遏制共产主义和拉拢

---

① 波多野澄雄、佐藤晋：『現代日本の東南アジア政策：1950—2005』、第 56 頁。

② "Memorandum of a Conversation," June 19, 1957, *FRUS*, 1955 – 1957, Japan, Vol. 23, Part 1, Washington, D. C. : United States Government Printing Office, 1991, pp. 371 – 374.

③ 波多野澄雄、佐藤晋：『現代日本の東南アジア政策：1950—2005』、第 82 頁。

④ 外務省：「佐藤総理の東南アジア、大洋州諸国訪問についての発言案」、1967 年 11 月 1 日、『佐藤総理第一次東南アジア訪問関係（1967.9）』第 1 巻、A – 0433。

东南亚国家。①

　　围绕东南亚援助政策，日本保持同美国的协调与合作。在双边援助上，印度尼西亚成为日本援助的重点对象国。1965年"九卅"事件后，印度尼西亚新政权选择了反共路线。美国建议和催促日本支援印度尼西亚反共政权。日本判断，如果具有重要地缘政治、经济价值的印度尼西亚倒向社会主义阵营，会导致新加坡、马来西亚、泰国和缅甸在南北同时面临所谓的"共产主义渗透威胁"。② 因此，日本不仅允许印度尼西亚延期偿还巨额债务，而且给予了大量的援助，来支持脆弱的印度尼西亚反共政权。1967年，日本提供了6000万美元援助，占印度尼西亚所获外援的1/3。③ 至于美国关切的印度支那问题，日本政府不顾国内的反对意见，向美国扶植的南越当局提供了非军事援助。例如，日本援建农业学校以及展开农业专家的培训指导。④

　　在多边援助领域，日本与美国主导创立了亚洲开发银行。在1957年出访亚洲各国之际，日本首相岸信介与各国领导人就亚洲开发基金设想交换了意见。⑤ 缅甸总理吴努（U Nu）认为，亚洲开发基金的主要目的是解决亚洲国家工业发展面临的两个主要问题，一个是资金，一个是技术。亚洲国家在这两方面上都依赖西方国家。岸信介计划由

　　① 波多野澄雄、佐藤晋：『現代日本の東南アジア政策：1950—2005』、2007年、第83頁。
　　② 外務省：「佐藤総理の東南アジア、大洋州諸国訪問についての発言案」、1967年11月1日、『佐藤総理第一次東南アジア訪問関係（1967.9）』第1巻、A-0433。
　　③ "Visit of Prime Minister Eisaku Sato of Japan," November 9, 1967, *DNSA*, JU00817.
　　④ "Visit of Prime Minister Eisaku Sato of Japan," November 9, 1967, *DNSA*, JU00817; "Memorandum of Conversation," November 15, 1967, *FRUS*, 1964–1968, Japan, Vol. 29, Part 2, p. 240.
　　⑤ 外務省：「佐藤総理の東南アジア、大洋州諸国訪問についての発言案」、1967年11月1日、『佐藤総理第一次東南アジア訪問関係（1967.9）』第1巻、A-0433。

日本提供技术知识，同时从美国和科伦坡计划取得必要的工业项目资金，并组建银行负责这些资金的运营。① 经过日本与美国、其他亚洲国家的多年协商，亚洲开发银行于 1966 年正式成立。

概言之，20 世纪 60 年代末，日本扩大援助与美国有千丝万缕的联系。在冲绳返还谈判的背景下，日本急切地想让美国知道，在非军事选项内，日本愿意在亚洲安全上替美国分忧，化解搭"和平便车"的批评，并争取冲绳问题的解决。② 与此同时，日本努力表现出在援助决策上的自主性，避免对外留下这是美国援助的替代品印象。③

除美日关系因素外，日本谋求以符合自身利益的方式运用援助手段。在这样的关照下，日本以东南亚地区为援助重点。从政治利益来看，日本对东南亚地区的援助有助于提升日本在国际事务中的影响力。1966 年 4 月初，首届东南亚开发部长级会议在东京召开。日本媒体对于战后日本首次主办大型国际会议感到自豪，并对会议取得的重大外交成就表示祝贺。④ 1967 年 7 月，日本首相佐藤荣作在一次电视讲话中指出："引导亚洲走向繁荣，是日本作为这个地区唯一的发达工业国家的义务。"⑤ "引导"和"这个地区唯一的发达工业国家"不仅显示出日本试图在东南亚开发上有所作为，而且流露出成为亚洲领袖的野心。就经济利益而言，东南亚地区对于日本是仅次于美国的主要出口市场，⑥ 还是重要的资源和原材料供给来源

---

① "From R. H. S. Allen to Selwyn Lloyd," May 29, 1957, *Political Relations between Japan and Burma*, The National Archive of United Kingdom, FO 371 - 127540.

② "Background: Japan, Asia, and Aid," November, 1969, *DNSA*, JU01148.

③ 外务省经济协力局:「経済協力の在り方について」、1967 年 12 月、『経済担当官会議関係 アジア地域関係（貿易合同会議を含む）昭和 42 年度会議関係』第 2 巻、外務省外交史料館、M. 3. 1. 7. 17 - 2 - 11。

④ "Letter from the President's Special Adviser on Southeast Asia（Black）to President Johnson," April 8, 1966, *FRUS*, 1964 - 1968, Mainland Southeast Asia; Regional Affairs, Vol. 27, Washington, D. C.: United States Government Printing Office, 2000, p. 181.

⑤ 外務省:「佐藤総理の TV 座談会発言要旨」、1967 年 7 月 28 日、『佐藤総理第一次東南アジア訪問関係（1967. 9）』第 1 巻、A - 0433。

⑥ "Visit of Prime Minister Sato," January 7, 1965, *DNSA*, JU00420.

地。日本在较大程度上依赖东南亚国家所拥有的锡、天然橡胶、铜矿与石油等资源。① 援助有助于增强日本和东南亚国家经济关系的紧密程度，促进东南亚国家的经济发展以及提高它们的购买力，进而有利于日本经济的进一步发展。②

支援"亲日国"与亲日人士是日本经济援助的另一大目标。"亲日人士"一般是指对日本（日本人、日本文化）怀有好感并有支持言论或行为的外国人。与此相对，"日本通"是指熟知和理解日本社会、文化的外国人。这类人中包含对日强硬派。日本政府认为，增加"亲日人士"，有助于外国理解日本的外交政策与情况。③ 2020 年版日本《外交蓝皮书》同样指出："争取国内与国际社会对于日本政策、措施的理解和支持，这对于落实外交政策是必不可少的。"随后日本外务省举出了三项对策，其一便是培育"亲日人士"与"日本通"。④ 具体到东南亚政策上，战后日本谋求同东南亚国家建立友好关系并推动各国立场往亲日倾斜，进而提高日本在亚洲地区的影响力与国际地位。是故，日本还通过经济援助来支持东南亚地区的亲日政权。⑤

综上所述，日本对外经济援助的动机与目的呈现多元特征。日本作为资本主义阵营的一员，配合美国援助东南亚非共产主义国家，帮助后者提高经济水平，怀有拉拢这些国家和反共产主义的企图。同时，在经济崛起以后，日本在南北问题上受到发达国家和发展中

① 外務省アジア局地域政策課：「日本・ASEAN 関係の経緯と現状」、1977 年 5 月 10 日、『ASEAN 文化基金』、外務省外交史料館、2010—3453。

② 外務省：「佐藤総理の TV 座談会発言要旨」、1967 年 7 月 28 日、『佐藤総理第一次東南アジア訪問関係（1967.9）』第 1 巻 、A－0433。

③ 「衆議院議員鈴木宗男君提出外務省による海外の親日派増加作戦に関する質問に対する答弁書」、2007 年 8 月 15 日、衆議院、http：//www.shugiin.go.jp/internet/itdb_shitsumon.nsf/html/shitsumon/b167004.htm，2021 年 5 月 30 日。

④ 外務省：『外交青書』第 63 号、2020 年、https：//www.mofa.go.jp/mofaj/gaiko/bluebook/，2021 年 5 月 30 日。

⑤ 山影進：「アジア・太平洋と日本」、『戦後日本の対外政策：国際関係の変容と日本の役割』、第 135、161 頁。

国家的外部压力，不得不援助发展中国家特别是同在亚洲地区的东南亚国家。即便如此，日本仍可以从自身的国家利益与亲疏关系出发来选择援助对象。除支援同一阵营的国家外，日本往往会援助自然资源丰富、拥有成熟的或者有发展潜力的消费市场与战略位置重要的国家，也会以善意、积极回应友好国家或者"亲日人士"的援助请求。日本对东南亚国家的援助有助于施展独立自主的外交，改善对美外交中的不平等性，提高其国际地位和影响力。

小　结

　　战后日本外交虽然建立在"二战"历史遗产的基础之上，但其外交政策并非都是历史影响的产物。政策的诞生需要决策者的分析、判断与抉择。决策者及他们所代表的国家身处一定的时空之内，并受制于该时空环境。在时间维度上，"二战"的战败国身份、侵略历史困扰着战后日本，影响了日本人的自我认知、政策主张和外交手段。战后日本外交的首要目标是恢复独立与重返国际社会。在美苏对抗的国际大环境下，日本与以美国为首的西方阵营缔结和约，加入以美国为主导的资本主义集团，成为西方阵营的一员，由此在对外政策上深受美国因素的影响。在地理空间上，日本地处亚洲东缘，紧邻东北亚的中国与朝鲜半岛，西南方向是东南亚诸国，往东则是太平洋与彼岸的美洲大陆。地理上决定日本处在被中国、朝鲜半岛与美国环绕的空间环境内。日本认同自己是亚洲国家，在难以迅速与东北亚诸国建立外交关系的情况下，努力修复同东南亚国家的关系，并将援助东南亚国家视为己任，以此巩固自身利益、开拓外交空间与提升独立性。在这两个维度之外，日本外交决策体制的运作成为第三个维度。决策体制中，决策者基于对时间、空间维度的感知，将三个维度联系在一起，经外交决策程序，制定了外交政策。因此，日本外交决策者才是"二战"历史影响的真正对象。

第 二 章

"二战"的历史遗产与日本对 缅甸政策的基础

　　历史影响的生成既要有历史本体与影响的对象，也须本体通过一定的载体作用于对象之上。前一章在概述完战后日本外交后点出外交决策者是历史影响的对象，本章将致力于挖掘历史的载体。正如前言所言，历史的载体可以是人，也可以是历史遗存。在战后日缅关系中，"二战"是否遗留下什么人或者历史遗存，成为能影响日本外交政策以及两国关系的重要联系？下文将从个人、集体与国家三个层面考察战后日缅两国间的联系，探究"二战"的历史遗产与战后日本对缅甸政策的基础。

第一节　个人间的人际关系

　　19世纪，东亚各国遭遇了西方殖民扩张浪潮。在这波浪潮中，日本通过明治维新走上了富国强兵之路，而距离日本4000多公里远的缅甸则在经历三次英缅战争后，最终沦为英国的殖民地。在20世纪30年代以前，日本与缅甸并没有紧密的联系。仅有的联系主要集中在经贸领域。30年代起，日本逐渐加强对缅甸的政治介入。① 1933 年,日缅协会成立。该协会以在缅甸进行亲日宣传为工作重点。协会干部曾向缅甸多家新闻报社的情报提供者贿赠了大笔金钱,积极拉拢缅甸籍新闻记者。日本还资助缅甸政治家吴梭(U Saw)于 1936 年当选缅甸下院议员并在此后取代首任总理巴莫(Ba Maw)出任新总理。② 上述活动是日本图谋染指南方(东南亚)③ 的序曲。

1936 年 8 月,日本五相会议决定的"国策基准"和四相会议通过的"帝国外交方针"首次将"南进"列为国策。④ 1937 年"七七事变"以后,日本在侵华战争中逐渐陷入持久战泥潭。为了尽快打败中国,日本企图切断英美援华的国际通道——滇缅公路,故而愈发重视缅甸的战略价值。日本尝试以外交和爆破桥梁手段切断国际援华通道,均告失败。随后,日本政府妄图通过策动缅甸民族主义者的反英起义来达成前述目的,便派遣特务潜入缅甸展开活动,搜集有关缅甸民族主义运动的情报。1940 年 6 月,日本特务铃木敬司以日缅协会书记兼《读卖新闻》记者南益世之名赴仰光。⑤

与此同时,缅甸民族主义者发起反英独立运动,谋求外国的援助。自 1938 年 12 月到 1939 年 3 月,缅甸爆发了反英大暴动"1300 运动"。⑥ 运动起源于石油工人大罢工和"饥饿进军"。随

---

① 根本敬:「ビルマ(ミャンマー)」、吉川利治编:『近現代史のなかの日本と東南アジア』、東京:東京書籍、1992 年、第 230—234 頁。

② 根本敬:「ビルマ(ミャンマー)」、『近現代史のなかの日本と東南アジア』、第 235—242 頁。

③ "东南亚"一词是"二战"后才为各国广泛接受的词汇。"二战"以前,"东南亚"在日本通常被称为"南洋"或"南方"。

④ 白石昌也:「ベトナム」、吉川利治编:『近現代史のなかの日本と東南アジア』、東京:東京書籍、1992 年、第 133 頁。

⑤ 佐久間平喜:『ビルマ(ミャンマー)現代政治史 増補版』、東京:勁草書房、1993 年、第 4 頁。

⑥ 张旭东:《试论缅甸近代历史上的"1300 运动"》,《南洋问题研究》2004 年第 1 期。

后，缅甸主要的民族主义者组织我缅人协会（德钦党）以及学生纷纷加入到声援游行中。这场斗争虽然以失败收场，但是标志着缅甸民族主义的兴起。缅甸民族主义者以这次暴动为契机，开始转向武装斗争路线。[①] 1939 年末，德钦党认为同年 9 月爆发的第二次世界大战是实现民族解放的良机，决定对英国的战争采取不合作态度和发动武装起义，并希图从外国获得武器援助。[②] 德钦党的非法活动很快遭到英国殖民当局的镇压，党的领导人先后被捕。在这种情况下，德钦党总书记昂山偷渡厦门，试图向中国请求武器援助。[③]

　　铃木敬司在缅甸活动期间获知昂山偷渡消息，立刻联络日本当局，让厦门的日本宪兵逮捕了昂山以及他的同伴。[④] 1940 年 11 月，昂山到达东京，接受同日本当局的合作。以昂山来日为契机，日本军方决定正式展开对缅甸的工作，于 1941 年 2 月 1 日成立了大本营直辖的特务组织"南机关"（对外伪装为"南方企业调查会"），任命铃木敬司为机关长。[⑤] 特务组织的成员主要由日本陆军军人构成，同时包括部分海军和民间人士。陆军方面除铃木敬司外，另有川岛威伸、加久保尚身、野田毅、高桥八郎、山本政义等人；海军方面有儿岛齐志、日高震作、永山俊三；所谓的民间人士分别是国分正三、樋口猛、杉井满、水谷伊那雄。四位民间人士的身份不简单，均为情报工作者。国分是海军军人，长期在缅甸从事情报活动。樋口猛毕业于陆军中野学校，在加入南机关之前是上海特务机关成员。杉井满、水谷伊那雄分别

---

①　田边寿夫：《日本军政下缅甸左翼的活动》，《南洋资料译丛》2007 年第 1 期。

②　佐久间平喜：『ビルマ（ミャンマー）現代政治史　増補版』、第 2 頁。

③　根本敬：「ビルマ（ミャンマー）」、『近現代史のなかの日本と東南アジア』、第 247 頁。

④　根本敬：「ビルマ（ミャンマー）」、『近現代史のなかの日本と東南アジア』、第 247 頁。

⑤　佐久間平喜：『ビルマ（ミャンマー）現代政治史　増補版』、第 5 頁。

来自兴亚院①、满铁调查部。② 南机关的成立标志着日本与缅甸民族主义者间合作的启动。

1941年上半年，在南机关的组织与策划下，缅甸的30名青年先后在海南三亚和台湾接受军事训练。这批人便是缅甸独立史上著名的"三十志士"。这30人分成三组接受训练。各组的培养目标不同。第一组旨在培育负责士兵指挥、训练的连级指挥官。第二组培养负责发动游击战、破坏活动的领导人，独立后担任过缅甸国家元首的奈温便在其列。第三组培养师级指挥官，学员有昂山。这30人分别取了日本名字，昂山的日文名为"面田纹次"，奈温为"高杉晋"。③在训练中，南机关成员与缅甸"三十志士"处出师生之情。

1941年12月，日本先后对美国、英国宣战，太平洋战争爆发。日军第15军移驻泰国。南机关随之被编入第15军的麾下，也在曼谷集结。12月26日，日本开始招募在泰国的缅甸人，以"三十志士"为核心组建缅甸独立军（Burma Independence Army），并于28日举行了独立军的誓师仪式。这支独立军奠定了独立后缅甸国防军的基础。铃木化名缅甸名字波莫就（Bo Mo Gyo）④，担任总司令。野田出任参谋长，昂山担任高级参谋。最初的140人规模中，日本的军官、战士与非军籍工作人员达到74人，占比一半以上。由此观之，这支武装是日本领导下的日缅混合部队。

此后，缅甸独立军配合日军入侵缅甸。1942年1月，日军提兵约9.5万人，大举入侵缅甸，到3月8日攻占仰光，5月1日进入曼德勒，5月30日侵占紧邻印度的西北部城市塔曼提，从而占领了整

① 原名"对华院"，1938年9月27日日本内阁五相会议决定设立的对华中央机构，是直属于内阁的殖民侵略机构。该机构于1938年10月2日正式成立。12月15日，该机构又改称"兴亚院"。兴亚院由内阁总理大臣兼任总裁，负责协调对中国占领区政治文化的统治，监督和指导对占领区的经济掠夺，加强对中国占领区的殖民统治。王捷、杨玉文、杨玉生、王明主编：《第二次世界大战大词典》，华夏出版社2003年版，第81页。

② 佐久间平喜：『ビルマ（ミャンマー）現代政治史 増補版』、第4頁。

③ 佐久间平喜：『ビルマ（ミャンマー）現代政治史 増補版』、第6—7頁。

④ 波莫就还有一种英译名为"Bo Moe Gyo"，日译名为"ボーモージョー"。

个缅甸。① 缅甸独立军在进军中迅速壮大，发展到 1 万多人的规模。在行军作战中，独立军中的部分日缅军人结下了战友之谊。鉴于军方在战后缅甸政坛中的重要性以及独立军在缅甸建军史上的鼻祖地位，原缅甸独立军中的日本人凭此身份不仅会得到缅甸人的尊重，而且更容易与缅甸军方、政府建立关系。1962 年，时任缅甸外长吴蒂汉（U Thi Han）曾称原缅甸独立军成员奥田重元亲如家人。②

在占领缅甸后，日本采取了军事统治方式。1942 年 6 月 4 日，占领军第 15 军按照"南方占领地行政实施要领"发布公告，建立军政府，实施军事统治，没有恢复缅甸的独立。③ 以铃木敬司为首的南机关与此意见相左。铃木反对军事统治，期望实现日本领导下的缅甸"独立"。④ 因此，铃木于 18 日被调离岗位，南机关随之解散。⑤直到战争形势不利后，日本才扶植了傀儡政权，允许缅甸"独立"。日本还将缅甸独立军改编为国防军（后改名为"国民军"），并将部队人数从 15000 人裁减到 3000 人，任命昂山为总司令。日军派出顾问团进行监督，加强对缅甸军队的控制。⑥ 占领军当局将数百名日本军事教官、助教分派到缅甸国防军各部队。缅军以负责国内防御为职责，完全沿用日本陆军的《步兵操典》和《战地要务令》，连教学操练和内务班设置亦同于日本陆军，并接受日本教官的规训。⑦

---

① 贺圣达、李晨阳编：《列国志：缅甸》，社会科学文献出版社 2009 年版，第142 页。

② 「奥田重元から大平外務大臣へ」、1962 年 9 月 14 日、『日本・ビルマ賠償及び経済協力協定関係一件　賠償再検討問題についての合意に関する覚書関係』第 6巻、外務省外交史料館、B−0185。

③ 根本敬：「ビルマ（ミャンマー）」、『近現代史のなかの日本と東南アジア』、第 254 頁。

④ 武島良成：「南機関小稿」、『東南アジア研究』2001 年第 38 巻第 4 号、第588—600 頁。

⑤ 津守滋：『ミャンマーの黎明：国際関係と内発的変革の現代史』、東京：彩流社、2014 年、第 43 頁。

⑥ 贺圣达、李晨阳编：《列国志：缅甸》，第 143 页。

⑦ 林春长：《战争与林旺》，台北：台湾商务印书馆 2006 年版，第 12 页。

日本在缅甸建立日式的军事教育，培养更多协助其统治的人。占领军当局在仰光设立了陆军幼年学校、陆军士官学校（干部培养所）。成绩优异的年轻缅军后备干部将赴日本留学，接受日本陆军士官学校为期两年的训练，毕业后回到国防军，担任排长。[①] 其间，一部分日本教官与缅甸学员结下了师生之谊。在 1962 年缅甸政变后的新内阁成员名单中，内政部部长觉梭（Kyaw Soe）与情报文化部部长苏敏（Saw Mint）都曾赴日本陆军士官学校留学。[②] 觉梭早年投身军旅，参加过缅甸独立军、国防军，经仰光的敏加拉洞干部培养所的训练后，前往日本留学。1983 年 1 月 30 日，《朝日新闻》报道缅甸合作社部部长盛东（Sein Tun）在"二战"时期曾求学于原日本陆军建立的缅甸陆军幼年学校，时隔 38 年在东京与两位日本教官重逢。这所幼年学校成立于 1943 年，到战争结束总共有三届，100 余名学生。两位教官对记者表示："希望现在的年轻人间也能有他们那样亲密的关系。"[③]

除军事教育外，日本还推出了南方特别留学生项目。日本在 1943—1944 年间，从东南亚占领区选拔了两期、合计 205 名公费的"南方特别留学生"。其中，人数最多的是菲律宾学生，有 51 人，缅甸次之，有 47 人。[④] 这一项目旨在建立日本与东南亚间的交流渠道，培植配合日本军政统治的"合作者"和挟持人质。赴日留学的学生

① 林春长：《战争与林旺》，第 12 页。

② 「ビルマ革命委員会及び閣僚リスト並びに閣僚の略歴について」、1962 年 3 月 5 日、『ビルマ内政・国情（調書・資料）』、外務省外交史料館、2010—4180。这样的例子在缅甸政府高官中并不罕见。20 世纪 70 年代中期，时任缅甸副总理兼计划财政部长吴伦也曾于 1943 年到 1945 年在日本陆军士官学校留学。「ビルマ副首相きょう来日」、『朝日新聞（朝刊）』1976 年 11 月 25 日第 2 版。

③ 「38 年ぶり教官と再会　ビルマの協同組合相　幼年学校時代回想」、『朝日新聞（朝刊）』1983 年 1 月 30 日第 22 版。

④ 梶村美紀：「ビルマ/ミャンマー人元留学生と元日本兵の絆――今泉記念ビルマ奨学会の支援活動」、『東アジア研究（大阪経済法科大学アジア研究所）』2019 年第 71 号、第 45—56 頁。

多为东南亚当地名门望族和权势人物的子弟，例如菲律宾"总统"劳雷尔的三子马里亚诺·劳雷尔、缅甸傀儡政府首脑巴莫的长子扎栗。这批留学生在日本受到相对严格的管理，并接受了日本军国主义教育。留学生们先在日语学校学习日语，毕业后赴农林、经济、工业、矿山、水产等专业技术学校深造。① 原第二期缅甸学生的负责老师、青山学院大学文学部教授大泽茂山回忆自己在大学毕业后进入南方方面军司令部工作，于1943年起担任缅甸方面军总司令部日语学校校长、小学校长。1944年4月，他带着30名缅甸留学生到日本，因为战事吃紧以及回缅甸的交通阻塞，所以留在日本担任了一年多的缅甸留学生宿舍的管理人，与留学生们同吃同住。战后大泽担心"赴日留学经历对他们的前途不利"，故切断了与留学生们的音信联系，直到1984年4月16日与曾经的一名缅甸留学生、新闻记者盛温重逢。②

日本的入侵、占领无疑使缅甸遭受了严重的损害。不过，在侵略与殖民政策实施过程中，少数日本人对于缅甸独立的理解与善意、对于缅甸学生的教育与照顾，与缅甸建立了友好的人际关系。当然，这样的人际关系遗产并不仅限于缅甸，同样存在于日本与其他东南亚、南亚国家之间。例如"二战"初期日本支持过强柢的越南复国同盟会与钱德拉·鲍斯的印度国民军，"二战"结束后部分日军士兵投入印度尼西亚的独立战争。就日缅间的情况而言，日本旧军人与缅甸精英的人际关系在战争结束之际只是个人之间的关系，并非国家间的联系，是否能在战后的日缅关系与日本对缅政策中发挥作用，还需要看是否有一定的途径与外部条件。

---

① 徐志民：《"二战"时期日本在东南亚招募的"南方特别留学生"》，《世界历史》2017年第6期。

② 「ビルマから戦争の傷超え留学生と恩師再会　四十年ぶり　日本語先生どこに　"お礼を"と国鉄技師長」、『朝日新聞（夕刊）』1984年4月16日第14版。

第二节 日本人缅甸情结的纽带：日军遗骸与《缅甸的竖琴》

相比于少数日本人从缅甸收获了师徒、战友之情，更多的日本人因为日军的惨痛下场而对缅甸难以忘怀。对于缅甸战场的日本军人而言，"缅甸战斗开局是天堂，结局是地狱"①，"第二次世界大战中，我们九州士兵们战斗最激烈、死伤最惨重、最痛恨的战场就是缅甸战场"②。太平洋战争初期，日本帝国主义以较小的伤亡便迅速侵占了缅甸。但随着盟军逐步反击，日军屡战屡败、尸横遍野，以至四处逃散。本节将围绕日军败退前后在缅甸的遭遇及其对日本人的影响而展开，进而试图理解战后日本人的战争记忆与缅甸情结。

日本在缅甸的溃败始于英帕尔之战。1944 年 3 月，日军发动英帕尔战役，企图攻占英属印度东北部城市英帕尔，入侵印度。日军以第 15 军为主力，总兵力达 8.5 万人。恶劣的自然条件、过长的战线与匮乏的后勤补给让日军困难重重。盟军应战准备充分、以逸待劳，重创来犯之敌，迫使日军于 7 月初仓皇败退。③ 盟军大获全胜，伤亡人数只有 1.7 万，而日军伤亡惨重，仅余 1.2 万人左右残兵。从此，盟军在缅甸战场转入反攻态势，日军龟缩到战略防御状态。再经 1944 年 12 月到 1945 年 3 月的伊洛瓦底会战，盟军再度取胜，昂山也率领缅军揭竿而起，日军败局已定。在盟军收复曼德勒后不

① 植村肇：「ビルマを訪ねて：慰霊祭参加と戦跡巡拝に思う」、『駒澤短期大学放射線科論集』1982 年第 7 卷、第 41—65 頁。
② 西日本新聞社ビルマ取材班：『祖父たちの戦場：鎮魂ビルマ郷土部隊』、福岡：西日本新聞社、1985 年、第 2 頁。转引自雷娟利《二战后日本"战友会"群体与缅甸战场微观战史书写》，《世界历史》2023 年第 4 期。
③ 防衛庁防衛研修所戦史室：『イラワジ会戦：ビルマ防衛の破綻』、戦史叢書第 25 卷、東京：朝雲新聞社、1969 年、第 208—209 頁。

久，日军便放弃了缅甸首都仰光，甚至都没来得及提前通知日本驻缅甸大使馆与缅甸傀儡政权，便作鸟兽散般逃往缅甸东部城市毛淡棉。1945 年 8 月 15 日，日本宣布投降。

战场的失利与窜逃中的艰险令日军遭受了巨大的人员损失。日本缅甸方面军，包括直辖部队、第 15 军、第 28 军、第 33 军在内，总兵力合计 303501 人。关于日军的死亡情况，日本各界尚没有准确、统一的数字。同一家报刊在同一月份的不同报道列出了不同的死亡人数：1955 年 6 月 2 日《朝日新闻》的报道为 176496 人，但 6 月 11 日的报道却说是 18.7 万人。[①] 据相关研究，最少的主张为 16.69 万人。[②] 多者认为死亡人数有 185149 人。[③] 除地面部队 303501 人以外，另有说法提到还有航空、船舶方面 3 万人，最后生还的地面部队为 118312 人，航空、船舶方面 1.5 万人。因此，缅甸方面军死亡人数达 19 万到 20 万人。[④] 不论哪一种观点，日军在缅甸的人员损失均已过半，可谓死伤惨重。

日军遗骸问题引起遗属与缅战旧军人的关注。战争末期，日军仓皇败退，后有追兵，并没有余力妥善安葬或携带尸骨。1945 年 4 月 23 日，日军为了避免堆积如山的遗骸被英军查抄而秘密分散掩埋在仰光市西郊的羌洞[⑤]日本人墓地。[⑥] 据日本厚生省的记录，在战争结束不久后，旧军人带回了 8 万具缅战亡者遗骸。但全缅战友团体

---

① 「ビルマの遺骨収集へ　仏教会や日赤などを中心に_ 遺骨・遺体」、『朝日新聞（朝刊）』1955 年 6 月 2 日第 7 版；「ビルマの遺骨収集を　遺族会ら設立準備会開く」、『朝日新聞（夕刊）』1955 年 6 月 11 日第 3 版。

② 広田純：「太平洋戦争におけるわが国の戦争被害」、『立教経済学研究』1992 年第 45 巻第 4 号、第 11 頁。

③ 晏伟权、晏欢：《魂断佛国：日军缅甸战败的回忆（1944—1945）》，上海书店出版社 2015 年版，第 219 页。

④ 馬場公彦：『「ビルマの竪琴」をめぐる戦後史』、東京：法政大学出版局、2004 年、第 38 頁。

⑤ 这是根据日文名"チャンドー"的音译。

⑥ 植村肇：「ビルマを訪ねて——慰霊祭参加と戦跡巡拝に思う」、第 41—65 頁。

联络协议会事务局长山之口甫指出，带回来的遗骸很多只是身体的很小一部分。[①] 1951 年 11 月 2 日，日本政府在众议院外务委员会会议上承认在南方战场有大量的死者，且大部分处于曝尸荒野的状态，希望可以将它们带回国。[②] 日本政府之所以会做出这样的表态，是因为收到了参议院方面的带回遗骸要求。至于参议员们提出要求，则很大程度上源于日本人民的关注，特别是遗属、旧军人的迫切愿望。单论缅甸战场，十多万日本旧军人和人数众多的遗属都关心着遗骸搜集问题。1982 年的一篇文章指出，"参加缅甸方面作战的大约 30 万人（死亡约 20 万）的亲友及有关人数，现在也不下数百万"。[③] 兼顾死亡与出生的情况，在战后初期日本 7000 余万人口的情况下，这股关注缅甸战场遗骸搜集问题的声音不小。同时，这股声音并不孤单，其他战场的旧军人和 230 万亡故者的遗属也在不断奔走游说，推动日本政府展开相应的搜集活动。[④] 1951 年 11 月，日本政府表示拟向盟军统帅部申请派遣侦查队前往硫磺岛、冲绳和塞班岛。众议院议员菊池义郎对此表示：不仅应该去前面三个地方，而且还应该去南方、中国等地，若非如此，则让人民情何以堪。在发言中，菊池特别举例提到电影里的缅甸悲剧。[⑤] 时至当下，日本政府仍对遗骸搜集问题保持着关切。2014 年 11 月 12 日，日本首相安倍晋三围绕"二战"时期日本人遗骸搜集问题，向来访的缅甸总统吴登盛（U Thein Sein）提请缅方的援手。[⑥]

---

① 「ビルマの遺骨　やっと本格収集へ　戦友、遺族ら百四十人　今秋にも出発」、『朝日新聞（朝刊）』1974 年 1 月 13 日第 18 版。

② 第 12 回国会、衆議院外務委員会、第 3 号、1951 年 11 月 2 日。

③ 植村肇：「ビルマを訪ねて——慰霊祭参加と戦跡巡拝に思う」、第 41—65 頁。

④ 「ビルマの遺骨収集へ　仏教会や日赤などを中心に_　遺骨・遺体」、『朝日新聞（朝刊）』1955 年 6 月 2 日第 7 版。

⑤ 第 12 回国会、衆議院外務委員会、第 3 号、1951 年 11 月 2 日。

⑥ 外務省：「安倍総理大臣のAPEC 首脳会議，ASEAN 関連首脳会議及びG20 首脳会合出席」、2014 年 11 月 12、https：//www. mofa. go. jp/mofaj/ecm/apec/page22_001649. html，2021 年 5 月 30 日。

　　除亲人与旧军人外，侵略军人的老师、朋友同样记挂着自己的学生、友人。竹山道雄便是其中之一，并凭借小说《缅甸的竖琴》享誉日本文坛。竹山是帝国大学预科学校第一高等学校（战后改制为东京大学教养学部）的德语教授，翻译过很多德语著作。竹山在"二战"期间失去了很多学生。他创作《缅甸的竖琴》的最大动机是想在记忆中留住学生们的身影。① 《缅甸的竖琴》以缅甸为故事发生地，但竹山在创作前从未踏足缅甸，对这一陌生国度及其文化仅仅通过搜集材料、采访亲历者而一知半解，导致小说对于僧人生活方式的刻画存在错误。竹山本想模仿"一战"时期英德士兵圣诞节合唱的情节，创作有关中日和解的故事，但在中日之间没有找到可以合唱的歌曲，最终选择了缅甸战场上英军与日军之间的和解。② 两军间演奏、歌唱的曲子是彼此都熟悉的思乡之曲《我甜蜜的家乡》（Home Sweet Home，埴生の宿）。此曲来源于英国，传入日本后被翻译成日语，成为一首在日本脍炙人口的流行歌曲。

　　虽然《缅甸的竖琴》没有任何战争的画面描述，但通过主人公的眼睛以及一群侵略军残兵的逃窜经历，揭露了战争的残酷。小说可以拆解为两个故事，第一个故事是关于"二战"结束之际英日两国军人的合唱与和解；第二个故事讲述了主人公水岛在缅甸出家、安葬日本军人尸体。水岛是一位会说缅语、弹得一首好琴（缅甸竖琴）的上等兵。他的琴声在队伍溃败与逃散中起到安抚的作用。日本投降后，水岛奉命去其他日军部队传达日本已经投降的消息，在往返途中看到了尸横遍野、白骨累累的场景，也目睹了英军安葬日本军人遗体的场面，于回国和留缅的两难选择间，最终下定决心在

---

① 馬場公彦：『「ビルマの竪琴」をめぐる戦後史』、第 35 頁。

② Takehito Onishi, "Southeast Asia in the Minds of post-World War 2 Japanese: An Afterthought on the Themes of Harp of Burma," *Ikoma Journal of Economics*（生駒経済論叢）Vol. 2, No. 2・3, March 2005, pp. 1–17.

缅甸出家、安葬和追悼亡者。①

《缅甸的竖琴》对战后日本人的思想与缅甸观产生了较大的影响。竹山道雄在1947—1948年创作完成小说《缅甸的竖琴》，凭此于1949年荣获"教育大臣奖"。这部小说先后在1956年和1985年被市川昆导演拍成电影，广受好评。1956年版《缅甸的竖琴》电影荣获了奥斯卡最佳外语片的提名、首届威尼斯电影节"圣·乔治"奖。1985年版的电影被日本文部省列为推荐电影，得到广播电视台的资金支持与宣传推广，受到各个年龄层观众的喜欢。②因此，有学者指出，《缅甸的竖琴》影响了战后大多数日本人，并肯定它在战后日本思想的塑造上起到很重要的作用。③《缅甸的竖琴》亦对日本人的缅甸观产生了影响。1986年的一篇新闻报道指出，若是提到缅甸，很多日本人会想到《缅甸的竖琴》。④ 1979年，两位赴日留学的缅甸姐妹的父母向德岛县缅甸战友会会长片山博赠送了缅甸竖琴，感谢片山对女儿们的照顾。因为经常听到俩姐妹说起日本人怀念缅甸竖琴，所以父母就选择了这份礼物。竹山道雄知悉这件事情后表示："我的作品印在了缅战老兵们的心中。对于这样的一桩美谈，感到非常开心。"⑤除竖琴以外，日本读者与观众也通过《缅甸的竖琴》对缅甸的佛教、淳朴的民风留下了印象。⑥

相比于普通日本人，原缅战军人受到《缅甸的竖琴》更为深刻的影响，进而更加主动投身到遗骸搜集、纪念以及深化日缅关系的

① 竹山道雄：『ビルマの竪琴』、東京：福武書店、1983年、第7—170頁。

② 馬場公彦：『「ビルマの竪琴」をめぐる戦後史』、第8頁。

③ Takehito Onishi, "Southeast Asia in the Minds of post-World War 2 Japanese: An Afterthought on the Themes of Harp of Burma," pp. 1–17.

④ 「パゴダの国から_今日の問題」、『朝日新聞（夕刊）』1986年9月11日第1版。

⑤ 「竪琴が教える平和の音色 留学姉妹励ます輪 ビルマ戦友会が心こめ」、『朝日新聞（朝刊）』1979年3月18日第23版。

⑥ 植村肇：「ビルマを訪ねて——慰霊祭参加と戦跡巡拝に思う」、第41—65頁。

活动中去。《缅甸的竖琴》既描述过饥饿的日军士兵得到缅甸村民接济的场景，也提到日本旧军人在回国的船上阅读主人公水岛的信，得知后者要留在缅甸安葬日军遗骸。① 由此，这份责任感深深刻在旧军人的心中。部分旧军人患上了"缅甸病"，不断访问缅甸，似乎是在寻找心灵的归宿。有人因为战后没有踏足缅甸而感到愧疚，誓要在有生之年前去拜祭。②

这些旧军人出于责任感、愧疚感，希望为缅甸出力，实现日缅友好。原缅战军人植村肇表示，这不单是为了对战争伤害做出补偿，还是为了悼念缅甸战场的亡者。③ 1962 年 8 月 8 日，奥田重元在写给日本外务省亚洲局局长伊关佑二郎的信中表示，为了继承日本人的信义，今后随时都可以献出自己这条原本在 20 年前就应该在缅甸边境舍弃的性命，决心在缅甸问题上倾注一生心血。④ 1989 年，另一位缅战旧军人今泉清词设立了"今泉纪念缅甸奖学会"，资助赴日留学的缅甸学生。关于奖学会的设立原因，今泉表示：缅甸在"大东亚战争"中蒙受巨大的物质和精神损失。尽管如此，缅甸人民却始终秉持善意，向日军提供粮食与物资，才有今日依然健在的自己。今泉将缅甸视为 19 万日军亡者埋葬的"圣地"，认为要让这些人能永远安息，缅甸和日本有必要作为兄弟之邦一直友好合作下去。鉴于此，他决定资助缅甸学生来日本学习技术，推动缅甸的国家建设。⑤ 1972 年，日本缅甸协会成立。该协会的核心人物几乎都是入侵过缅甸的日本军人。这些旧军人以 1970 年缅甸领导人奈温出席大

---

① 竹山道雄：『ビルマの竪琴』、第 112—170 頁。

② 植村肇：「ビルマを訪ねて——慰霊祭参加と戦跡巡拝に思う」、第 41—65 頁。

③ 植村肇：「ビルマを訪ねて——慰霊祭参加と戦跡巡拝に思う」、第 41—65 頁。

④ 「奥田重元から伊関局長へ」、1962 年 8 月 8 日、『日本・ビルマ賠償及び経済協力協定関係一件　賠償再検討問題についての合意に関する覚書関係』第 4 巻、外務省外交史料館、B-0184。

⑤ 梶村美紀：「ビルマ/ミャンマー人元留学生と元日本兵の絆——今泉記念ビルマ奨学会の支援活動」、第 45—56 頁。

阪世博会为契机，开始创立同缅甸交流的团体。①

　　日军在缅甸战场的惨败对于日本人的震动是一时的，而最终没能从"地狱"回来的人则成为亲友和幸存者长久牵挂的对象。遗属们、旧军人纷纷参加游说活动，试图推动日本政府尽快展开遗骸搜集工作。与此同时，《缅甸的竖琴》的问世，深远影响着战后日本人的战争记忆与缅甸观，将原本只属于缅战军人与遗属的记忆与联系扩散到更多的日本人，并进一步增强存世的旧军人对于缅甸的责任感，驱使他们积极投身遗骸搜集与日缅友好事业。当然，不只是《缅甸的竖琴》，还有其他的战记、回忆录和电影亦在扩大着"二战"的历史影响。②《缅甸的竖琴》是其中颇为出众的一部。2020 年 2 月 9 日，缅甸国务资政兼外长昂山素季为纪念缅甸电影诞辰 100 周年，提议日缅两国共同拍摄新版《缅甸的竖琴》电影。③ 足见《缅甸的竖琴》在日缅关系中的影响之大。

第三节　战争赔偿问题及其解决动力

　　近 20 万侵略军人之死与《缅甸的竖琴》的影响，让日本人对缅甸怀有特殊情结。但不是只有日本有大量的伤亡与遗骸搜集问题，"二战"的历史遗产还有日军的入侵与殖民统治给缅甸带去的深重灾难与巨大损失。战争结束后，日缅两国的命运均发生了剧烈的变化。日本被美军占领，失去了独立国家的地位；缅甸傀儡政府解散，重

---

　　①　田辺寿夫、根本敬：『ビルマ軍事政権とアウンサンスーチー』、東京：角川書店、2003 年、第 89 頁。

　　②　「勇士はここに眠れるか」編纂委員会編：『勇士はここに眠れるか』、全ビルマ戦友団体連絡協議会、1980 年；田村正太郎：『ビルマ脱出記』、東京：図書出版社、1985 年。

　　③　「スー・チー国家顧問、映画『ビルマの竪琴』再制作を希望」、2020 年 2 月 19 日、『ミャンマージャポン』、https://myanmarjapon.com/newsdigest/2020/02/19-21294.php，2021 年 5 月 30 日。

新沦为英国的殖民地。此后，两国经过不懈的努力先后实现了独立。先是缅甸于 1948 年 1 月 4 日达成了独立愿望①。随后，日本在 1951 年 9 月 8 日签署《旧金山和约》，至翌年恢复独立。日缅间过去的宗主国与殖民保护国的关系随着"二战"的落幕已然终止，新关系受制于两国的独立进程迟迟未能确立。因此，恢复独立后的日本亟须弥补缅甸所受的战争创伤，并重新建立邦交关系。

1945 年 10 月，缅甸反法西斯人民自由同盟（AFPFL）最高会议决议主张向日本索要赔偿，要求日本补偿战时发行军票所掠夺的劳动力、物资以及缅甸民众的牺牲。② 1952 年 6 月 18 日，时任在野党领袖、前傀儡政府首脑巴莫举行以"对日和约"为主题的圆桌会议，强烈表达了缅甸的索赔诉求，指控日本在侵略期间搜刮缅甸民脂民膏、发行军票破坏当地经济、强制劳动、强占粮食。③

缅甸在独立后不久即陷入内战，没有对"二战"的战争损失情况做深入调查，只能根据英国殖民当局的统计提出战争损失主张。在美国讨论《旧金山和约》草案之际，缅甸政府就战争赔偿条款，曾于 1951 年 7 月 20 日照会美国政府，陈述了本国的战争损失情况。财产与设施损失 126.75 亿卢比（26 亿 6175 万美元），作废军票损失 56.23 亿卢比（11 亿 8083 万美元），总计 182.98 亿卢比（38 亿 4258 万美元）。④ 1942 年英国殖民当局撤离缅甸时，缅甸市面上有 3

---

① 在独立前夕，1947 年 7 月 19 日，缅甸反法西斯人民自由同盟主席昂山遇刺。副主席吴努接替昂山，并成为缅甸独立后首任总理。

② 小长谷总领事：「賠償に関するビルマ紙論調の件」、1953 年 1 月 14 日、『日本・ビルマ賠償及び経済協力協定関係一件』第 1 巻、B - 0162。

③ 服部比左治：「ビルマ反政府党の対日平和条約提案」、1952 年 6 月 20 日、『日本・ビルマ平和条約関係一件』第 1 巻、外務省外交史料館、B - 0162。

④ "The Ambassador in Burma（Key）to the Secretary of State," July 21, 1951, *FRUS*, 1951, Asia and the Pacific, Vol. 6, Part 1, Washington, D. C.: United States Government Printing Office, 1977, pp. 1219 - 1220. 关于缅甸的诉求及索赔金额，参考了上述美国大使的电报及下述档案：「ビルマの主張せる戦争損害」、日期不详、『日本・ビルマ賠償及び経済協力協定関係一件　賠償再検討問題についての合意に関する覚書関係　調書資料』、外務省外交史料館、B - 0185。

亿卢比在流通。日本占领时期，日本军政部不仅迫使缅甸人民将卢比兑换成军票，还用军票支付缅甸人民缴纳的粮食和所服的劳役。这些军票在日本战败后变得一文不值，众多缅甸人因而饱受连累。[①]除前述说法以外，1952 年 8 月 30 日，缅甸内政部部长在议会答辩时声称：日英美军作战造成的财物损失为 121 亿 4185 万缅元[②]（约 25 亿 4187 万美元）。另据英国统计，在泰缅铁路建设上，17.3 万名被日军动员的缅人死亡。[③] 1952 年 12 月 29 日，缅甸外长藻昆卓（Sao Hkun Hkio）对到访的日本外务省亚洲局倭岛英二局长重申了此前对美照会时的主张，即缅甸在战争中蒙受了高达约 38 亿美元的损失。[④]此后，缅甸当局基本沿用了 38 亿美元的说法。

在建交问题上，缅甸的态度从积极转为消极。1951 年 10 月 2 日，缅甸外长藻昆卓在议会上发言："日本早晚会成为亚洲强国，如不与日本维持友好关系，这对缅甸而言绝非明智之举。"[⑤] 此言透露着缅甸与日本建交的意向。1952 年 3 月初，藻昆卓对来访的日本外交官表示，缅方有意向日本派出使团，解决对日媾和问题。[⑥] 然而，同年 5 月 17 日，印度尼西亚决定无限期推迟批准《旧金山和约》。

① 小长谷总领事：「賠償に関するビルマ紙論調の件」、『日本・ビルマ賠償及び経済協力協定関係一件』第 1 巻、外務省外交史料館、B-0162。

② 据 1952 年 6 月 18 日《朝日新闻》，缅甸进行了币制改革，将卢比（Rs）改为缅元（Kyat），缅甸卢比与缅元等价。据 1954 年 12 月 6 日《朝日新闻》，缅元汇率，1 缅元为 21 美分，75 日元 60 钱。「ビルマ通貨単位変更」、『朝日新聞（朝刊）』1952 年 6 月 18 日第 2 版；「ビルマ経済の現状　農業生産に重点」、『朝日新聞（朝刊）』1954 年 12 月 6 日第 2 版。

③ 服部比左治：「ビルマ大戦被害、泰緬鉄道工事の件」、1952 年 9 月 1 日、『日本・ビルマ賠償及び経済協力協定関係一件』第 1 巻、B-0162。

④ 小长谷总领事：「日緬国交回復と賠償問題に関し『キョ』外相との会談要旨」、1952 年 12 月 30 日、『日本・ビルマ賠償及び経済協力協定関係一件』第 1 巻、B-0162。

⑤ 「日本・ビルマ間外交関係回復について」、1952 年 1 月 7 日、『日・ビルマ国交正常化』、外務省外交史料館、2015—2147。

⑥ 外務大臣：「日緬國交回復に関する件」、1952 年 3 月 7 日、『日・ビルマ国交正常化』、2015—2147。

印度尼西亚国内围绕《旧金山和约》所产生的一系列政治动荡，在一定程度上致使缅甸当局对于同日本媾和的态度趋向谨慎。① 10 月 2 日，缅甸总理吴努在例行记者招待会上指出："对日和约"尚处于悬而未决状态。在和约缔结前，两国不互换外交使节。关于赔偿谈判，政府不准备向日本派出代表团，应该由日本先遣使赴缅。② 缅甸遂将赔偿问题与"日缅和约"的缔结、建交问题捆绑在一起，以此为条件来谋求赔偿问题的解决。③

《旧金山和约》明确指出了日本的战争赔偿责任。在"和约"的起草阶段，经过菲律宾的力争，美国同意在条约中插入战争赔偿条款。《旧金山和约》第 14 条规定："兹承认，日本应对其在战争中所引起的损害及痛苦给盟国以赔偿……因此，日本愿尽速与那些愿意谈判而其现有领土曾被日军占领并曾遭受日本损害的盟国进行谈判，以求将日本人民在制造上、打捞上及其他工作上的服务，供各该盟国利用。"④ 缅甸虽然没有出席旧金山和会，亦没有签署、批准《旧金山和约》，但是符合第 14 条的规定，即缅甸的领土曾被日军占领并遭受日本损害。同时，缅甸又向旧金山和会和日本主张了自己的索赔权利。因此，日本依然有责任对缅甸履行赔偿义务。

日本国内也有声音希望早日同缅甸解决赔偿问题并建立外交关系。1953 年 5 月 27 日，原南机关机关长、陆军少将铃木敬司在提交给日本外务大臣冈崎胜男的《财团法人日本缅甸协会设立许可申

---

① 史勤：《战后日本对缅甸赔偿问题研究（1948—1954）》，硕士学位论文，华东师范大学，2017 年，第 27—28 页。

② 服部比左治：「対日平和条約に関する総理の記者会見談」、1952 年 10 月 3 日、『日本・ビルマ平和条約関係一件』第 1 巻、B-0162。

③ 小長谷綽：「『ビルマ』宗教国家企画大臣の帰朝談」、1952 年 10 月 18 日、『日本・ビルマ平和条約関係一件』第 1 巻、B-0162；小長谷総領事：「日緬国交回復と賠償問題に関する件」、1953 年 1 月 2 日、『日本・ビルマ賠償及び経済協力協定関係一件』第 1 巻、B-0162。

④ 《对日和约》，1951 年 9 月 8 日，《国际条约集（1950—1952）》，第 340—342 页。

请书》①上，表达了对于日缅关系的担忧。他指出日军在世界大战中的行径对缅甸造成了巨大伤害，伤及后者对日本的印象，因此亟须解决包括战争赔偿在内的诸多问题。随后，他讲述了一段美化日本军国主义侵略的"历史"："以下是仍未被世间广泛知晓之事，日军在挺进缅甸以前，一群日本与缅甸志士信奉大亚细亚自立的理想，通过奋不顾身的努力，唤起了（缅甸）热烈的爱国独立精神，遂组织 30 多万的独立志愿军，奠定了今日（缅甸）完全独立的基础。这群缅甸志士中，有人现在在缅甸政府内身居要职。这些人没有忘记曾经的独立领导人、生死与共的日本志士的恩德……与他们保持着紧密联系。"②铃木据此提出，若能有效利用南机关、缅甸独立军与缅甸精英的关系，同时向缅甸提供热切期盼的援助，感化缅甸人，重塑后者的日本观，不仅能推动粮食进口、战争赔偿问题的谈判进程，还会夯实日缅永久友好关系的基础。

铃木敬司之所以提出利用上述人际关系的主张，是因为在粮食进口问题上已经有成功的先例。"二战"结束后，内有土地荒废问题，外失朝鲜、中国台湾两个粮食供给地，日本陷入粮食严重不足境地。在难以自给的情况下，日本迫切需要从海外购入廉价粮食。③当时在朝鲜战争的冲击下，世界粮食市场形势愈发严峻，粮食供不应求。于是，日本寻求世界上主要的大米生产国和出口国缅甸的援手。铃木敬司参与到日绵实业、第一物产、东西交易等商社的缅米购买谈判中，接洽包括"三十志士"在内身居高位的缅甸政治军事

① 据日本外交档案显示，铃木敬司撤回了设立申请书。日本缅甸协会疑似并未成立。岡安彦三郎：「財団法人日本緬甸協会設立許可申請書取下について」、1953 年 9 月 21 日、『本邦における協会及び文化団体関係雑件　日緬協会関係』、外務省外交史料館、I－0082。

② 「財團法人日本緬甸協會設立許可申請書」、1953 年 5 月 27 日、『本邦における協会及び文化団体関係雑件　日緬協会関係』、I－0082。

③ 根本敬：『抵抗と協力のはざま：近代ビルマ史のなかのイギリスと日本』、東京：岩波書店、2010 年、第 243 頁。

精英，争得缅甸当局对日本粮食危机的理解。[①] 缅甸于 1949 年对日出口 7 万吨大米，翌年又提供了 17 万吨，超过了战前 1936—1941 年年均 14.7 万吨的出口量。可见，以铃木敬司为代表的南机关成员与缅甸精英间的人际关系成为战后日缅关系发展的推动力。

除铃木的日本缅甸协会外，还有一个商界主导的日缅协会也在积极推动日缅友好。日缅协会的会员名簿中，会长由日绵实业公司担任，副会长则是内外通商公司、东洋棉花公司，理事、监事成员均是日本国内各大企业。[②] 1951 年 8 月 31 日，日缅协会向时任首相兼外相吉田茂陈情，介绍缅甸对日本的负面印象，深感有必要采取改善措施，建议邀请缅甸记者访日、派遣友好使节赴缅。[③] 因此，推动日缅友好不仅反映了南机关成员的想法，也符合日本的经济利益。

相比局限于日缅关系领域的日缅协会，日本亚洲协会更能反映日本商界与政界的整体诉求。亚洲协会是 1954 年 4 月吉田茂内阁设立的负责经济与技术合作的民间机构。日本政府以外务省辖下的亚洲经济恳谈会为基础，整合南洋协会、印度尼西亚协会、菲律宾协会等民间团体，建立了亚洲协会。[④] 1954 年 8 月 30 日，亚洲协会召开第三回理事会及顾问会议，讨论了缅甸经济合作问题，正式决定由协会顾问、日本贸易协会会长、前通商产业大臣稻垣平太郎负责与缅甸的交涉事务，并呼吁商界的合作与支持。协会成员对于缅甸领导人有良好印象，肯定后者清廉、守信与友好。多位理事支持同

---

① 根本敬：「日本とビルマの関係を考える—占領と抗日、戦後のコメ輸出、賠償とODA、そして未来」、『「アウンサンスーチー政権」のミャンマー：民主化の行方と新たな発展モデル』、第 163—164 頁；「日本緬甸協會設立趣意書」、『本邦における協会及び文化団体関係雑件　日緬協会関係』、Ⅰ-0082。

② 「日本緬甸協會會員名簿」、1951 年 3 月、『本邦における協会及び文化団体関係雑件　日緬協会関係』、Ⅰ-0082。

③ 日緬協會：「對緬親善工作に関し陳情の件」、1951 年 8 月 31 日、『本邦における協会及び文化団体関係雑件　日緬協会関係』、Ⅰ-0082。

④ 長谷川隼人：「岸内閣期の内政・外交路線の歴史的再検討：『福祉国家』、『経済外交』という視点から」、博士論文、一橋大学、2015 年、第 140 頁。

缅甸的经济合作事业。亚洲协会还设置了缅甸委员会，决定由稻垣任委员长。①

此外，日本工营社长久保田丰同样是日缅战争赔偿问题解决的重要推手。久保田丰早年曾从事水电开发，战后试图一展技术之长，敲开国外市场之门。在一次访缅的机会中，他与缅甸政府一拍即合，就水电开发计划达成一致。久保田希望水电开发计划可以成为战争赔偿项目，从而使该计划获得日本政府的支持。1954 年 3 月 12 日，缅甸工业部部长吴觉迎（U Kyaw Nyein）在与日本驻仰光总领事小长谷绰座谈时担心该计划加入赔偿框架后，参与施工的日本技术团会丧失热情。小长谷为此辩护道："日本工营虽然是新公司，但久保田是日本数一数二的技术权威，经验丰富，是一位非常有心的绅士。日本著名的制造商会一起支援他。"② 小长谷强调久保田会为日缅间的永久关系考虑，以不辱没日本技术的信念来从事事业。但只有待日缅赔偿协议成立后，水电计划才能成为赔偿项目。于是，久保田展开了对日本政府的游说活动。当时久保田接任了首相吉田茂为土木工程的机械化施工而设立的国策公司日本国土开发股份公司③的社长，时任公司会长的是与吉田关系密切的高木陆郎。经高木引荐，久保田得以直接向吉田进言。随后，吉田让负责的国务大臣接手此事。这样，久保田的意见就上达给了大藏大臣小笠原三九郎和自由党干事长池田勇人。④

"二战"给日缅关系遗留下战争赔偿与恢复邦交关系等问题。在

① アジア協会:「アジア協会第四回理事会及び顧問会会議録」、1954 年 8 月 30 日、『本邦における協会及び文化団体関係 アジア協会関係 連絡会議関係』第 1 巻、外務省外交史料館、I‐0087;「ビルマ開発投資会社 アジア協会具体案作成へ」、『朝日新聞（朝刊）』1954 年 8 月 31 日第 1 版。
② 小長谷総領事:「賠償問題其他に関し『ウ』工業大臣と会談要旨に関する件」、1954 年 3 月 14 日、『日本・ビルマ賠償及び経済協力協定関係一件』第 1 巻、B‐0162。
③ 日本国土開発株式会社（JDC Corporation），1951 年 4 月設立。
④ 日本経済新聞社編:『私の履歴書・経済人』第 9 巻、東京:日本経済新聞社、2004 年復刻版、第 316 頁。

这些问题上，日本的外交受到国内多方面力量的影响。国内力量不仅包括以南机关为代表的日本旧军人，还有日本商界。日本旧军人及其与缅甸精英的人际关系可以被视作"二战"的历史遗产，而日本商界的诉求代表了现实利益。历史因素与现实利益共同成为了日本解决战争赔偿问题与对缅建交的推动力。

小　结

"二战"的历史遗产构成了战后日本对缅甸政策的基础。在历史遗产中，既有缅战亲历者这样的原始载体，也有竹山道雄般间接获悉缅甸战场情况的非原始载体。除了人可以作为载体，人际关系、日本军人遗骸、战争损害（副产品战争赔偿问题）等历史遗存也是重要的历史载体。至于对战后日本人的思想与缅甸观产生很大影响的《缅甸的竖琴》，它是战后的产物，是竹山以"二战"时期日军在缅甸的败退为背景创作的日英和解、水岛留缅为僧故事，并不是"二战"的历史载体。不过，由于竹山在写作中曾采访亲历者，《缅甸的竖琴》部分体现了竹山对于这段历史的认识，可以被视为依附于作者的准载体。由此，这些载体与准载体有的演化为两国间的历史遗留问题，有的则成为双边关系发展的动力或阻力。此外，历史影响并不是影响日本对缅甸政策的唯一因素，往往会与现实因素共同起作用。例如政商人物尽管不是历史影响的载体，依然是日缅关系的重要参与者。同时，历史载体与准载体亦会受到战后环境的影响。

第 三 章

战争赔偿与日本对缅甸
经济援助的萌芽

前文已经先后找到了历史影响的对象与载体，从理论上证明历史影响是有可能形成的。不过就实践层面而言，下文仍需要深入考察战后日本对缅甸政策及其执行，核对是否有历史影响的存在。在第二章所述的载体中，战争损害是日本在面对受害国时无法回避的第一项大考验。日本与缅甸围绕这一问题展开了战争赔偿谈判，开启了战后双边关系的新篇章。通过日缅赔偿问题的研究，本章致力于探究战后初期日缅关系的实情，关注"二战"的历史遗产与日本外交政策的联系，并揭示是否存在所谓的"日缅特殊关系"。

第一节　战争赔偿问题的解决与日缅建交

20 世纪 50 年代初，日本政府为了在政治上重返东南亚地区，在经济上振兴出口和发展经济，力图尽早解决战争赔偿问题。[①] 但在战争赔偿问题上，日本多次受挫。先期同日本展开谈判的印度尼西亚、

---

① 波多野澄雄、佐藤晋：『現代日本の東南アジア政策：1950—2005』、第 27 頁。

菲律宾，与日本在战争损害概念、赔偿金额、支付方法上存在根本分歧，又先后搁置了同日本达成的 "临时赔偿协议"。[①] 其间，最接近成功的 1954 年 4 月日菲间 "大野・加西亚协议" 在菲律宾参议院的强硬反对下流产。[②] 与此同时，1953 年朝鲜战争停战后，日本的国际收支状况由于出口低迷和进口增加而趋于恶化。[③] 1954 年，在经济陷入低谷的背景下，日本政府亟须寻找解决对东南亚赔偿问题的突破口，进而与东南亚国家建立更为紧密的政治经济关系。

相较于印度尼西亚、菲律宾在争取赔偿上的积极态度，缅甸在 1954 年以前持观望立场。粮食出口是缅甸主要的财政收入来源。由于朝鲜战争的影响，国际粮食市场供应紧张，缅甸凭其世界主要的大米出口国地位，受益颇丰。1952—1953 年度，缅甸出口大米 570 万吨，达到战前水准的八成，创下战后历史新高。同年，缅甸国家生产总值恢复到战前的 81% 左右。[④] 因此，缅甸的经济发展情况较其他东南亚国家为好，财政连年盈余。1952 年 8 月，缅甸推出 "福利国家计划"[⑤]，开始实施有计划

---

① 北冈伸一：「賠償問題の政治力学（1945—1959）」、『戦争・復興・発展：昭和政治史における権力と構想』、第 180 頁。

② 根据 "大野・加西亚协议"，日本将向菲律宾提供为期 10 年 4 亿美元的赔偿。该赔偿将以生产、加工、沉船打捞及其他事业的方式，向菲律宾提供日本国民的劳务。经任一方的要求，协议可以延长十年。即该赔偿实质上为 20 年期限 4 亿美元，每年的赔偿额为 2000 万美元。可参见外务省「日比賠償協定」、1954 年 4 月 12 日、『日本・フィリピン賠償交渉関係一件』第 5 巻、外務省外交史料館、B‐0194；第 24 回国会、衆議院外務委員会、第 50 号、1956 年 5 月 25 日；吉川洋子：『日比賠償外交交渉の研究：1949—1956』、東京：勁草書房、1991 年、第 180 頁。

③ 第 19 回国会、衆議院本会議、第 5 号、1954 年 1 月 27 日；CIA, "Operations Coordinating Board: Progress Report on NSC 125/2 and NSC 125/6（Japan），" October 21, 1954, CIA‐RDP80R01731R003000130001‐8.

④ 缅甸大米贸易的收益占国库收入的一半。「ビルマの経済」、『朝日新聞（朝刊）』1954 年 10 月 3 日第 4 版。

⑤ 1952 年 8 月，缅甸政府召集全国官民代表举行福利国家会议，将美国纳彭、蒂皮茨、阿贝特三家调查公司（KTA）负责制定的缅甸综合经济开发的报告书作为福利计划（工业开发 8 年计划）的骨架，以福利国家会议决议的形式予以公布。"福利国家计划" 是一个不仅包括工业开发，还涵盖地方分权、民主地方政府的建立、土地国有化计划、农业开发计划、教育文化振兴计划等政治经济各方面在内的庞大计划，目标是到 1959—1960 年，国内生产总值达到 70 亿缅元（约 14 亿美元）。日本世界経済調查会編：『海外経済事情』第 161 号、1954 年 12 月 1 日、第 359—360 頁。

的工业化。为了避免政治风险，缅甸当局对于赔偿问题持观望态度。缅甸工业部部长吴觉迎曾向日本驻缅甸总领事小长谷坦言，如果缅甸政府向日本提出的索赔要求被日方拒绝，有使缅甸政府陷入窘境的危险，因而不得不慎重。缅方打算视日本对菲律宾、印度尼西亚展示的诚意，再做决定。[①]

　　直到 1954 年，缅甸因为国内的经济困难，一改观望态度，决心解决赔偿问题。此时，缅甸的粮食出口受到朝鲜战争停战的严重冲击，经济趋于困难。加上，1953 年美缅关系恶化，缅甸自此拒绝继续接受美国的援助。[②] 1954 年 8 月 19 日，缅甸财政部部长吴丁（U Tin）在议会上宣布：预计未来几年，（缅甸的外汇）储备会不断减少，以致支付能力不足。故政府将向世界银行寻求贷款。[③] 为了"福利国家计划"的实施，1954 年缅甸对日本赔款的需求较以往更为紧迫。虽然日本与其他东南亚国家的赔偿谈判屡遭失败，令缅甸视之为烫手山芋，但最终国家复兴的意愿压倒了一切，缅甸政府决心解决赔偿问题，向日本派出使团。[④] 亦由于财政紧张，缅甸政府制定的谈判方针是在尽可能短的期限内获得数额多的赔款。[⑤]

　　对于日本而言，此番日缅会谈的成败不仅关系到两国的邦交问题，还关乎日本同其他东南亚国家的赔偿、外交及经济关系问题。

---

　　① 「AFPFL 書記長との会談に関する件」、1952 年 12 月 15 日、『日本・ビルマ賠償及び経済協力協定関係一件』第 1 巻、B-0162。

　　② 「米、ビルマ援助打切り」、『朝日新聞（朝刊）』1953 年 5 月 29 日第 2 版。

　　③ "Burma to Seek Loans," August 20, 1954, *New York Times*, p. 23.

　　④ 除经济上的原因外，缅甸也受到了日本与其他东南亚国家在赔偿问题上进展的刺激，由此国内要求尽快与日本谈判的压力日益高涨。3 月 12 日，代理外长吴觉迎谈道：日本同菲律宾、印度尼西亚签署的"沉船协定"进入到实施阶段，而只有缅甸迟迟未进行谈判，对此感到很遗憾。此外，包括吴觉迎在内多位缅甸政府高层均表态日缅尚未建立正式外交关系的现状是不正常的，对与日本建交有一定的共识。可参见小长谷总领事「賠償問題其他に関し『ウ』工業大臣と会談要旨に関する件」、1954 年 3 月 14 日、『日本・ビルマ賠償及び経済協力協定関係一件』第 1 巻、B-0162。

　　⑤ 《部长宇叫迎昨报告日本赔偿谈判经过》，《中国日报》（仰光）1954 年 10 月 6 日，厦门大学南洋研究院图书馆藏，NY-003-3119-0003。

1954 年 7 月 31 日，日本外务省草拟了一份"对缅赔偿交涉要领"。"要领"显示出日本期待谈判的原因及通过此次谈判推进对菲律宾和印度尼西亚赔偿谈判的意图：（1）缅甸使团团长吴觉迎为实权人物，不需要担心会出现像"大野·加西亚协议"那样的情况；（2）缅甸现政权有着不同于菲律宾和印度尼西亚的强国般安定性；（3）缅甸人民对日感情良好，政府也反复强调不记恨日本；（4）日缅贸易关系、经济合作关系已经处于顺利发展势头中；（5）有助于打破日本对菲律宾及印度尼西亚赔偿谈判的僵局。同时，"要领"指出日本对缅甸赔偿总额为 1 亿美元、年支付不超过 1000 万美元。①

　　自 1954 年 8 月 17 日缅甸使团抵达日本起，至 9 月 24 日完成谈判，日方主要以外务省为中心，由外务大臣冈崎胜男与缅甸代理外长吴觉迎前后进行了 13 次会谈，辅之以外务省亚洲局局长中川融与缅甸外交部亚洲局局长吴梭丁（U Soe Tin）的 4 次谈判。但参与谈判的日方人员不限于外务省，还有日本其他政府部门与执政党要员，特别是自由党干事长池田勇人在其中发挥了至关重要的作用。此外，日本商界、文化界和宗教界人士积极从旁协助，对缅甸代表团发动友好攻势与居中调解。8 月 28 日，东京都政府和亚洲协会、日缅协会、亚洲文化会、全日本佛教会等组织在东京日比谷公园大音乐堂举行"来日缅甸友好使团欢迎晚宴"。②

　　8 月 19 日，冈崎胜男与吴觉迎举行首轮会谈。但会谈并没有进行战争赔偿金额与期限的商议。因为日本最初的谈判策略是回避金额的讨论，欲以总量方式，即规定具体的赔偿内容来展开交涉。③

---

① 「対ビルマ賠償交渉要領」、1954 年 7 月 31 日、『日本・ビルマ賠償及び経済協力協定関係一件』第 2 巻、外務省外交史料館、B‑0162。

② 「ビルマ使節歓迎の夕」、『朝日新聞（朝刊）』1954 年 8 月 26 日第 8 版；「歓迎の夕にニコニコ　ビルマ親善使節団一行」、『朝日新聞（朝刊）』1954 年 8 月 29 日第 7 版。

③ 「対ビルマ賠償交渉要領」、1954 年 7 月 31 日、『日本・ビルマ賠償及び経済協力協定関係一件』第 2 巻、B‑0162；アジア局第四課：『賠償及び経済協力に関する日緬交渉記録』、1955 年 4 月、東京外国語大学附属図書館。

在会谈中，吴觉迎谋求与菲律宾同等待遇，提出为期 20 年 4 亿美元的索赔方案。[①] 吴觉迎阐明缅甸实际损失情况，批判"传言"中的日本关于东南亚诸国间赔款金分配比例（菲律宾、印度尼西亚、缅甸）4∶2∶1 的不合理性。[②] 由于政府内部分歧，[③] 冈崎在拒绝缅方提案的同时也不明示日方的金额方案。在第二次与第三次会谈没有取得实质性进展的情况下，吴觉迎在记者会上公开表示不满：对日本坚持 4∶2∶1 的赔偿金分配比例很失望，难以接受此种不平等待遇。[④]

关于赔偿比例问题，早在缅甸使团访日前，媒体就有曝出消息。1954 年 3 月 12 日，吴觉迎向小长谷直诉不快。[⑤] 小长谷否认比例的真实性，辩称只是新闻臆测。[⑥] 然而，事实上，1953 年冈崎出访东南亚前，吉田内阁曾敲定赔偿谈判方针：菲律宾 2.5 亿美元，印度尼西亚 1.25 亿美元，缅甸 6000 万美元，印支三国 3000 万美元的赔偿金分配方案。[⑦] 访问期间，冈崎分别向各国提出了日本愿意支付的

① 「四億ドル二十カ年払い　ウ・チョウ・ニェン代表宣明」、『朝日新聞（朝刊）』1954 年 9 月 3 日第 1 版。

② 「ビルマとの賠償交渉の経緯について」、1959 年 11 月 14 日、『日本・ビルマ賠償及び経済協力協定関係一件』第 4 巻、外務省外交史料館、B-0162。

③ 外务省与大藏省存在分歧，大藏省奉行紧缩政策，反对高额赔偿。可参见「対ビルマ交渉に期待　政府、賠償比率も変更か」、『朝日新聞（朝刊）』1954 年 8 月 20 日第 1 版。

④ 「目下、現金要求なし　岡崎外相言明」、『朝日新聞（朝刊）』1954 年 8 月 22 日第 1 版；「使節団長、記者団と会見」、『朝日新聞（朝刊）』1954 年 8 月 24 日第 1 版；「総額で足ぶみ　日本側腹案と大差」、『朝日新聞（朝刊）』1954 年 8 月 24 日第 1 版。

⑤ 小長谷総領事：「賠償問題其他に関し『ウ』工業大臣と会談要旨に関する件」、1954 年 3 月 14 日、『日本・ビルマ賠償及び経済協力協定関係一件』第 1 巻、B-0162。

⑥ 小長谷総領事：「ウ・チョー・ニェンとの会談の件」、1954 年 8 月 12 日、『日本・ビルマ賠償及び経済協力協定関係一件』第 2 巻、B-0162。

⑦ 北岡伸一：「賠償問題の政治力学（1945—1959）」、『戦争・復興・発展：昭和政治史における権力と構想』、第 187 頁。

数额，并没有明示赔偿比例。① 可是，从金额分配来看，该比例是存在的。

谈判初期，日缅两国就日本的支付能力在认识上也存在很大分歧。缅方认为，日本有足够的能力支付赔偿，但日方认为，这一判断高估了日本的财力。在冈崎与吴觉迎的第四次会谈中，后者提议：如果考虑国际利率，若赔偿期限从 20 年缩短为 10 年，索赔总额可以相应减少至 3.5 亿美元。② 此举清楚地印证了前文所述的缅甸谈判方针。相比于总额，缅甸更想尽快获得更多的赔偿。对此，冈崎以每年负担过重为由，希望减轻年均负担，分 30 年来支付。为了说明日本的支付能力，8 月 23 日日本大藏大臣小笠原三九郎向吴觉迎介绍了日本的财经情况。③ 不过，吴觉迎并不信服，仍坚持己见：据缅甸经济专家言，任何国家的国家预算中，至少有 5% 的机动经费。可是，日本只以预算的 1% 来支付赔偿。假使日本对菲律宾、印度尼西亚、缅甸三国每年的赔款均为 2000 万美元，合计是 6000 万美元，不过为日本总预算的 2%。我们不认同日方所言的难以筹措超出预算 1% 的赔偿金的说法。④ 此外，日本对欧美的债务清偿和军备重整引起了缅甸等东南亚诸国的关注，也让日本的解释效果大打折扣。⑤

为了安抚吴觉迎和推进谈判，冈崎调整了谈判策略。8 月 27 日

---

① 具体提案时，冈崎对缅方提示的金额为 5000 万美元。可参见「キョ外相および閣僚委員会委員との会談要旨」、1953 年 10 月 12 日、『岡崎外務大臣東南アジア訪問関係一件』、A–0153。

② 「ビルマとの賠償交渉の経緯について」、1959 年 11 月 14 日、『日本・ビルマ賠償及び経済協力協定関係一件』第 4 巻、B–0162。

③ 「蔵相から財政経済事情説明　使節団長へ」、『朝日新聞（朝刊）』1954 年 8 月 24 日第 1 版。

④ 「四億ドル二十カ年払い　ウ・チョウ・ニェン代表宣明」、『朝日新聞（朝刊）』1954 年 9 月 3 日第 1 版；アジア局第四課：『賠償及び経済協力に関する日緬交渉記録』、1955 年 4 月、東京外国語大学附属図書館。

⑤ 「進まぬ賠償交渉　対フィリピン・ビルマ・インドネシア・ベトナム」、『朝日新聞（朝刊）』1954 年 9 月 3 日第 3 版。

的第五次会谈上，他提出日版的赔偿金额：为期 10 年，每年支付 1000 万美元。该提案是日本调整回避金额策略而前进的一步，却坐实了吴觉迎所担忧的赔偿比例问题，拟付给菲律宾与缅甸的赔款金额分别是 4 亿与 1 亿美元，正好是四倍。吴觉迎予以了拒绝。不过第五次会谈并非没有收获。冈崎表示考虑增加经济合作的金额，且称："日本希望多采用'合营企业'的方式。"[①] 经济合作与战争赔偿组合的方案成为推动赔偿谈判的新思路。

经济合作一直是日本赔偿政策的动机之一。吉田茂曾述及："通过赔偿支付来确保国民粮食、工业原料的供给与开拓市场。如果不能由此保障日本与对方国家紧密的经济关系，赔偿则毫无意义。"[②] 然而，日本虽有意推进经济合作，但起先并没有将它直接与赔偿问题捆绑在一起，只是以平行的方式来处理经济合作问题。[③] 恰好缅甸使团对于经济合作的热情令日方产生了一种认识：缅方似乎将赔偿问题与合营企业、经济合作联系起来考虑。[④]

缅甸确实对经济合作感兴趣，但此行的主要目的是解决赔偿问题，故吴觉迎不希望谈判偏离正题。8 月 30 日，他在大阪考察期间发表谈话："合营企业是为了促进缅甸工业化。我方并不考虑将其作为赔偿。"[⑤] 吴觉迎此举并非反对将赔偿与经济合作联系起来，而是意在钳制日本日益重视经济合作、忽略赔偿问题的趋势，由此将谈判的重心拉回到赔偿问题。缅甸对于经济合作的兴趣也是由来已久。1954 年 3 月 12 日，吴觉迎对小长谷总领事表示：极为欢迎日本专家

---

① 「ビルマとの賠償交渉の経緯について」、1959 年 11 月 14 日、『日本・ビルマ賠償及び経済協力協定関係一件』第 4 巻、B－0162。

② 吉田茂：『回想十年』第 3 巻、東京：白川書院、1982 年、第 50 頁。

③ 史勤：《日本与缅甸关于战争赔偿的交涉》，《世界历史》2018 年第 5 期。

④ 「目下、現金要求なし　岡崎外相言明」、『朝日新聞（朝刊）』1954 年 8 月 22 日第 1 版。

⑤ 「『合弁会社』を希望　賠償あくまで三国同額　西下の使節団長談」、『朝日新聞（朝刊）』1954 年 8 月 31 日第 1 版。

的到来，促进双边经济关系、技术合作、合营企业。① 为了经济建设计划，缅甸当局试图通过赔偿获得日本的物资、设备与劳务，亦对合营企业抱有很大的期望。② 于是谈判伊始，吴觉迎便提出了赔偿与经济合作大纲，并在第二次会谈上同日方展开磋商。③ 另外，吴觉迎还会见了日本产业界人士，进行招商引资，并就缅甸的政策作了解释。④ 同时，他是一个聪明的谈判者，抓住日本对于经济合作的追求，以此为筹码，谋求赔偿问题的解决：若没有就赔偿达成一致意见，缅方可能会拒绝合营企业等经济合作。⑤ 在缅方略带"威胁"的背景下，9月4日日本副首相绪方竹虎向吴觉迎承诺帮助推动谈判：为了将来两国的友好关系，增加赔偿金额并非大问题。⑥

确立赔偿与经济合作的主次之后，两国代表在第六次会谈上取得进展。冈崎提议：以战争赔偿与经济合作的方式，提供为期8年、年均价值2500万美元的生产资料与劳务，来支援缅甸的"福利国家计划"。吴觉迎答复："原则上赞成，但不同意以此为最终方案。"⑦ 在9日的第七次会谈上，吴觉迎提出两个新提案（为期10年）：（1）

① 小長谷総領事：「賠償問題其他に関し『ウ』工業大臣と会談要旨に関する件」、1954年3月14日，『日本・ビルマ賠償及び経済協力協定関係一件』第1巻、B–0162。

② 「ビルマとの交渉を成功へ」、『朝日新聞（朝刊）』1954年8月21日第2版。

③ 「岡崎外相・ビルマ使節団長会談　対日賠償額を提示」、『朝日新聞（夕刊）』1954年8月19日第1版；アジア局第四課：『賠償及び経済協力に関する日緬交渉記録』、1955年4月、東京外国語大学附属図書館。

④ 「交渉前途に希望を表明　左社懇談会で」、『朝日新聞（朝刊）』1954年8月26日第1版；「ビルマに協力約す　硫安業界」、『朝日新聞（朝刊）』1954年8月29日第4版；「『合弁』は綿紡などに　使節団長語る」、『朝日新聞（夕刊）』1954年8月31日第4版。

⑤ 「四億ドル二十カ年払い　ウ・チョウ・ニェン代表宣明」、『朝日新聞（朝刊）』1954年9月3日第1版。

⑥ アジア局第四課：『賠償及び経済協力に関する日緬交渉記録』、1955年4月、東京外国語大学附属図書館；「副総理と会談」、『朝日新聞（夕刊）』1954年9月4日第1版。

⑦ 「双方で若干歩み寄り」、『朝日新聞（朝刊）』1954年9月5日第1版。

年均2500万美元赔款、900万美元经济合作；（2）年均2000万美元赔款、1400万美元经济合作。换言之，缅方也接受了赔偿与经济合作组合的方式。只是，日方并未同意缅方的提案。冈崎拿出方案（为期10年）：年均1500万美元赔款、1000万美元经济合作。经济合作部分可以上浮200万—300万美元，且上浮部分是无偿的。[①]

　　美国国务卿杜勒斯访日令日缅谈判有了进一步"爬坡"的动力。9月10日，杜勒斯与吉田茂举行会谈，讨论了日本的经济问题。首先，杜勒斯希望日本寻找其他市场，比如东南亚，而非依赖美国。其次，由于日本与菲律宾、印度尼西亚、缅甸的关系受困于赔偿问题，杜勒斯在表示理解日本经济难以承受高额赔偿的同时，指出日本经济难以在赔偿问题没有解决的情况下崛起，突出了解决赔偿问题的必要性。最后，杜勒斯认为，缅甸的赔偿提议是合理的，建议吉田茂考虑并接受。[②] 由此可见，美国正努力加强日本与东南亚的关系。杜勒斯的意见与建议随后促使日本政府放弃临时赔偿方式、争取彻底解决赔偿问题。[③] 另外，杜勒斯亦会晤了吴觉迎，盼望谈判能取得圆满成功。[④]

　　日缅双方互做妥协，意见日趋一致。9月13日，池田勇人会见吴觉迎，建议后者考虑每年1700万美元赔款和300万美元无息、无

---

　　① 「ビルマとの賠償交渉の経緯について」、1959年11月14日、『日本・ビルマ賠償及び経済協力協定関係一件』第4巻、B－0162。

　　② "Memorandum of Discussion at the 214th Meeting of the National Security Council Held on Sunday," September 12, 1954, *FRUS*, 1952–1954, East Asia and the Pacific, Vol. 12, Part 1, Washington, D. C.: United States Government Printing Office, 1984, pp. 906–907.

　　③ 9月10、11日，池田与冈崎先后提请缅方考虑临时赔偿。不过最后因为吉田茂的反对，临时赔偿作废。「池田、ウ・チョウ・ニェン会談」、『朝日新聞（朝刊）』1954年9月11日第1版；アジア局第四課：『賠償及び経済協力に関する日緬交渉記録』、1955年4月、東京外国語大学附属図書館；Ma Myint Kyi, *Burma-Japan Relations 1948–1954: War Reparations Issue*, p. 112.

　　④ 「重要問題で一時間　ダレス長官　ビルマ使節とも会談」、『朝日新聞（夕刊）』1954年9月10日第1版。

限期政府贷款的方案，① 意图满足缅方 2000 万美元赔款的诉求。在同日的日缅外长会谈上，吴觉迎拿出新提案：为期 10 年，每年 2000 万美元赔款、500 万美元经济合作。冈崎提出为期 10 年、每年 1700 万美元赔款、800 万美元经济合作的方案。② 翌日，双方举行第十次会谈，冈崎在不改变 2.5 亿美元总额的情况下，略微提高了赔款金额：每年 1750 万美元赔款、750 万美元的经济合作。③ 缅甸代表团再度拒绝日方提案。至 15 日的第十一次会谈，冈崎提请吴觉迎考虑：为期 10 年，每年 1700 万美元赔款、500 万美元的经济合作（合营企业）及不征收本息的 300 万美元无期限贷款。④ 鉴于 300 万美元的贷款无须偿还，赔偿总额实质上达到了 2 亿美元，双方的提案并无明显差别。

唯一遗留的问题是赔偿再协商条款。在此前的第十次会谈上，吴觉迎以日本所提的赔偿金额远不及拟付给菲律宾的、难以向国内交代为由，谋求加入再协商条款。在第十一次会谈上，尽管冈崎希望删除，但缅方坚持保留该条款：在面对缅甸人民时，这个条款出于政治理由考虑是必要的。⑤ 令人意外的是，该条款系日方首倡。最初是 8 月 24 日，池田为了安抚吴觉迎，提请考虑缔结临时赔偿协议，并添加下述条款：未来，在充分权衡给其他索赔国家赔款的基础上，再决定给缅甸的最终赔款金额。⑥ 同月 27 日，冈崎提出，在

---

① Ma Myint Kyi, *Burma-Japan Relations 1948 – 1954：War Reparations Issue*, p. 124.
② 「ビルマとの賠償交渉の経緯について」、1959 年 11 月 14 日、『日本・ビルマ賠償及び経済協力協定関係一件』第 4 巻、B – 0162。
③ 冈崎还有另一提案，为期 8 年每年 2000 万美元赔偿、500 万美元经济合作，被缅方拒绝。
④ 「ビルマとの賠償交渉の経緯について」、1959 年 11 月 14 日、『日本・ビルマ賠償及び経済協力協定関係一件』第 4 巻、B – 0162。
⑤ 「ビルマとの賠償交渉の経緯について」、1959 年 11 月 14 日、『日本・ビルマ賠償及び経済協力協定関係一件』第 4 巻、B – 0162。
⑥ アジア局第四課：『賠償及び経済協力に関する日緬交渉記録』、1955 年 4 月、東京外国語大学附属図書館。

赔偿协议的 10 年期限终止前，权衡缅甸与他国的赔偿金额多寡之后，两国间可以再次协商赔偿问题。① 显然，再协商的安排有助于克服"平等待遇"难题。结果，吴觉迎吸纳了此办法，并就协商时间提出调整：在日本与菲律宾、印度尼西亚的谈判完成之际，望进行对比权衡及再协商。

最终日本方面接纳缅方的意见，与缅甸解决了赔偿问题。9 月 20 日，缅甸政府以添加再协商条款为条件，决定接受协定。② 22 日的第十二次会谈上，缅甸使团通告：根据本国政府训令，很难接受每年 2000 万美元以下的赔偿方案。同时，明确要求加入再协商条款，但同意若日本对菲律宾的赔偿不高于为期 20 年 4 亿美元，将不会援用该条款。24 日，冈崎接受缅方的要求。翌日，双方草签了《日缅和约》中的"赔偿条款"、《赔偿及经济合作协定》等文件。③

这次谈判的成功离不开南机关和缅甸独立军日方成员的牵线搭桥。1952 年，左派日本社会党领导人曾随铃木敬司访缅，开启了日本社会党与缅甸的友好关系。在赔偿谈判陷入僵持之际，缅甸使团寻求并获得日本社会党的支持。④ 更为重要的是，对于谈判进程起到极大推动作用的吴觉迎与日本自由党干事长池田勇人的会晤，最初多亏了缅甸独立军的奥田重元引荐才得以实现。⑤

1954 年 11 月 5 日，日本与缅甸在仰光正式签订《日本与缅甸联邦和平条约》和《赔偿及经济合作协定》（以下简称为《日缅赔

---

① 「ビルマとの賠償交渉の経緯について」、1959 年 11 月 14 日、『日本・ビルマ賠償及び経済協力協定関係一件』第 4 巻、B–0162。

② 「対日賠償問題に関する件」、1954 年 9 月 20 日、『日本・ビルマ賠償及び経済協力協定関係一件』第 2 巻、B–0162。

③ 赔偿再协商条款位于《日缅和约》第五条第一款 a 段第三句。

④ Ma Myint Kyi, *Burma-Japan Relations 1948 – 1954：War Reparations Issue*, pp. 94 – 95.

⑤ Ma Myint Kyi, *Burma-Japan Relations 1948 – 1954：War Reparations Issue*, p. 122.

偿协定》)。① 缅甸成为第一个同日本解决战争赔偿问题的东南亚国家。随之，两国间建立了正式的邦交关系。1954 年 12 月 1 日，日本驻仰光总领事馆升格为驻缅大使馆。1955 年 4 月 7 日，日本第一位驻缅大使太田三郎履职。② 日本亦由此破解东南亚政策的困局，并以同缅甸达成的赔偿框架与建交方式为范例，先后和菲律宾、印度尼西亚解决了赔偿与邦交问题。③

第二节　日缅经济关系的恶化

《日缅赔偿协定》的签订对于日缅关系而言，仅仅只是走向战后新关系的第一步，既不意味着赔偿问题的彻底解决，也不意味着日本对缅甸的侵略伤害就此一笔勾销，更不意味着日缅友好关系的形成。缅甸国内对《日缅赔偿协定》抱有复杂的心情，尽管明白这是当时所能获得的最好协议并表示欢迎，但不认为这足以弥补缅甸所受的严重创伤。缅甸一方面与日本协商推进"赔偿协议"的执行工作，另一方面密切关注日本和菲律宾、印度尼西亚的赔偿谈判动态，将视它们达成的协议而决定是否行使重新协商赔偿问题的权利。④ 至于日本方面，在《日缅赔偿协定》达成后，是否如愿以偿地促进了对缅甸的贸易？双边贸易关系的变动又对日缅关系产生了怎样的影响？

在赔偿的执行上，日缅两国围绕程序产生了分歧。作为焦点问

---

① 「ビルマとの賠償交渉の経緯について」、1959 年 11 月 14 日、『日本・ビルマ賠償及び経済協力協定関係一件』第 4 巻、B－0162。

② "From P. H. Gore-Booth to Selwyn Lloyd," July 27, 1956, *Commercial Relations between Burma and Japan*, The National Archives (UK), FO 371 – 123342.

③ 吉川洋子：『日比賠償外交交渉の研究：1949—1956』、第 272 頁；倉沢愛子：『戦後日本＝インドネシア関係史』、東京：草思社、2011 年、第 179—181 頁。

④ "From P. H. Gore-Booth to Selwyn Lloyd," July 27, 1956, *Commercial Relations between Burma and Japan*, The National Archives (UK), FO 371 – 123342.

题的付款方式，日本政府要求由一家日本商业银行支付货款，试图争取赔款的控制权。而缅甸也想谋求主动权，坚持直接同日本有关企业交涉，不愿意其同日本企业的交易被限制在一家日本银行，反对只在一家银行开设赔偿账户。① 日本认为，银行数目的增加会提高日本对于赔款的管理和运营难度，但又担心两国交涉的僵局会波及对菲律宾、印度尼西亚的赔偿谈判，只得同意缅甸在东京银行、富士银行两家银行设立赔偿账户。至 1955 年 10 月 18 日，日缅间达成《日缅赔偿实施细则协定》，不仅规范了在资金使用上的管理与审查，还约定组建日缅联合委员会，负责磋商合同、实施计划。②

程序问题的解决推动了赔偿的落实。然而，在落实中，缅甸人怀疑日本人试图以过高的价格、用次等货充作赔偿。1956 年 3 月 27 日，缅甸赔偿使团团长吴拉昂（U Hla Aung）对驻日英国大使馆官员表示，他对供应赔偿物资的日本企业的态度很不满：他们将此视为"慈善"，可以提出他们想要的任何价格。他的代表团恕难接受。吴拉昂举例说当使团就某个专案接洽日本企业时，日方会询问这个专案是否属于赔偿。如果答案是肯定的话，他们会报出更高的价格。③ 缅甸的怀疑促使他们核对日本的报价，并向国际招标。只是，非日本公司发现他们几乎不可能中标。国际招标之举亦惹恼了日本企业。为了确保双方都满意日本的价格，缅甸开始雇用第三方的独立专家，例如任用英国工程师来核对日本的投标与报价。④ 对于这样的投标，日本政府担心降低报价会影响到对缅赔偿，故通知参与竞

---

① 《缅日赔偿细则谈判　日方传将达成协议》，《新仰光报》1955 年 10 月 6 日，厦门大学南洋研究院馆藏，NY - 003 - 3119 - 0030。

② 孔祥伟：《日本对缅甸的赔偿政策及其实施过程（1954—1960）》，硕士学位论文，华东师范大学，2019 年，第 23—25 页。

③ J. A. Turpin, "Burmese Reparations," March 28, 1956, *Commercial Relations between Burma and Japan*, The National Archives (UK), FO 371 - 123342。

④ "From P. H. Gore-Booth to Selwyn Lloyd," July 27, 1956, *Commercial Relations between Burma and Japan*, The National Archives (UK), FO 371 - 123342.

标的日本企业，避免大幅降低投标价格。① 1957 年 5 月，缅甸副总理吴觉迎当面向来访的日本首相岸信介陈情，日本药品中的赔偿品比普通贸易品贵，提请日方注意。② 赔偿物资价格偏高的问题虽是赔偿执行中的小问题，但加深了缅甸对日本商业方式与动机的疑虑，进而阻碍日缅关系的改善。

　　赔偿的执行在曲折中逐渐前行，而经济合作却始终毫无进展。缅甸营商环境欠佳，难以确保合营企业盈利，令日本企业裹足不前。其主要存在五个问题③：（1）政策问题。缅甸奉行计划经济政策，不仅对众多产业实施国有化措施，而且经常对原料、设备、产品进行价格管制，缺乏保护或优待外资的具体法规、政策与措施。尽管缅甸多次就国有化问题做出解释，保证在一定期限内不实行国有化，依然没能彻底消除日本企业的疑虑。④（2）治安环境堪忧。自独立以来，缅甸国内的反政府武装活动屡禁不止，有少数民族武装、共产党武装，还有中国内战后败退至缅甸的国民党残部。缅甸不少矿藏位于反政府武装活跃地区，以致日本企业望而却步。其间，日缅合作的珍珠采集及养殖项目遭到有组织的强盗袭击，损失惨重，对

---

　　① 《缅采购大批火车及铁轨　日商竞相投标　日本政府通知商人勿减低价格》，《中国日报》（仰光）1954 年 11 月 15 日，NY - 003 - 3119 - 0017。

　　② 「経済協力で話合い　岸首相とビルマ副首相_ ビルマ訪問」、『朝日新聞（朝刊）』1957 年 5 月 23 日第 1 版。

　　③ 除这五点外，英国驻缅甸大使馆在向本国汇报时指出日缅经济合作受困的其他几点原因：其一，缅甸对日本的态度，缅甸人不相信日本的商业方式和动机，且受战争受难记忆的影响，故可能不太欢迎日本。其二，缅甸的劳资关系问题，缅甸人以拥有极其原始的劳资关系观念而闻名，尤其是在工会（trades unions）中。缅甸人对工作条件有很多的要求，拒绝长时间工作和恶劣的工作待遇。其三，缅甸人做事一贯的拖延与在细节问题上的固执。"From P. H. Gore-Booth to Selwyn Lloyd," July 27, 1956, *Commercial Relations between Burma and Japan*, The National Archives (UK), FO 371 - 123342.

　　④ 外務省賠償部：「日緬経済協力の現状」、1956 年 10 月 8 日、『日本・ビルマ賠償及び経済協力協定関係一件　実施関係』第 2 巻、外務省外交史料館、B - 0183；《宇汝在同盟代表大会上讲话摘要》，《新仰光报》1958 年 1 月 30 日，NY - 003 - 2996 - 0017 - 0018。

日方造成不小的冲击。① （3）电力不足。1956 年 1 月，日本硫铵工业协会派出调查团，对缅甸的肥料利用情况、土壤、原料、动力等有关工厂设立的基础条件进行了考察。考察报告指出，缅甸电力匮乏，在日本赔偿项目巴鲁昌发电站（原定于 1957 年投入运营，实际上直到 1960 年才建成）运转发电前，化肥工厂项目只得延期。②（4）英国因素。英国与缅甸的合资企业基本垄断了缅甸的采矿业，使得日本颇难涉足该领域。英资的缅甸石油公司（缅甸政府出资占 1/3）在缅甸石油的采掘、加工与销售领域中都具有较大的影响力。这意味着日本企业若要进军缅甸的石油开发业，需要征得缅甸石油公司的同意。③ （5）缅甸人的习惯与传统。饮食上，缅甸人不习惯食用海鱼，国内市场狭小，对日本海洋渔业企业的合作计划产生消极影响。④ 农业上，由于缅甸人化肥使用率低，日方若要合营企业，需事前投入大量的精力向缅甸农民普及化肥的使用知识，才能实现盈利。⑤

---

① 该项目系日本南海珍珠有限公司与缅甸珍珠贝采集及养殖辛迪加（Burma Pearl Fishing & Cultured Syndcate）的合作事业。1956 年 2 月 24 日，该项目的珍珠养殖基地受到袭击，损失了 5 艘采贝船，受害金额达 5764 万日元。7 月 29 日，仅剩的 1 艘采贝船从仰光返回养殖基地途中也遭到土匪袭击，船只被掠夺。外務省賠償部：「日緬経済協力の現状」、1956 年 10 月 8 日、『日本・ビルマ賠償及び経済協力協定関係一件　実施関係』第 2 巻、B‑0183；「海賊船が襲う　真珠採取船_ ビルマ」、『朝日新聞（朝刊）』1956 年 8 月 6 日第 7 版。

② 外務省賠償部：「日緬経済協力の現状」、1956 年 10 月 8 日、『日本・ビルマ賠償及び経済協力協定関係一件　実施関係』第 2 巻、B‑0183；「ビルマへの化学肥料調査団派遣決る」、『朝日新聞（朝刊）』1955 年 12 月 9 日第 4 版；「肥料工場の建設で一致、白石氏帰国談　日本ビルマ合弁経済提携」、『朝日新聞（朝刊）』1956 年 3 月 8 日第 4 版；「一、二カ月中に一応の結論　ビルマ合弁硫安工場建設」、『朝日新聞（朝刊）』1956 年 6 月 9 日第 4 版。

③ 外務省賠償部：『日緬経済協力の現状』、1956 年 10 月 8 日、B‑0183。

④ 渡辺敏：「行きづまりの経済協力」、『朝日新聞（朝刊）』1960 年 3 月 29 日第 4 版。

⑤ 「ビルマに合弁会社　硫安業界が乗出す」、『朝日新聞（朝刊）』1957 年 2 月 9 日第 4 版。

　　日本政府采取谨慎保守的态度来应对经济合作问题，优先保证政府不背负财政压力，其次保护日本企业的利益不受损，最后才考虑经济合作的落实。一方面，日本政府试图借缅甸政府对经济合作的热情来谋求缅甸改善营商环境。日本要求缅甸不限制海外汇款，希望在合营企业的进口及税收方面得到优待，并打探缅方是否有意向缔结防止"二重课税协定""投资保证协定"以及"通商航海条约"。① 另一方面，日本政府努力撇清自己的责任。日本官员多次在国会上表示：日缅经济合作属于民间性质，政府只是有责任促进日缅经济合作，并没有义务保证经济合作开花结果。② 就己方的措施，日本仅打算通过进出口银行或海外经济协力基金提供优惠的贷款给日本企业，激发企业家参与日缅合营企业的热情。彼时日本国库资金紧张，日本政府未能在海外投资保险的力度、贷款利息、偿还期限等方面满足商界的诉求。③ 在此情况下，日本商界由于从事对缅经济合作难以确保收益，又没能获得日本政府的全力支持，且谋求缅甸的经营管理报酬没有得到满足，合作态度趋于消极。

　　除赔偿与经济合作领域外，日本曾试图与缅甸就"日缅和约"中的最惠国条款展开交涉。鉴于日缅两国在经贸实力上强弱分明，④缅甸担忧若给予日本最惠国待遇，会导致其对外贸易完全被日本垄断，以至经济遭受重大打击。⑤ 最终，《日缅和约》没有加入最惠国

---

　　① 第 28 回国会、参議院外務委員会、第 14 号、1958 年 4 月 3 日。

　　② 第 24 回国会、衆議院外務委員会、第 51 号、1956 年 5 月 26 日；第 33 回国会、参議院外務委員会、第 18 号、1959 年 12 月 15 日；第 40 回国会、衆議院外務委員会、第 17 号、1962 年 3 月 27 日。

　　③ 第 28 回国会、参議院外務委員会、第 14 号、1958 年 4 月 3 日。

　　④ "Signature in Rangoon on November 5 of A Peace Treaty between Burma and Japan," November 9, 1954, *British Documents on Foreign Affairs*, Part V, From 1951 through 1956, Series E, Asia, 1954, Volume 7, 1954, p. 25.

　　⑤ 《缅日和约　缅文"新光报"社论》，《中国日报》（仰光）1954 年 11 月 5 日，NY - 003 - 3119 - 0009。

待遇条款，仅言及"两国将尽快开始条约或协定的谈判，以使两国之间的贸易、运输、航空和其他贸易关系走向稳定、友好"。① 缅甸还警惕日本企业来缅的意图与活动，限制后者的入境签证。1956 年7 月，一位从事日缅贸易的缅甸商人向英国大使馆官员透露，迄今为止，没有一家日本企业获准携带超过两名日本职员入境。过少的人手让日本企业的工作难以开展。②

在此背景下，日本对缅甸的出口贸易不但没有扩大，反而从1955 年到1956 年连续两年减少，直到1957 年才实现翻倍式的增长。与此同时，缅甸对日出口贸易也日趋萎缩。③ 粮食是缅甸对日本最主要的出口品。1953 年12 月8 日，日本与缅甸签订四年期《贸易协定》。该条约规定，自1954 年起四年内日本每年将向缅甸购买20 万吨到30 万吨大米。④ 1954—1956 年三年间，日本分别进口了24 万吨、25 万吨、25 万吨缅甸大米。1957 年，日本的缅甸大米进口量陡然下降到10 万吨。1958 年，进口量进一步下降至5 万吨。1959 年的进口量仅为2.6 万吨。⑤

日本削减大米的进口量源于国际时局的演变。朝鲜战争时期，全球陷入粮食不足状态，各国纷纷开展粮食增产运动。等到朝鲜战争停战之际，全球粮食产量进入过剩状态。⑥ 美国在亚洲销售多余的

---

① 《日缅和约》，1954 年11 月5 日，《国际条约集（1953—1955）》，世界知识出版社1960 年版，第334—359 页。

② "From P. H. Gore-Booth to Selwyn Lloyd," July 27, 1956, *Commercial Relations between Burma and Japan*, The National Archives (UK), FO 371 – 123342.

③ 外务省经济局アジア课：「ビルマの経済貿易概観（1959 年）」、1960 年10 月、『ビルマ対外経済関係雑件　貿易関係』第4 卷、外务省外交史料館、E – 0160。

④ 《日向缅购米廿二万吨　每吨价格为四十五英镑》，《新仰光报》1954 年12 月28 日，NY – 003 – 3119 – 0021。

⑤ 《日商在缅非法活动已经引起当局疑虑》，《新仰光报》1961 年11 月3 日，NY – 003 – 3120 – 0043。

⑥ 日本世界经济调查会编：『海外経済事情』第161 号、1954 年12 月1 日、第359—360 頁。

粮食，并以日本为重要的出口市场。① 1953 年美日两国间签订《美国农产品购买协定》。1955 年 5 月，两国修改该协定，达成了《剩余农产品协定》。② 同时，日本的粮食增产政策也取得了成效。1955 年、1956 年粮食连续取得丰收。③ 加之，缅甸国内储藏设施与运输问题致使缅米的病害虫多。部分大米质量差到难以作为口粮，在朝鲜战争前就曾引发日本不满。④ 无奈缺粮状态到了朝鲜战争爆发后进一步加剧，日本转而谋求从缅甸进口更多的粮食。朝鲜战争停战后，缅甸的霉变米问题被曝光，受到日本国会与舆论的关切。于是，日本逐渐减少了缅米的采购量。

日缅粮食贸易的减少，导致双边贸易关系趋于失衡。1956 年，缅甸对日贸易还出超了 2121 万缅元。1957 年，缅甸对日贸易转为赤字，缅方大幅入超 2.39 亿缅元。此后，缅甸分别在 1958 年、1959 年录得 1.84 亿缅元、1.85 亿缅元赤字。⑤ 贸易逆差问题与巨额的外汇流失促使缅甸多次向日方交涉。

对于缅甸而言更糟的是，由于国际粮食市场供给大于需求的状态，缅甸大米出口遭受重创，导致其外汇储备紧张。1955 年 6 月底，缅甸的外汇储备仅剩 4500 万英镑，比 1953 年 6 月减少了 5500 万英镑。1957 年，为了抑制国内高昂的物价，缅甸放宽生活必需品的进口限制，造成外汇储备跌至战后冰点。同时，缅米

---

① "Telegram from the Secretary of State to the Department of State," February 27, 1955, *FRUS*, 1955 – 1957, Southeast Asia, Vol. 22, Washington, D. C. : United States Government Printing Office, 1989, pp. 3 – 4.

② [日] 鸠山一郎：《鸠山一郎回忆录》，复旦大学历史系日本史组译，上海译文出版社 1978 年版，第 182 页。

③ 《向缅购米十万吨事 日本内部又生歧见》，《新仰光报》1955 年 10 月 11 日，NY – 003 – 3119 – 0031。

④ 「合弁で倉庫と精米所 農林省 タイ、ビルマに交渉」、『朝日新聞（朝刊）』1955 年 8 月 24 日第 4 版。

⑤ 1959 年，美元兑缅元的汇率为：1 美元≈4.76 缅元。外務省経済局アジア課：「ビルマの経済貿易概観（1959 年）」、1960 年 10 月、『ビルマ対外経済関係雑件 貿易関係』第 4 巻、E – 0160。

出口收入是缅甸工业建设主要资金来源。缅米滞销严重影响了国家工业的发展。① 1957 年气候问题令当年缅米大幅减产，致使翌年缅甸陷入 "灾难性的" 收支平衡危机，最终压垮了国内经济局势。② 经济困局连带出执政党内的工业与农业路线之争。副总理兼工业部部长吴觉迎重视工业，财政部部长德钦丁（Thakin Tin）则将经济政策的重点放在粮食生产上。吴努在 1957 年重新担任总理后，以经济不景气与工业计划失败为由，指责吴觉迎的 1956 年 "四年投资计划"，并制订了倾向农业的新计划，停止一切交通运输、工矿、电力工程项目，增加对农业的投资和上马周期短、见效快的建设项目。③ 到 1958 年年中，自由同盟因党内权力斗争加剧而发生分裂，吴努政府沦为少数派、弱势政权。为此，吴努需要左翼在野党民族团结阵线与少数民族议员的支持来维持政府。④ 吴努的让步没有赢得民族团结阵线的坚定支持，还引发军方担忧吴努与共产党联手。⑤ 最后，在军方以武力相逼下，吴努于 9 月

---

① 《宇汝在同盟代表大会上讲话摘要》，《新仰光报》1958 年 1 月 30 日，NY－003－2996－0017－0018。

② 「まだある経済侵略への不安　ビルマで岸首相も痛感」、『朝日新聞（夕刊）』1957 年 5 月 24 日第 1 版；"Telegram From the Embassy in Burma to the Secretary of State," March 11, 1958, *FRUS*, 1958－1960, Burma, Malaya and Singapore, East Asia-Pacific Region, Cambodia, Vol. 15/16, Part1, Microfiche Supplement, Washington, D. C.: Department of State, 1993, document 8.

③ 沈勒：《缅甸反法西斯人民自由同盟的分裂》，《世界知识》1958 年第 13 期。

④ 1958 年 1 月的反法西斯人民自由同盟第三次代表大会上，吴努提出关于对反政府武装部队的三点主张：彼此不互相争论过去的是非，不互相追究过去的错误，尽管在意识形态和纲领方面不同，但是在可能合作的任务上实行合作。沈勒：《缅甸反法西斯人民自由同盟的分裂》，第 15 页；矢野暢：『タイ・ビルマ現代政治史研究』、京都：京都大学東南アジア研究センター、1968 年，第 472 頁；《瑞迎派百四十名同盟最高执委　昨举行最高执委会议》，《中国日报》（仰光）1958 年 6 月 23 日，NY－003－2996－0074。

⑤ Mary P. Callahan, *Making Enemies*: *War and State Building in Burma*, Singapore: Singapore University Press, 2004, p. 185；沈勒：《缅甸政局》，《世界知识》1959 年第 5 期。

26 日提请军方领袖奈温组阁，并向全国广播表示辞职。① 10 月 29
日，以奈温为首的看守政府正式成立。

　　内外交困之际，缅甸迫切需要寻找更多的外部资源。日本在
1956 年同意向菲律宾支付价值 8 亿美元的货物及贷款（其中纯赔
偿为 5.5 亿美元），1958 年 4 月给印度尼西亚价值 8 亿美元的赔
款、债务减免及贷款（其中纯赔偿与债务免除合计为 4 亿美元）。
鉴于此，1959 年 4 月缅甸政府征引《日缅和约》的规定，主张日
本对缅甸的赔偿金额欠缺公平，要求追加赔偿。② 日本担心答应此
要求会引起菲律宾、印度尼西亚的连锁反应，试图通过提供经济
合作来满足缅方的要求。③ 1959 年 7 月 23 日起，缅甸驻日大使吴
东盛（U Tun Shein）、驻日赔偿使团团长吴拉昂和日本外务省举行
了预备谈判。④ 缅甸代表拒绝日本的"经济合作"方案，申明赔
偿与"经济合作"是两个问题。⑤ 因双方互不相让，赔偿再协商
问题愈演愈烈。

　　在贸易逆差问题与赔偿再协商问题的冲击下，日缅关系急剧恶

---

① 「クーデター　無血で陸軍が政権を握る」、『朝日新聞（朝刊）』1958 年 9 月
27 日第 1 版；「ネ・ウィン将軍に組閣要請　ビルマ首相」、『朝日新聞（夕刊）』1958
年 9 月 27 日第 1 版；《我目睹缅甸政变（续）》，《远东日报》（提岸）1958 年 10 月 26
日，厦门大学南洋研究院图书馆藏，NY – 003 – 3008 – 0116。

② 「ビルマ、再検討を要求　賠償『他国より不利』と」、『朝日新聞（朝刊）』
1959 年 5 月 22 日第 1 版。

③ 《对缅要求赔款准备赖拖　藤山爱一郎企图以"经济合作"名义搪塞》，《新
仰光报》1959 年 5 月 24 日，NY – 003 – 3119 – 0074；《日本对缅甸的战争赔款》，《新
仰光报》1961 年 8 月 20 日，NY – 003 – 3120 – 0013。

④ 「あすビルマと予備交渉」、『朝日新聞（朝刊）』1959 年 7 月 22 日第 1 版；
「ビルマ賠償第二回交渉」、『朝日新聞（夕刊）』1959 年 7 月 31 日第 1 版；《日本财
部再度表示拒绝增加对缅战争赔款》，《新仰光报》1959 年 8 月 10 日，NY – 003 –
3119 – 0068。

⑤ 「賠償金額は公正　予備交渉　日本、ビルマに反論」、『朝日新聞（朝刊）』
1959 年 8 月 14 日第 4 版；《缅日举行第四次谈判　双方意见仍分歧》，《新仰光报》
1959 年 9 月 5 日，NY – 003 – 3119 – 0077；「ビルマ、全面拒否　賠償再検討の日本提
案」、『朝日新聞（朝刊）』1959 年 9 月 5 日第 1 版。

化。为了抵制日货，1959 年 12 月 21 日，缅甸联邦银行通知仰光各
大银行：即日起，一概停开对日贸易的信用凭证。① 缅甸希望借此扭
转贸易逆差局面，迫使日本让步。鉴于日本每年仅从缅甸进口 2.5
万吨大米，缅甸认为，假如日本以拒绝购买缅米的方式回击，对缅
甸没有多大影响，反而日本会失去缅甸市场。② 缅甸舆论拥护抵制日
货的措施，认为此举是由日本的片面经济扩张以及日本没有履行
《日缅赔偿协定》中应尽的义务所致。甚至有舆论建议，若日本仍无
理坚持其顽固的态度，政府应该考虑关闭日本在缅的一切经贸机
构。③ 实际上，缅甸政府确实曾考虑取消所有在缅日本商人滞留缅甸
的资格。④ 此举一旦施行，日缅两国走上了经济断交之路。最终日方
做出让步，1960 年 2 月 2 日，日本内阁会议决定本年度增加进口
1.5 万吨缅米。⑤ 同年 2 月 10 日，缅甸政府撤销停发对日进口信用
证的命令。⑥ 不过，缅甸的怒气未消，仍对日本存在强烈的不满。
1960 年 10 月 7 日，复任缅甸总理的吴努对贸易发展部部长吴吞（U
Thwin）说，在不久的将来，很多商品的进口来源地很有可能会从日

---

① 《缅政府断然宣布全部停止开发日货信用票》，《新仰光报》1959 年 12 月 22
日，NY – 003 – 3119 – 0080;「日本商品の輸入一時停止か　ビルマ貿易省」、『朝日新
聞（夕刊）』1959 年 12 月 17 日第 2 版;「日本品買い付け中止　ビルマ政府賠償問題
に不満?」、『朝日新聞（朝刊）』1959 年 12 月 19 日第 4 版;「ビルマ、対日信用状の
開設を停止」、『朝日新聞（夕刊）』1959 年 12 月 25 日第 2 版。

② 《缅甸报纸评论缅日经济关系　认为日方态度骄横破坏了国际贸易平衡的惯
例》，《新仰光报》1959 年 12 月 26 日，NY – 003 – 3119 – 0082。

③ 《缅甸舆论责日经济扩张　支持政府采取抵制日本货物入口的措施》，《新仰光
报》1959 年 12 月 27 日，NY – 003 – 3119 – 0084。

④ 「日本人の滞在不許可　ビルマ政府考慮か」、『朝日新聞（朝刊）』1960 年 1
月 3 日第 1 版。

⑤ 「ビルマ米追加買い入れ　通産相が提案」、『朝日新聞（夕刊）』1960 年 1 月
8 日第 1 版;「ビルマ米輸入一万五千トンふやす」、『朝日新聞（夕刊）』1960 年 2 月
2 日第 2 版。

⑥ 「輸出を再開　きょうからビルマ貿易」、『朝日新聞（朝刊）』1960 年 2 月 10
日第 1 版。

本改为中国。他认为，可以跟中国建立起相当均衡的贸易关系。①

综上所述，1962 年以前，日本与缅甸未能建立政治互信与友好关系。20 世纪 50 年代末，在日缅贸易逆差问题、赔偿再协商问题的双重冲击下，日缅关系急剧恶化。尽管此时的缅甸最高领导人奈温是"三十志士"成员，但日缅关系依然跌落到历史最低谷。1961 年 10 月访华过程中，奈温在非正式场合曾向罗瑞卿表示："他同日本人打过交道，知道他们很狡猾。"② 同时，缅甸媒体一边表示已经原谅日本、忘记日本过去的侵略行为，但另一边却仍把日本的侵略行为挂在嘴边，并将批判矛头对准了日缅经济合作。③可见，一纸赔偿协议难以抚平缅甸因为战时日本的侵略与殖民而受到伤害。至于日缅两国在"二战"时期所建立的人际关系，仍止于私交层面，尚未上升到国家间层面，在严峻的局势下，亦难以保证日缅间的友好关系。

第三节　日本对缅甸赔偿再协商问题

日本虽然以增购缅米的方式暂时缓解贸易逆差争端，但由于连年粮食丰收，不愿意进一步进口缅米。为了避免在贸易逆差问题与赔偿再协商问题上同时惹怒缅甸，日本政府拟回应缅甸的诉求，彻底解决战争赔偿问题，维护双边政治经济关系。与此同时，缅甸政府亦希望解决国内经济发展问题，亟须外援来推进新的四年经济发

---

① "The Note," October 7, 1960, National Archives of Myanmar, 15 – 3（27）– 240, pp. 1 – 2.

② 《缅甸吴努总理、奈温将军、藻昆卓外长访华情况简报》，1961 年 10 月 11 日—11 月 2 日，中国外交部档案馆，204 – 01463 – 01。转引自张绍铎《中日对缅经济外交的争夺战（1960—1963）》，《国际观察》2015 年第 5 期。

③ 《缅甸舆论责日经济扩张　支持政府采取抵制日本货物入口的措施》，《新仰光报》1959 年 12 月 27 日，NY – 003 – 3119 – 0084。

展计划，故强烈渴望能同日本解决赔偿再协商问题，争取到更多的赔偿。由此，日缅关系的重心转入赔偿再协商问题。

日本政府对外坚持对缅赔偿是合理的，内部则承认偏少，欲以经济合作方式来补偿缅甸。在国会答辩上，日本政府多次明确表示，对缅赔偿与对菲律宾、印度尼西亚的赔偿相比并没有失衡。[1]但是关于三国的战争创伤情况，日本通过比较战斗的次数、规模、持续的时间，判断缅甸的损失情况大概是菲律宾的一半，高于印度尼西亚。赔款情况却不是如此，菲律宾获得 5.5 亿美元赔款，印尼为 2.23 亿美元（另外还有 1.77 亿美元的债务免除），缅甸的 2亿美元赔款反而是最少的。鉴于缅甸的赔款与印度尼西亚的相差2300 万美元，与菲律宾的一半相差 7500 万美元，故日本拟向缅甸支付这两组数字的中间值 3000 万—5000 万美元。[2]尽管日本政府不愿意采取会引发其他索赔国连锁反应的政策，但担忧若忽视再协商条款，等于是国际背信行为，不仅会恶化日缅关系，而且会伤害其他亚洲国家对日本的信任，还担心缅甸根据《日缅和约》第九条向国际法院起诉日本。[3]于是，日本同缅甸展开了预备谈判，但始终坚持对缅甸的赔偿是合理的，希冀通过经济合作方式来解决赔偿问题。

缅甸政府自 1959 年 4 月提出赔偿再协商问题以来，坚持要求增加赔款，以致日缅谈判迟迟没有取得进展。1960 年 3 月，缅甸候任总理吴努应邀访日。在访日之前，吴努在执政党内会议和记者会上

---

[1] アジア局：「ビルマ再検討条項について」、1959 年 6 月 15 日、『日本・ビルマ賠償及び経済協力協定関係一件 賠償再検討問題についての合意に関する覚書関係 調書資料』、B－0185。

[2] アジア局：「ビルマ賠償再検討について」、1959 年 10 月 5 日、『日本・ビルマ賠償及び経済協力協定関係一件 賠償再検討問題についての合意に関する覚書関係 調書資料』、B－0185。

[3] アジア局：「ビルマ賠償再検討問題に関する件」、1960 年 3 月 17 日、『日本・ビルマ賠償及び経済協力協定関係一件 賠償再検討問題についての合意に関する覚書関係 調書資料』、B－0185。

都表示希望解决赔偿再协商问题。① 3 月 24 日，吴努在和日本首相岸信介的会谈上做出让步，同意以低息的长期贷款与无偿援助的方式，来实质性达到增加赔款的同等效果。② 7 月，日本中央政府发生更替，接替岸信介上台执政的池田勇人仍决定延续前内阁的方针，以经济合作方式来解决日缅赔偿问题。③ 9 月，缅甸吴努政府正式答复日本政府，希望尽快在日方提案的经济合作方式下启动谈判。④ 日本当局研判这是缅甸做出的最大让步，故决定在 3 月会谈达成的原则下推进对缅赔偿谈判。⑤

确立经济合作方式后，双方的主要分歧点在于金额。经过 1960 年 11 月大选的耽搁，⑥ 日本于 1961 年 1 月 14 日向缅甸提出解决方案，愿提供 4000 万美元的无偿援助金来促进缅甸的经济发展与福利事业，同时要求缅方承诺今后不再援用再协商条款。2 月 28 日，缅甸政府回复同意上述解决方式，但在金额上要求 2 亿美元，意图获取与印度尼西亚等额（印度尼西亚的纯赔偿加上债务免除，合计为 4 亿美元）的赔款。⑦ 对于缅甸的答复，日本外务省

———————————

① 「賠償など解決したい　訪日を前にウ・ヌー氏談」、『朝日新聞（朝刊）』1960 年 3 月 20 日第 1 版。

② ア西：「岸・ウ・ヌ会談の要点（35.3.24）」、1960 年 9 月 16 日、『日本・ビルマ賠償及び経済協力協定関係一件　賠償再検討問題についての合意に関する覚書関係　調書資料』、B–0185。

③ 「対ビルマ協力　前内閣の方針通り　首外相で一致」、『朝日新聞（夕刊）』1960 年 8 月 25 日第 1 版。

④ 「日本提案の線で交渉　賠償再検討　ビルマ回答」、『朝日新聞（朝刊）』1960 年 9 月 16 日第 2 版。

⑤ ア西：「ビルマ賠償再検討問題対策案」、1960 年 9 月 24 日、『日本・ビルマ賠償及び経済協力協定関係一件　賠償再検討問題についての合意に関する覚書関係　調書資料』、B–0185。

⑥ 「賠償再検討問題　選挙後に解決　外相、ビルマ蔵相に語る」、『朝日新聞（朝刊）』1960 年 10 月 18 日第 1 版。

⑦ 「ビルマ賠償再検討問題の概要」、1961 年 10 月、『日本・ビルマ賠償及び経済協力協定関係一件　賠償再検討問題についての合意に関する覚書関係　調書資料』、B–0185。

与大藏省等相关部门展开多番磋商。日本通过谈判及试探获悉：
缅甸想要的，不是挤牙膏式地提出解决办法的谈判，而是让日方
拿出最大限度所能让步的方案（例如1亿美元）。鉴于此，日本政
府制定了新方案，以7500万美元为起步方案，争取在1亿美元范
围内尽可能少的金额下解决这一问题。[①] 6月13日，日本通知缅
甸，将无偿援助金额提高到7500万美元。缅甸仍然不满意这一金
额，试图通过高层间的对话，达成政治解决。[②] 7月7日，缅甸驻
日大使吴东盛向日本外务省亚洲局局长伊关通报，缅甸政府为了
解决赔偿再协商问题，将派遣以财政部部长德钦丁为首的全权代
表团访日。[③]

　　中国因素也成为日缅谈判的助力。在赔偿再协商问题上，日
本很关注缅甸对共产党特别是对中国的态度，担心若不能在赔偿
问题上满足缅甸，恐会令原本有反共倾向的缅甸不得不转而依靠
社会主义国家的援助。[④] 1961年1月9日，中国和缅甸签署了一
份《经济技术合作协定》，同意向缅甸提供3000万英镑（8400万
美元）的无息贷款，协助缅甸的经济开发计划。[⑤] 这是当时中国
向一个不结盟国家提供的最高额度的贷款。英国与美国都认为：

---

　　① ア西：「ビルマ賠償再検討問題対策」、1961年4月10日、『日本・ビルマ賠
償及び経済協力協定関係一件　賠償再検討問題についての合意に関する覚書関係
調書資料』、B-0185。
　　② 「ビルマ賠償再検討問題の概要」、1961年10月、『日本・ビルマ賠償及び経
済協力協定関係一件　賠償再検討問題についての合意に関する覚書関係　調書資
料』、B-0185。
　　③ アジア局：「ビルマ賠償再検討問題について」、1961年7月7日、『日本・ビ
ルマ賠償及び経済協力協定関係一件　賠償再検討問題についての合意に関する覚書
関係　調書資料』、B-0185。
　　④ アジア局：「ビルマ賠償再検討問題に関する件」、1960年3月17日、『日
本・ビルマ賠償及び経済協力協定関係一件　賠償再検討問題についての合意に関す
る覚書関係　調書資料』、B-0185。
　　⑤ "Trade and Economic Relations between Burma and China," July, 1965, National
Archives of Myanmar, 11-11-12, p. 11.

缅甸和中国之间建立新的经济关系很可能会损害日本在缅甸的利益。缅甸十分反感在经济上过度依赖日本，毫不掩饰用中国来取代日本的意图。[①] 日本也得出类似的结论，推断其纺织与纤维产品将受到中国产品的冲击，[②] 同时也非常警惕中国扩大在缅甸的影响力。

1961 年 9 月，缅甸国防军副总参谋长昂季（Aung Gyi）出访日本，为即将来临的日缅赔偿谈判铺路。9 月 8 日和池田勇人首相的会晤中，昂季表示中缅经济关系在不断深化，但缅方希冀和日本维持紧密的关系。他谈道：由于中国对缅甸的态度公正、又提供了经济援助，共产主义对于缅甸青年和知识分子的影响力越来越大。池田首相回应：日本经济的发展速度远胜中国，况且"缅甸是佛教国家，与共产主义无法相容，日缅关系一定会更加密切"。[③]

9 月 30 日，以缅甸财长德钦丁为首的代表团访日。10 月 5 日，德钦丁拜访池田首相，递交吴努总理的信函，期待日本在缅甸的经济重建中发挥重要作用。[④] 同日起，德钦丁与日本外相小坂善太郎展开谈判。缅甸方面提案无偿援助金 2 亿美元，还寻求日本再提供 2 亿美元的投资，合计 4 亿美元用于日缅合营企业。[⑤] 访日期间，缅甸

[①] "Agreement between Burma and the Chinese People's Republic on Economic and Technical Co-operation agreed on January 9th,", January 11, 1961, The National Archive of United Kingdom, FO 371/159763; "Analysis of the New Chinese Communist-Burmese Loan and Payments Agreements," February 23, 1961, The National Archive of United Kingdom, FO 371/159773.

[②] 外務省経済局アジア課：「最近の中緬経済関係」、1961 年 10 月、『日本・ビルマ賠償及び経済協力協定関係一件　賠償再検討問題についての合意に関する覚書関係　調書資料』、B - 0185。

[③] ア西：「池田総理、オン・ジィ准将会談要旨」、1961 年 9 月 8 日、『ビルマ要人本邦訪問関係雑件　アウン・ジィ准将関係』、外務省外交史料館、A - 0429。

[④] 《缅甸要求日本增加战争赔款　德钦丁同池田开始谈判　缅方开盘二亿美元日政府将于下周答复》，《新仰光报》1961 年 10 月 6 日，NY - 003 - 3120 - 0028。

[⑤] 《缅甸要求增加战争赔款　日外相表示绝对做不到　但小坂对投资缅甸很感兴趣》，《新仰光报》1961 年 10 月 7 日，NY - 003 - 3120 - 0029。

代表团承诺不会对合营企业实施国有化，并同日本商界会谈，争取他们参与合营企业。① 小坂表示会研究该提案，但坚决拒绝接受这一金额。谈判由此停滞不前。与此同时，缅甸总理吴努出访中国。10月12日，吴努在和周恩来总理会晤时谈及陷入了僵局的日缅赔偿再协商谈判，表示谈判将继续，希望和日本当局或商人发展合营经济。② 10月13日，缅甸代表团向日本方面通报，奉吴努总理之命，德钦丁须回国代理总理职务，理由是吴努正在北京访问，还将出访巴基斯坦、印度和尼泊尔等国。③ 于是，缅甸代表团中止谈判并启程回国，祈望下月在仰光的谈判能获得成功。④ 10月16日，缅甸《经济新闻报》对此的解读是：在增加赔款谈判陷入僵局之后，吴努总理召回谈判代表团的措施，含有"必要时可与日本断绝经济关系"的意思。⑤ 此外，11月2日，日本首相池田在会见美国国务卿迪安·腊斯克时表示，日本将援助缅甸，来降低后者对于中国援助的依存程度，"有信心使缅甸转为亲自由世界"。⑥ 由此观之，中国因素让缅甸拥有更多的经济选项，并成为后者在对日谈判上的重要砝码，令日本难以忽视。

应吴努总理的邀请，日本外相小坂善太郎率领代表团赴仰光展

① 「合弁は国有化しない　ビルマ賠償団が答弁_ 賠償」、『朝日新聞（朝刊）』1961年10月7日第1版；「財界に合弁協力求める　ビルマ代表団_ 賠償」、『朝日新聞（朝刊）』1961年10月7日第1版。

② 《缅甸吴努总理、奈温将军、藻昆卓外长访华情况简报》，1961年10月11日—11月2日，中国外交部档案馆，204-01463-01。

③ 《由于日本拒绝增加战争赔款　缅代表团奉命停止谈判　德钦丁部长等将于明天回仰》，《新仰光报》1961年10月14日，NY-003-3120-0036。

④ 《德钦丁等离开东京　对日拒绝增加赔款表遗憾　但希望新的谈判获得成功》，《新仰光报》1961年10月16日，NY-003-3120-0037。

⑤ 《缅甸报纸透露当局意向　缅对日可能断绝经济关系　日执政党反对在仰光重新谈判赔款问题》，《新仰光报》1961年10月17日，NY-003-3120-0038。

⑥ "Telegram From Secretary of State Rusk to the Department of State," November 4, 1961, *FRUS*, 1961-1963, Northeast Asia, Vol. 22, Washington, D. C.: United States Government Printing Office, 1996, pp. 713-714.

开谈判。① 11 月 20 日上午的全体谈判上，日本方面表示经过研究，原则上赞成缅甸在东京谈判上提出的合营企业方式，但难以接受缅甸的 2 亿美元无偿援助金的主张。缅甸方面试图释放善意与让步利益来打动日本，提议两国一道用这笔经济合作款从事缅甸的资源开发，还将在合营企业上给予日方极大的权力，"将是史无前例的授权"。② 同日下午，德钦丁与小坂举行了非正式会谈。德钦丁先是强调 "今日是非正式且仅代表个人的对话，希望不要对接下来的谈话内容做记录"，然后表示自己不会固执于一直以来的主张，非要 2 亿美元的无偿援助不可，倘若日本的方案顾及缅甸的立场，会努力说服吴努总理接受。于是，小坂外相拿出了日本方案，在上次的 7500 万美元无偿援助金以外加上 1.25 亿美元的有偿援助（对合营企业的投资），合计为 2 亿美元。鉴于 "赔偿协议" 中的经济合作执行受阻之情况，小坂补充说明道：与日本对缅甸、印度尼西亚、菲律宾 "赔偿协定" 中几乎都处于沉睡状态的经济合作不同，日方怀有坚决落实这笔 1.25 亿美元有偿援助的想法。为了促使缅甸做出决断，小坂指出这个提案是在说服日本国内各种反对之声的结果，是日本最大限度所能接受的方案，谋求缅方同意。③ 然而，德钦丁没能说服吴努接受日本的提案。④

在双方主张对立的情况下，缅甸迎来了池田首相的访问。1961 年 11 月 23 日，日本首相池田勇人抵达缅甸，和缅甸总理吴努举行了两次会谈。在 11 月 24 日的首次会谈中，池田从经济发展与国家

---

① 「日本代表の派遣ビルマ正式要請　ウ・ヌー首相が親書_ 賠償」、『朝日新聞（夕刊）』1961 年 10 月 31 日第 2 版；「中旬に外相を派遣　ビルマ賠償再検討交渉_ 賠償」、『朝日新聞（朝刊）』1961 年 11 月 4 日第 2 版。

② 「第 1 回全体会議」、1961 年 11 月 20 日、『池田総理アジア諸国訪問関係一件ビルマの部』、外務省外交史料館、A－0358。

③ 「小坂大臣、タキン・テ　ン蔵相的非公式会談要旨（第一回）」、1961 年 11月 21 日、『池田総理アジア諸国訪問関係一件　ビルマの部』、A－0358。

④ 「小坂大臣、タキン・テ　ン蔵相的非公式会談要旨（第二回）」、1961 年 11月 21 日、『池田総理アジア諸国訪問関係一件　ビルマの部』、A－0358。

安全两个角度展开游说，企图使缅甸倒向西方阵营。池田先介绍了日本经济发展迅速的秘诀在于自由资本主义经济制度，暗示缅甸应该学习日本的经验。然后，他指出，缅甸面临着社会主义阵营的"入侵威胁"，呼吁缅甸参加西方的集体防御体制。池田还建议缅甸加强同西方阵营的合作关系，表示日本可以成为缅甸和美国之间的沟通桥梁。池田甚至直白地提议缅甸在经济开发上"利用"一下西方阵营。最后，池田特意强调："为了让日缅实现真正合作，日本有必要明了缅甸的政治做法，特别是外交方针与经济发展计划。"结合会谈中间池田指出的"缅甸对于共产主义采取明确政策的时期将来临……为了能获得真正的合作，那个国家的外交方针需要清晰且得是值得信赖的"来看，日本首相实为要求缅甸明确对共产主义的态度，彻底倒向西方，抑或坚定中立态度。若缅甸选择共产主义或者态度暧昧不清，日本将不会提供实质性的经济合作。[①]

　　25日的第二次日缅领导人会谈聚焦于赔偿问题。池田认识到缅甸经济发展存在的问题与政府的不稳定地位，由此展开劝说。他先是推荐缅甸尽快开展《日缅赔偿协定》中的经济合作，"比起考虑10年、15年之后的事，现在立即着手实实在在的开发事业，才更有助于增进缅甸人民的经济福利，巩固缅甸政府的地位，更为现实。"他建议吴努不要纠结于形式："不管是以赔偿还是经济合作之名，若能取得同样的经济效果，其实质上是一样的。"随后，池田和吴努在围绕缅甸的战争受害情况展开争论之后，首次承认现在的赔偿金额是不够的，认为有必要追加赔偿，但是仍坚持2亿美元的要求过大，难以接受。[②]

---

　　① 矢口大使：「池田・ウ・ヌ両首相会談の件」、1961年11月25日、『池田総理アジア諸国訪問関係一件　ビルマの部』、A-0358；矢口大使：「池田・ウ・ヌ両首相会談の件」、1961年11月26日、『池田総理アジア諸国訪問関係一件　ビルマの部』、A-0358。

　　② 「池田総理、ウ・ヌ首相会談要旨（第2回）」、1961年11月25日、『池田総理アジア諸国訪問関係一件ビルマの部』、A-0358。

池田的游说与建议打动了吴努，使得后者的立场有所动摇。吴努不再固执于 2 亿美元的无偿援助，并开始对外放风，引导舆论。[①] 11 月 28 日，德钦丁向小坂表示，吴努总理同意以下的提案：（1）1.5 亿美元无偿援助。（2）在合营企业上，日方至少出资 5000 万美元。缅方将以无偿援助金为本金，向合营企业提供另外 50% 的出资。若日方的出资超过 5000 万美元，缅方也会相应地增加出资。（3）立刻合办企业，并请日本在现行赔偿结束后以每年 2000 万美元支付扣除缅方对合办企业的出资后剩下的无偿援助金。小坂答复：我们的基本想法是，无偿金与经济合作金合计为 2 亿美元。基于此，在之前与德钦丁财长的非正式会谈上提请考虑无偿援助 7500 万美元、经济合作 1.25 亿美元。双方的想法在整体上接近 2 亿美元，但是在无偿援助数额上存在很大差距，故很难再继续进行协商。德钦丁回应：缅方所报的无偿金额是建立在各种因素、充分研究的基础上，是勉强能接受的底线。这次的方案从当初的无偿金 2 亿美元、经济合作 2 亿美元，大幅下降到无偿援助 1.5 亿美元、经济合作 5000 万美元，缅方难以再做让步。[②] 最终，双方仅在 2 亿美元总金额上达成一致，但就无偿金的多寡仍存有分歧，只能再寻机会讨论问题的解决方案。

小　结

历史影响的成立与否需要一定的条件。由于《旧金山和约》的规定让日本难以逃避赔偿责任，缅甸才有机会就自身所受的战争损害索要日本的赔偿。至于源于战时的历史人际关系，诚然南机关与

①　奥田重元：「ビルマのクーデターと日本との関係」、1962 年 3 月 2 日、『日本・ビルマ賠償及び経済協力協定関係一件　賠償再検討問題についての合意に関する覚書関係　調書資料』、B－0185。

②　「ビルマ賠償再検討交渉第 4 回会談要旨」、1961 年 11 月 28 日、『池田総理アジア諸国訪問関係一件　ビルマの部』、A－0358。

缅甸独立军的日本成员在赔偿问题解决上有出力，但他们基本没有对日缅谈判的大局产生重大影响。归根结底，除了两年的看守政府时期，缅甸军人对政治外交影响有限，主政者主要是非军方的政治人士，例如吴努、吴觉迎。"二战"时期，这批人曾是日本军事统治的合作者，但也参与过反抗日本的活动，亦与南机关、缅甸独立军的日本成员没有深厚的交情。虽然"三十志士"成员奈温短暂主政，但他亦在 1945 年参与过反日起义，且战后与日本的交往并不密切。在日缅关系恶化的大背景下，奈温没有展现出友日态度。因此，个人间的人际关系未能在这一时期的日缅关系及战争赔偿问题上扮演关键的角色。总之，战后初期日缅间并不存在除历史联系以外的"特殊关系"，只是在处理历史遗留问题中逐渐建立了新的关系，并由此开启日本对缅甸的经济援助。

第四章

历史人际关系与 1963 年
《经济技术合作协定》

1962 年，缅甸爆发军事政变，以奈温为首的缅军执掌了国家政权。在新的环境下，"二战"历史的载体们将扮演怎样的角色？特别是部分日本旧军人与缅甸精英的人际关系是否发挥了比 1962 年以前更大的作用？日本政府又是如何看待奈温与新一届的缅甸军人政权并处理对缅关系？两国是否能解决赔偿再协商问题？此外，既然 1962 年以前日本与缅甸之间并不存在除历史联系以外的"特殊关系"，那么"日缅特殊关系论"从何而来，是否与新奈温政府的成立有关？这是余下几章要探究的问题。

第一节　缅甸政变与日本的反应

1962 年 3 月 2 日，以奈温将军为首的缅军发动军事政变，推翻文官政府，接管政权并组建了革命委员会。与 1958 年看守政府中仅奈温一位军人内阁成员不同，这一届政府完全被军方所把持。17 位革命委员会委员均由军人出任，8 名内阁部长仅有 1 名非军人成员，即外交部部长吴蒂汉（U Thi Han）。吴蒂汉在"二战"时期也曾参军入伍，缅甸独立后长期在军队内负责军需事务，属于广义的军方人士。随着缅军在国家政权中占据绝对主导地位，其建军历史与对外联系，亦成为这个国家的记忆与联系。在 8 名内阁部长中，除"三十志士"成员奈温与日本有历史联系以外，革命委员会委员、内政部部长觉梭和情报部部长苏敏均曾赴日留学。奈温的副手昂季虽然没有留日经历，但是与日本政界保持着良好关系。①

　　缅甸政局更替事关日缅关系与赔偿谈判的走向，引起了日本的关注。3 月 2—3 日，日本驻缅甸大使矢口麓藏向日本外务省发回多封电报，汇报了缅甸政变的原因、特点、今后的展望以及缅甸政变后的局势。② 在 3 月 2 日的国会会议中，日本众议院议员横路节雄向外相小坂提问缅甸政变对赔偿再协商谈判的影响。小坂以缅甸政局尚未稳定为由，认为目前判断缅甸是否会改变对日政策及其对赔偿问题的影响还为时尚早。不过，他以第一次奈温政府的政策为参照，谨慎推测政变后缅甸的日本政策和赔偿问题不会发生巨变。③

　　政变当日，原缅甸独立军成员、时任缅甸经济开发公司④东京事务所所长奥田重元向日本政府递交了题为《缅甸政变与日本的关系》的报告。在报告中，奥田试图从历史关系与反共两个角度呼吁日本加强对缅甸的援助。他根据日缅间的历史关系判断今后缅甸将会加强同日本的关系：1940 年，奈温冒着巨大危险亡命日本，不仅是接受过日本秘密训练的"三十志士"成员"高杉晋"，还是缅甸"日本通"的代表性人物，并极为尊敬池田首相。就反共角度而言，奥田强调缅甸具有重要的战略价值，是东南亚的共产主义防波堤。若

---

　　① 「ビルマ革命委員会及び閣僚リスト並びに閣僚の略歴について」、1962 年 3 月 5 日、『ビルマ内政・国情（調書・資料）』、2010 - 4180。

　　② 矢口大使：「クーデターの概況に関する件」、1962 年 3 月 3 日、『ビルマ内政並びに国情関係雑件　政変関係』第 1 巻、外務省外交史料館、A - 0208。

　　③ 第 40 回国会、衆議院予算委員会、第 18 号、1962 年 3 月 2 日。

　　④ 缅甸经济开发公司成立于 1961 年 3 月，由昂季兼任总裁。「ビルマ革命委員会及び閣僚リスト並びに閣僚の略歴について」、1962 年 3 月 5 日、『ビルマ内政・国情（調書・資料）』、2010—4180。

缅甸成为共产党国家，将引发多米诺骨牌效应，令其他东南亚国家乃至南亚国家陷入困境。反之，奥田认为，在地理上紧邻中国的缅甸将来还可以成为反共阵营"解放"中国的基地。接着，他以缅甸的宗教信仰和缅军长年镇压共产党为依据，主张缅甸及其领导人的反共立场非常坚定。最后，奥田呼吁日本身为亚洲反共阵营的代表应该回应缅甸的期待，秉持诚意来实施经济合作，在缅甸国内构筑西方阵营的桥头堡，即使不能将其拉入西方阵营，至少也应努力让缅甸保持中立的立场。①

3月4日，缅甸革命委员会主席奈温会见缅甸各政党代表，说明了新政府的施政方针。同日，在野党领袖吴觉迎向日本驻缅甸大使矢口麓藏分享了他的分析，革命政权的外交政策将保持不变，继续亲华政策，同时可能会强化国内的反共力度。在对日关系上，尽管奈温的立场并不怎么亲日，但是由于昂季的存在，缅甸政府对日本的外交会比较积极。此外，昂季可能会成为战争赔偿与经济合作问题的主要负责人。外交部部长吴蒂汉不是军人，并无实权。② 奈温军政府也主动向日本抛出橄榄枝。3月10日，昂季接见了矢口大使，围绕日缅经济合作与赔偿再协商问题展开了会谈。这是昂季在缅甸政变后首次接见外国外交使团成员。③ 翌日，奈温的心腹伦（Lwin）中校对矢口大使说，奈温将军充分认识到，多亏了日本才有缅甸的独立。④

---

① 奥田重元：「ビルマのクーデターと日本との関係」、1962 年 3 月 2 日、『日本・ビルマ賠償及び経済協力協定関係一件　賠償再検討問題についての合意に関する覚書関係　調書資料』、B‑0185。

② 「ビルマの政変に関する件」、1962 年 3 月 5 日、『ビルマ内政並びに国情関係雑件　政変関係』第 1 巻、A‑0208。

③ 「ビルマ新政府に対する答簡発出の件」、1962 年 3 月 10 日、『日本・ビルマ賠償及び経済協力協定関係一件　賠償再検討問題についての合意に関する覚書関係』第 6 巻、B‑0185。

④ 「ビルマ新政権の政策等に関する件」、1962 年 3 月 14 日、『ビルマ内政並びに国情関係雑件　政変関係』第 1 巻、A‑0208。

　　综合各方面的情报，日本政府逐渐掌握缅甸新政府的政策与立场。日本判断新政府将是长期性的反共亲日政权。奈温具有足够的实力，受到人民的拥戴，有意长期执政。革命委员会对内将彻底镇压共产党，对外基本延续吴努内阁的外交方针，奉行积极中立主义政策。在对华关系上，军政府虽然警惕中国，但至少从表面上依旧会极力维护和中国的友好关系，不会采取刺激中国的政策。就日缅关系而言，日本政府认为，奈温将军和昂季准将都是缅甸首屈一指的"日本通"，日缅关系的未来可期，赔偿再协商问题的解决有望。① 尽管日本对两位将军的认知都是"日本通"，但是认为奈温亲日程度不如昂季。从日本政府制作的奈温简历来看，日本在提到奈温留日经历的同时，也没有忽略他在"二战"末期参加反日斗争。② 鉴于立场更为亲日的昂季掌管政变后的缅甸经济政策，日本驻缅甸大使馆根据同昂季的交往情况与经验观察预测军政府会积极推进缅甸的经济开发计划，并强烈渴望加强同日本的经济合作关系。③

　　日本虽然原则上反对政变，但是肯定缅军政变的动机，便承认了缅甸军政府。3 月 5 日，在日本国会讨论中，池田首相表露出对于缅甸政变的理解态度，指出这场政变期望改良缅甸的政治。继而，他为"承认"辩解称，在外国发生政变的情况下，日本不能因为讨厌政变就不与之打交道。倘若这个国家以努力还政于民为目标，姑且予以承认。④ 日本外务省亚洲局在总结缅甸政变时，亦认可缅军是从忧国之情出发，不能坐视国内混乱而不理，意图亲手推动缅甸现

　　① ア西：「ビルマ軍部のクーデターについて」、1962 年 3 月 8 日、『ビルマ内政・国情（調書・資料）』、2010—4180。

　　② 「ビルマ革命委員会及び閣僚リスト並びに閣僚の略歴について」、1962 年 3 月 5 日、『ビルマ内政・国情（調書・資料）』、2010—4180。

　　③ 「ビルマ軍部のクーデターについて」、1962 年 3 月 5 日、『ビルマ内政・国情（調書・資料）』、2010—4180；「ビルマ新政権の政策等に関する件」、1962 年 3 月 14 日、『ビルマ内政並びに国情関係雑件　政変関係』第 1 巻、A−0208。

　　④ 第 40 回国会、参議院予算委員会、第 5 号、1962 年 3 月 5 日。

代化。① 因此，日本政府没有观望太久，于 3 月 8 日宣布承认奈温政权。② 日本政府还希望加强同缅甸的经济合作，夺回这两年来因成本高涨而被中国占领的市场，并意识到这是将缅甸拉入西方阵营的绝佳机会。③

第二节　缅甸新政府、奥田重元与赔偿再协商谈判

日缅赔偿再协商进程随着缅甸新政府的成立进入了新阶段。在日本政府及其政策基本不变的情况下，缅甸方面成为赔偿再协商问题的主要变量。谁将成为缅方的负责人，是否如前一节中的吴觉迎所言？奈温政府关于此问题的政策与方针是什么？随着军人对于政治外交的影响力增大，日缅间的历史人际关系将在赔偿问题中扮演怎样的角色？下文将关注这些变量与赔偿再协商问题的谈判进展。

在缅方负责人上，昂季几经周折后受命执掌对日赔偿事务。3 月中旬以前，昂季和奈温均亲口向日方证实，昂季将在台前担任对日谈判代表，奈温则居幕后负责最终拍板。④ 此后，昂季在国家政策路线上与奈温发生分歧，⑤ 且权力过大，引起后者的警惕。6 月 28

---

① ア西：「ビルマ軍部のクーデターについて」、1962 年 3 月 8 日、『ビルマ内政・国情（調書・資料）』、2010—4180。

② 「政府、ネ・ウィン政権承認通告_外交」、『朝日新聞（夕刊）』1962 年 3 月 8 日第 1 版。

③ 「ビルマ新政権の政策等に関する件」、1962 年 3 月 14 日、『ビルマ内政並びに国情関係雑件　政変関係』第 1 巻、A‐0208。

④ 「賠償交渉に関する件」、1962 年 3 月 15 日、『日本・ビルマ賠償及び経済協力協定関係一件　賠償再検討問題についての合意に関する覚書関係』第 6 巻、B‐0185。

⑤ 「奥田重元氏のビルマ訪問に関する池田総理への報告」、1962 年 7 月、『日本・ビルマ賠償及び経済協力協定関係一件　賠償再検討問題についての合意に関する覚書関係』第 4 巻、B‐0184。

日，缅军历史编纂所顾问高桥八郎向矢口大使透露两三天前与奈温会面的消息：最近，将军不喜欢特定个人的独断专行，认为诸事应由革委会集体决定。关于追加赔偿问题，奈温觉得亲自负责为好。①于是，缅甸外交部接手成为对日谈判的窗口，外长吴蒂汉与外交部常务副部长梭丁成为主要负责人。昂季出于忌讳避免公开干预，纵使私下发表意见，也要求日方隐匿他的名字。② 不久之后，情况再度发生变化。6 月 30 日，奈温在内阁会议上决定依旧由昂季负责赔偿再协商事务，吴蒂汉外长辅助。③ 转变原因不详，但可以看出，昂季的地位并不稳固。

　　缅甸政府对于前政府的谈判方针进行了取舍。革命委员会不拘泥于"赔偿"之名，希望尽快落实日缅经济合作。④ 关于索赔方案，军政府继承了前政府的 1.5 亿美元追加赔款⑤与 5000 万美元经济合作的方针，不过在赔款金额上展示出更加弹性的态度，数额在 1.25亿—1.5 亿美元之间。⑥ 3 月 10 日，昂季对矢口大使表示：在经济合作与战争赔偿问题上，新政府和前政府的想法大体一致，渴望全面

---

　　① 「ビルマ賠償再検討交渉の件」、1962 年 6 月 28 日、『日本・ビルマ賠償及び経済協力協定関係一件　賠償再検討問題についての合意に関する覚書関係』第 4 巻、B－0184。

　　② 「アウンジー准将と会談の件」、1962 年 6 月 19 日、『日本・ビルマ賠償及び経済協力協定関係一件　賠償再検討問題についての合意に関する覚書関係』第 4 巻、B－0184。

　　③ アジア局南西アジア課：「奥田重元氏帰国報告に関する件」、1962 年 7 月 13日、『日本・ビルマ賠償及び経済協力協定関係一件　賠償再検討問題についての合意に関する覚書関係』第 4 巻、B－0184。

　　④ 「賠償交渉に関する件」、1962 年 4 月 2 日、『日本・ビルマ賠償及び経済協力協定関係一件　賠償再検討問題についての合意に関する覚書関係』第 6 巻、B－0185。

　　⑤ 在缅甸看来，无偿援助金就是追加赔款。

　　⑥ 「ビルマ賠償再検討交渉」、1963 年 2 月 12 日、『日本・ビルマ賠償及び経済協力協定関係一件　経済及び技術協力に関する協定及び平和条約第 5 条 1（a）（3）の規定に基づくビルマ連邦の要求に関する議定書関係』第 1 巻、外務省外交史料館、B－0185。

推进同日本的经济合作。① 围绕经济合作形式，奈温政府舍弃了合营企业，倾向贷款形式。早在吴努政府时期，奈温就不支持合营企业方式。1961 年 10 月，奈温在访华期间向罗瑞卿总参谋长表示，他反对缅甸政府与日本搞经济合营的想法。② 在索赔方式上，缅甸从吴努时期遗忘与宽恕的口吻，转变为亲日、反共下的求援之策。吴努时期，缅甸领导人每逢会晤日本领导人，为了展示对日本的友好态度，都会提到缅甸人已经遗忘和宽恕日本军人对缅甸犯下的罪行。但在日本国力蒸蒸日上、缅甸亟须日本援助的情况下，上述表态并没有打动日本、解决赔偿问题。因此，昂季试图以亲日、一家人的方式拉近和日本的距离，在致池田首相的信中称呼后者为"叔叔"。具体到追加赔偿问题的处理，昂季多次表示，"（缅甸作为弟弟）请求哥哥给予若干圣诞节礼物"。③ 同时，昂季也祭出反共牌，向池田示意：不想求助中苏两国，只寻求日本的援助。若求而不得，缅甸恐怕不得不依靠中苏。他还立誓通过经济建设让缅甸成为东南亚的共产主义防波堤。④ 不过，昂季并不急于赴日交涉赔偿再协商问题，而是通过奥田重元向日本传信，希望双方在充分商议之后再访日，避免重蹈此前德钦丁谈判失败的覆辙。⑤

---

① 「ビルマ新政府に対する答簡発出の件」、1962 年 3 月 10 日、『日本・ビルマ賠償及び経済協力協定関係一件　賠償再検討問題についての合意に関する覚書関係』第 6 巻、B – 0185。

② 《缅甸吴努总理、奈温将军、藻昆卓外长访华情况简报》，1961 年 10 月 11 日—11 月 2 日，外交部档案馆，204 – 01463 – 01。

③ 「ビルマ賠償及び借款問題に関する件」、1962 年 7 月 8 日、『日本・ビルマ賠償及び経済協力協定関係一件　賠償再検討問題についての合意に関する覚書関係』第 4 巻、B – 0184。

④ 「奥田重元氏のビルマ訪問に関する池田総理への報告」、1962 年 7 月、『日本・ビルマ賠償及び経済協力協定関係一件　賠償再検討問題についての合意に関する覚書関係』第 4 巻、B – 0184。

⑤ 南西アジア課：「奥田重元氏のビルマの出張報告」、1962 年 4 月 5 日、『日本・ビルマ賠償及び経済協力協定関係一件　賠償再検討問題についての合意に関する覚書関係』第 4 巻、B – 0184。

　　日本一方面积极打探缅甸新政府的对日态度与赔偿政策，派遣奥田重元 3 月 21 日访缅，另一方面从国内政治议程出发在赔偿再协商问题上采取保守态度。由于日本将于 1962 年 7 月举行参议院与自民党总裁的选举，日本当局选择谨慎行事，避免向缅甸做出较大的让步而引发国内的批评。对于缅甸催促尽快开始预备谈判，4 月 21 日，日本外相小坂对缅甸驻日大使吴东盛表示，等参议院选举和总裁公选后举行赔偿谈判为妥。原因在于谈判启动前，外务省需要跟大藏、通产两省协商，才能决定日方的态度，此举恐会导致谈判方案的泄漏，让日本政府陷入困境。①

　　但面对昂季的求援信与缅甸的再三请求，1962 年 4 月 30 日，外务省亚洲局局长伊关根据池田首相的指示，向吴东盛大使提案最多 1 亿美元的无偿金额。大使回应道：感觉被泼了一盆冷水。1961 年以来，缅甸一直以为日本会接受 1.25 亿美元无偿金。再者，奈温政府的立场比前政府更为亲日。大使认为这一方案反而会产生极为负面的影响。② 之后，日本没有进一步做出回应，只是打探缅甸政府的意向。亚洲局局长伊关对矢口大使发出指令：在新内阁成立之前，日本难以决定明确的方针。在此期间，若能摸清缅甸关于本问题的态度，便可以在新内阁成立后举行预备谈判。③ 谈判由此陷入了停滞状态。

　　在此情况下，奥田重元在日缅赔偿再协商问题中扮演越来越重要的角色。受缅甸政府邀请，奥田于 6 月 17 日再次访问缅甸。7 月

---

　　① 「賠償再検討問題に関する小坂大臣・ビルマ大使非公式会談要旨」、1962 年 4 月 21 日、『日本・ビルマ賠償及び経済協力協定関係一件　賠償再検討問題についての合意に関する覚書関係』第 4 巻、B-0184。

　　② アジア局：「ビルマ賠償再検討問題に関する件」、1962 年 5 月 4 日、『日本・ビルマ賠償及び経済協力協定関係一件　賠償再検討問題についての合意に関する覚書関係』第 4 巻、B-0184。

　　③ 「ビルマ賠償再検討問題に関する件」、1962 年 6 月 29 日、『日本・ビルマ賠償及び経済協力協定関係一件　賠償再検討問題についての合意に関する覚書関係』第 4 巻、B-0184。

6日，奈温在接见奥田时说："您是缅甸真正的挚友，很感谢您为本问题的解决挺身而出，请进一步支持，开辟正式谈判之路。"① 奈温也在致池田首相的信中主张让奥田做正式谈判的开路先锋。② 昂季同样向矢口大使表示，奥田来缅有助于赔偿再协商问题的解决。③ 外交部常务副部长梭丁亦笃信像奥田那样不受官方拘束、能自由活动的人物，正好合适。④ 连在野党领袖、与日本关系密切的吴觉迎都肯定奥田是一个值得信任的人，认为在赔偿谈判中充分发挥奥田的作用，这是非常棒的想法。⑤ 日本官方认识到奥田变成了缅甸方面的说客，但是为了再协商问题的解决，接受了奥田的中间人身份。⑥ 奥田本人亦极为积极、欲为此作出贡献。他曾在给大平正芳外相的信函中直言："自己的力量有限，有生之年，若能为国家做出点滴贡献、还能回报缅甸的高度信赖，就算粉身碎骨也在所不惜。"⑦ 于是，受到日缅双方信任的奥田成为日缅赔偿谈判的秘密联络渠道。

———————————

① 「奥田氏のアウンジー准将との会談要旨に関する件」、1962年7月6日、『日本・ビルマ賠償及び経済協力協定関係一件　賠償再検討問題についての合意に関する覚書関係』第4巻、B‐0184。

② 「奥田重元氏のビルマ訪問に関する池田総理への報告」、1962年7月、『日本・ビルマ賠償及び経済協力協定関係一件　賠償再検討問題についての合意に関する覚書関係』第4巻、B‐0184。

③ 「アウンジー准将と会談の件」、1962年5月8日、『日本・ビルマ賠償及び経済協力協定関係一件　賠償再検討問題についての合意に関する覚書関係』第4巻、B‐0184。

④ 「ソーティン次官と会談の件」、1962年6月8日、『日本・ビルマ賠償及び経済協力協定関係一件　賠償再検討問題についての合意に関する覚書関係』第4巻、B‐0184。

⑤ 「ウチョウニェンとの会談に関する件」、1962年5月8日、『日本・ビルマ賠償及び経済協力協定関係一件　賠償再検討問題についての合意に関する覚書関係』第4巻、B‐0184。

⑥ 「ビルマ賠償再検討交渉の件」、1962年8月3日、『日本・ビルマ賠償及び経済協力協定関係一件　賠償再検討問題についての合意に関する覚書関係』第4巻、B‐0184。

⑦ 「大平外務大臣へ」、1963年1月8日、『日本・ビルマ賠償及び経済協力協定関係一件　賠償再検討問題についての合意に関する覚書関係』第6巻、B‐0185。

　　7 月初，奥田承载着缅甸人的希望与嘱托返回日本，并带回
1.35 亿美元纯赔偿与 6500 万美元贷款的缅方新提案。① 7 月 31 日，
奥田谒见池田首相之际，池田并不接受缅方提案，表示昂季 10 月访
日为时过早。② 8 月 4 日，奥田与大平正芳外相举行会谈。大平当时
甫一上任，表示接下来会认真研究缅甸问题，同时回应了昂季的
"以日本为兄"的说法："纵然日本被称作大哥，也难以支付过多的
金额，但愿授缅甸以渔。"③ 奥田为难以完成缅甸的嘱托而感到着
急，于 8 月 6 日拜会外务省亚洲局局长伊关，表示缅甸政府不打算
固执于 1.35 亿美元追加赔偿金，有可能在正式谈判上退而求 1.25
亿美元。伊关回应，大平外相刚上任，没有足够时间研究缅甸问题。
大臣需要先研究问题，再向首相报告，还要跟自民党党内高层商
议。④ 与此同时，日本亦需要处理同韩国的邦交正常化问题⑤。8 月
6 日，伊关发电报给矢口大使指出：日本与韩国、缅甸的预备谈判
都即将开始，事前需要取得（自民）党及有关各部门的谅解，加之
在遗留问题上的巨额支付压力，同时推进两场谈判并非上策。眼下

---

　　①　アジア局南西アジア課：「奥田重元氏帰国報告に関する件」、1962 年 7 月 13
日、『日本・ビルマ賠償及び経済協力協定関係一件　賠償再検討問題についての合意
に関する覚書関係』第 4 巻、B－0184。
　　②　「奥田　小田部部長を来訪」、1962 年 8 月 3 日、『日本・ビルマ賠償及び経
済協力協定関係一件　賠償再検討問題についての合意に関する覚書関係』第 4 巻、
B－0184。
　　③　「奥田は 8 月 4 日 11：00 から約 30 分　大平大臣を往訪会談した」、1962 年 8
月 4 日、『日本・ビルマ賠償及び経済協力協定関係一件　賠償再検討問題についての
合意に関する覚書関係』第 4 巻、B－0184。
　　④　「伊関アジア局長と奥田との会見」、1962 年 8 月 6 日、『日本・ビルマ賠償及
び経済協力協定関係一件　賠償再検討問題についての合意に関する覚書関係』第 4
巻、B－0184。
　　⑤　时值第六次日韩邦交正常化会谈，两国围绕财产请求权问题展开了谈判，于
1962 年 10 月达成"大平·金钟泌备忘录"，约定日本向韩国提供 3 亿美元无偿金、2
亿美元的有偿贷款。安成日：《当代日韩关系研究（1945—1965）》，博士学位论文，南
开大学，2000 年，第 196—203 页。

先专注于日韩问题。① 而奥田则担心外务省工作的停滞恐会令缅甸人对日本产生失望与不信任，进而影响未来的两国关系，故于8月8日再次致信伊关局长，除一贯的弟弟拜托哥哥的说辞外，还搬出了"长眠于缅甸土地的19万同胞的夙愿"，试图说服日本接受缅甸的方案。②

第三节　赔偿再协商问题的解决

在国内政治议程事毕后，池田勇人决心解决赔偿再协商问题。1962年8月21日，池田裁决在现有的赔偿结束后向缅甸提供为期12年1.2亿美元无偿金。③ 这是日本政府内部首次让步到1.2亿美元。此举意图在金额上对缅甸做出让步的同时，争取延长支付期限，避免增加每年的财政负担。④ 9月4日，外务省在池田意见的基础上提出了两套解决方案：其一，无偿金1.2亿美元（12年），长期低息贷款3000万美元（利率3.5%，15年）以及商业贷款5000万美元；其二，无偿金1.25亿美元，长期低息贷款2500万美元以及商业贷款5000万美元。⑤ 9月17日，池田首相批复外务

---

① 「ビルマ賠償再検討交渉に関する件」、1962年8月6日、『日本・ビルマ賠償及び経済協力協定関係一件　賠償再検討問題についての合意に関する覚書関係』第4巻、B-0184。

② 「奥田重元から伊関局長へ」、1962年8月8日、『日本・ビルマ賠償及び経済協力協定関係一件　賠償再検討問題についての合意に関する覚書関係』第4巻、B-0184。

③ 「総理決裁」、1962年8月21日、『日本・ビルマ賠償及び経済協力協定関係一件　賠償再検討問題についての合意に関する覚書関係』第4巻、B-0184。

④ 「池田総理のオンジー招請の件」、1962年8月23日、『日本・ビルマ賠償及び経済協力協定関係一件　賠償再検討問題についての合意に関する覚書関係』第4巻、B-0184。

⑤ アジア局：「ビルマ賠償再検討問題」、1962年9月4日、『日本・ビルマ賠償及び経済協力協定関係一件　賠償再検討問題についての合意に関する覚書関係　調書資料』、B-0185。

省方案："可以支付为期 12 年 1.3 亿美元（无偿金）。也可以以3.5% 的利率提供 3000 万美元贷款。"① 日缅双方的无偿金额日趋接近。

9 月 21 日，日本内阁会议决定派遣外务省赔偿部部长小田部谦一出任驻缅大使，展示出解决赔偿问题的决心，受到缅甸媒体的欢迎。缅方认为：新任的小田部大使精通赔偿问题，增添了两国在近期公正解决赔偿问题的希望。② 日本最初打算派小田部大使按照外务省方案同缅甸展开预备谈判，争取在 12 月昂季访日时一举解决赔偿问题。然而，日本很难同时在对韩国、缅甸谈判上决定最终的态度，因此让小田部到任后先向缅甸当局传达以下内容：(1) 在 12 月或 1 月昂季访日的时候，日方会在酌情考虑缅方请求的基础上解决问题；(2) 与缅甸的谈判不受日韩谈判成功与否的影响。③

11 月 12 日，昂季与到任的小田部大使举行会谈。考虑到 12 月日本的临时国会安排及预算制定问题，昂季提出 1963 年 1 月中旬访问日本，以图尽快解决赔偿再协商问题，拜托大使询问日本政府意向。随后，日本外务省立刻联系了远在欧洲访问的池田首相，得到肯定的回答。④ 此外，大使也汇报了昂季关于赔偿问题的想法：缅甸方面从纯赔偿、长期低息贷款、商业贷款三个部分来考虑 2 亿美元

---

① 「ビルマ賠償の件」、1962 年 9 月 18 日、『日本・ビルマ賠償及び経済協力協定関係一件　賠償再検討問題についての合意に関する覚書関係』第 4 巻、B-0184。

② 「パキスタン大使柿坪氏　ビルマ大使小田部氏　閣議で決定」、『朝日新聞（夕刊）』1962 年 9 月 21 日第 1 版；「対ビルマ賠償に関するガーディアン紙社説の件」、1962 年 11 月 5 日、『日本・ビルマ賠償及び経済協力協定関係一件　賠償再検討問題についての合意に関する覚書関係』第 4 巻、B-0184。

③ アジア局：「再検討問題に関する小田部大使のビルマ側に対する日本側意向表明要領」、1962 年 10 月 18 日、『日本・ビルマ賠償及び経済協力協定関係一件　賠償再検討問題についての合意に関する覚書関係』第 4 巻、B-0184。

④ 「ビルマ賠償再検討問題に関する件」、1962 年 11 月 15 日、『日本・ビルマ賠償及び経済協力協定関係一件　賠償再検討問題についての合意に関する覚書関係』第 6 巻、B-0185。

的分配组合问题，还希望在《日缅赔偿协定》到期后能继续使用协议中的贷款。[①]

日本政府内部开始协商并拟定赔偿谈判方针。1963 年 1 月初，日本外务省内先起草谈判方针。1 月 9 日，外务省和大藏省、通产省等有关部门举行碰头会议。会议中，各部门均同意无偿金、政府直接贷款加上商业信贷总额 2 亿美元的大框架，同时让《日缅赔偿协定》中的 5000 万美元经济合作失效，实质上日本的金额为 1.5 亿美元。在各省的意见中，大藏省的最为严苛，主张最多 1 亿美元无偿援助金，将政府贷款控制在最小限度，反对低息贷款，担心对缅甸的优厚条件会引发印度尼西亚和菲律宾的连锁反应。通产省基本支持外务省的观点，只是要求无偿金的使用对象应限定主要为生产材料，避免发生如过去缅甸用赔偿金大量进口日本消费品、挤压日缅正常贸易之事。[②]

听取各部门的意见后，外务省出台了 1 月 10 日版的谈判方针，总金额为 2 亿美元。关于无偿金，日本打算以 1 亿美元为谈判的起点，但预想到最终可能将增加到 1.25 亿美元、为期 12 年，从《日缅赔偿协定》结束后开始支付。至于政府直接贷款，外务省注意到《日缅赔偿协定》的经济合作中有 2000 万美元的日本政府贷款，推断对缅甸的贷款将不得不采取政府直接贷款的形式，但努力避免提供长期低息贷款，防止其他国家提出同样要求。最后围绕商业信贷，日本打算将前两项总额与 2 亿美元之差作为商业贷款的金额。同时，贷款的实施从协议生效之日开始。此外，日本打算要求缅甸承诺：今后不再根据《日缅和约》的再协商条款提出追加赔偿要求，以及《日缅赔偿协定》的 5000 万美元经济合作随

---

① 「賠償問題に関する件」、1962 年 11 月 13 日、『日本・ビルマ賠償及び経済協力協定関係一件　賠償再検討問題についての合意に関する覚書関係』第 4 巻、B–0184。

② ア西：「ビルマ賠償再検討問題交渉方針に関する各省会議要旨」、1963 年 1 月 9 日、『日本・ビルマ賠償及び経済協力協定関係一件　賠償再検討問題についての合意に関する覚書関係』第 6 巻、B–0185。

着新协定的生效而失效。①

　　在外务省方案的基础上，首相最终敲定了日本的谈判方针。1
月 10 日，池田向大平外相做出指示，无偿金至多为 1.2 亿美元，若
其本人接到缅甸代表的陈情，则可以提高到 1.3 亿美元。同时为了
减轻每年的负担，要求延长支付期限，减少每年的支付金额。池田
还主张，《日缅赔偿协定》中的经济合作可以以合营的方式作保留。
但是，待协议到期时，此项经济合作亦告结束，不同意被延长。②

　　1 月 13 日，昂季代表团来日，与以大平正芳外相为首的日本代
表团展开谈判。双方于 14 日上午举行全体的公开会谈，从同日下午
到 24 日为止，进行了 8 次非正式会谈。在首次会谈中，双方重新确
认了无偿加有偿的 2 亿美元总金额的赔偿方案。之后，昂季提案：
无偿援助 1.35 亿美元，支付期限 10 年，从 1965 年赔偿结束后开始
支付；有偿贷款 6500 万美元，协定生效后 7 年内贷付，利率为
3%—3.5%，偿还期限为 15—20 年。大平表示，日本背负着战争赔
偿、偿还美国债务等压力，不仅每年无法支付过多的无偿金，而且
在有偿援助的利率与期限上同样存在财政困难，以此为由，回应难
以接受缅甸的方案。③

　　缅甸对于商业贷款没有兴趣，表示若日本难以提供长期低息贷
款，则不再坚持 2 亿美元的总额，转而提请日本代表考虑新提案：
1.5 亿美元无偿援助、无有偿贷款以及《日缅赔偿协定》中的 5000
万美元经济合作失效。大平试图压低无偿金额，提议为期 13 年 1.3

　　①　アジア局：「ビルマ賠償再検討問題交渉方針案」、1963 年 1 月 10 日、『日
本・ビルマ賠償及び経済協力協定関係一件　賠償再検討問題についての合意に関す
る覚書関係』第 6 巻、B‐0185。

　　②　「大平大臣・池田総理会談」、1963 年 1 月 10 日、『日本・ビルマ賠償及び
経済協力協定関係一件　賠償再検討問題についての合意に関する覚書関係』第 6
巻、B‐0185。

　　③　「ビルマ賠償再検討交渉」、1963 年 2 月 12 日、『日本・ビルマ賠償及び経済
協力協定関係一件　経済及び技術協力に関する協定及び平和条約第 5 条 1（a）（3）
の規定に基づくビルマ連邦の要求に関する議定書関係』第 1 巻、B‐0185。

亿美元无偿援助（从赔偿结束后开始支付），缅甸今后不再要求追加赔款，有偿经济合作留待以后双方再另行商讨，不作为再协商问题的一环。昂季拒绝接受这一提案，提议低息贷款改为商业贷款，利息上的差额用于补偿缅甸，合计1.45亿美元无偿援助金。

1月22日的第六次会谈上，缅甸的最终提案为：无偿援助1.4亿美元，支付期限为12年；商业贷款3000万美元。日本方面在无偿援助金额上做出让步，同意缅方的提案，但强烈谋求延长其支付期限至14年。昂季表示，奈温将军只给了他最长12年期限的授权，若日方不同意的话，就只能回国同奈温将军商议。昂季也不看好同奈温协商的结果。① 鉴于双方主张的差异只剩下支付期限，日本当局担心让昂季回国与奈温商议只是徒增拖延且有可能会招致负面结果，遂于1月24日非正式会谈上接受了缅方的要求。25日，大平与昂季代表两国签署了"协议备忘录"（一月备忘录），基本解决了赔偿再协商问题。②

在日缅赔偿再协商问题上，两国围绕赔偿的名义与经济合作的形式、金额展开了长时间的谈判，终于达成协议。谈判取得成功的原因主要有以下三点：第一，日本政府欲制衡中国在缅甸的影响力。1962年2月初，池田首相向来访的美国司法部部长罗伯特·肯尼迪建议美国在对外援助项目中应增加对缅甸的关注，称日本对缅甸的援助和经济合作会有很大成效。首相还谈及他与缅甸高层特别是昂季接触后的印象，缅甸军方奉行反共政策，"然而，

---

① 「ビルマ賠償再検討交渉」、1963年2月12日、『日本・ビルマ賠償及び経済協力協定関係一件　経済及び技術協力に関する協定及び平和条約第5条1（a）（3）の規定に基づくビルマ連邦の要求に関する議定書関係』第1巻、B-0185；「大平大臣記者会見」、1963年2月12日、『日本・ビルマ賠償及び経済協力協定関係一件　賠償再検討問題についての合意に関する覚書関係』第4巻、B-0184。
② 「ビルマ賠償再検討交渉」、1963年2月12日、『日本・ビルマ賠償及び経済協力協定関係一件　経済及び技術協力に関する協定及び平和条約第5条1（a）（3）の規定に基づくビルマ連邦の要求に関する議定書関係』第1巻、B-0185。

不能忽视中国援助缅甸的影响"。① 由此可见，日本怀有反共和遏制中国影响力的意图。第二，缅甸代表昂季的亲日态度。昂季在1962 年政变后的首次记者会上表示"赔偿谈判是弟弟想跟哥哥求取一些圣诞节礼物"②，展现出对日本经济援助的极大期待与谦恭的态度。日本注意到缅甸政府内存在以昂季为中心的亲日稳健派与倾向社会主义阵营的激进派之间的对抗，以及社会主义阵营正在对缅甸展开积极活动，担忧赔偿问题的拖延会让激进派得势，削弱负责赔偿问题的昂季在政府内的地位。③ 第三，历史人际关系的作用，特别是奥田重元的穿梭斡旋活动。随着缅甸军人主导国家政治外交，南机关的高桥八郎与缅甸独立军的奥田重元得到奈温与缅甸军方的信任，作为缅甸领导人的顾问或日缅间的秘密管道，开始在日缅关系中扮演重要的角色。在赔偿谈判问题上，奥田往来于日本与缅甸之间，向两国传递彼此的解决方案，陪同缅甸官员拜访日本领导人，并在谈判陷入停滞时，多次游说日本领导人，推动赔偿问题的解决。④

---

① "Memorandum of Conversation," February 5, 1962, *FRUS*, 1961 – 1963, Northeast Asia, Vol. 22, pp. 716 – 718.

② 「ビルマ新政権の政策等に関する件」、1962 年 3 月 14 日、『ビルマ内政並びに国情関係雑件　政変関係』第 1 巻、A – 0208。

③ アジア局：「ビルマ賠償再検討問題」、1962 年 9 月 4 日、『日本・ビルマ賠償及び経済協力協定関係一件　賠償再検討問題についての合意に関する覚書関係　調書資料』、B – 0185。

④ アジア局南西アジア課：「奥田重元氏帰国報告に関する件」、1962 年 7 月 13 日、『日本・ビルマ賠償及び経済協力協定関係一件　賠償再検討問題についての合意に関する覚書関係』第 4 巻、B – 0184；「奥田　小田部部長を来訪」、1962 年 8 月 3 日、『日本・ビルマ賠償及び経済協力協定関係一件　賠償再検討問題についての合意に関する覚書関係』第 4 巻、B – 0184；「奥田は 8 月 4 日 11：00 から約 30 分　大平大臣を往訪会談した」、1962 年 8 月 4 日、『日本・ビルマ賠償及び経済協力協定関係一件　賠償再検討問題についての合意に関する覚書関係』第 4 巻、B – 0184；「奥田重元から伊関局長へ」、1962 年 8 月 8 日、『日本・ビルマ賠償及び経済協力協定関係一件　賠償再検討問題についての合意に関する覚書関係』第 4 巻、B – 0184。

第四节　昂季下台与《经济技术合作协定》

日缅关系没有因为赔偿谈判的成功而实现较大的发展，反而遭受"亲日人士"昂季下台的打击。从日本回国后不久，2月7日夜，昂季以与革命委员会存在政策分歧为由，提出申请辞去革命委员会委员、贸易与工业部部长、陆军副总参谋长与缅甸石油公司总裁等职务。9日，昂季离开仰光，前往中缅边境克钦邦北部的一个村落。缅甸革命委员会在受理辞呈后，于同日任命漆棉（Chit Myaing）上校（革委会委员兼国立农产品买卖厅副长官）出任贸易与工业部部长、山友（San Yu）准将（革委会委员兼西北军管区司令）接任陆军副总参谋长之职。①

日本政府对于昂季的下台感到忧虑，多方打探事件真相及其对赔偿问题的影响。昂季在缅甸执掌工业建设，热衷于对日外交，不遗余力地推动日缅经济合作，在两国关系中占据重要地位。在昂季刚完成赔偿谈判的时机下，日本自然格外担心昂季下台对"一月备忘录"以及日缅关系的冲击。于是，日本驻缅甸大使馆立即展开同缅甸官员的接触，例如缅甸外交部常务副部长梭丁和缅甸经济开发公司总裁、昂季派高官钦纽（Khin Nyo）上校，也接洽了在野党或非政府人士，特别是与池田勇人有良好私交的吴觉迎，以及与奈温同为"三十志士"的波扬乃（Bo Yan Naing）和波莱亚（Bo Let Ya），还从英国驻缅甸大使馆获取了相关情报，逐渐摸清了昂季事件的来龙去脉。

----

① ア西：「アウンジー准将の下野について」、1963年2月11日、『日本・ビルマ賠償及び経済協力協定関係一件　経済及び技術協力に関する協定及び平和条約第5条1（a）（3）の規定に基づくビルマ連邦の要求に関する議定書関係』第1巻、B-0185。

　　昂季与奈温在国家政策上存在分歧。① 两位领导人虽然都同意社会主义大原则，但是，在具体路线上有分歧。在日本看来，奈温的经济政策偏向理想主义，更为左倾激进，打算实施全面国有化政策；而昂季主张走现实、稳健路线，保留部分私有企业。政治政策上，奈温撇开既存政党，无视各界反对，强行推进组建新政党的计划。昂季原本是社会党（反法西斯人民自由同盟内的党派）党员，曾蒙反法西斯人民自由同盟总裁吴巴瑞（U Ba Swe）的庇护而得到晋升，因此希望维持政党的现状，努力与现有政党合作。昂季这种接近自由同盟的态度令奈温感到不满与警惕。②

　　政策分歧逐渐演变成为缅甸政府内的权力之争。在幸存的二十余位缅甸独立运动先驱、"三十志士"成员中，只有奈温一人身居要职，其他人几乎全部在野，过着不得志的生活。日本据此判断奈温警惕竞争对手。再者，奈温对 1962 年 7 月 7 日仰光大学生游行采取了强硬措施，引发民众的反感与军队内部的批评，随后避去欧洲。在此期间，昂季主导推行新经济政策，取得了一定的成绩，在缅甸民众中的声望日隆。加之，昂季身为奈温的副手，却在日本的记者会上大谈反对军国主义、还政于民和释放吴努前政府官员等问题，强烈刺激了奈温。在奈温的支持下，农业部部长丁佩（Tin Pe）趁昂季逗留日本期间，揭发昂季辖下的缅甸经济开发公司的腐败问题，

---

　　① 除此以外，还有其他的原因。事隔多年之后，昂季在致奈温的信函中提到自己辞职的直接原因，自己的直属部下高级参谋丹盛（Than Sein）上校向奈温总统告发他与吴巴瑞（原总理）共谋策划发动政变，以及一道赴日本交涉赔偿再协商问题的觉梭上校向奈温大将误报他在同日本领导人的恳谈上批判军政、暗示还政于民，严重破坏奈温对昂季的信任。外务大臣：「アウン・ジー元准将発ビルマ社会主義計画党中央委員会宛意見書概要等の送付」、1976 年 7 月 8 日、『アジア諸国政治（含、対日関係）（ビルマ）』、外務省外交史料館、2010—0043。

　　② ア西：「アウン・ジイ准将の下野の原因について」、1963 年 2 月 15 日、『日本・ビルマ賠償及び経済協力協定関係一件　経済及び技術協力に関する協定及び平和条約第 5 条 1（a）（3）の規定に基づくビルマ連邦の要求に関する議定書関係』第 1 巻、B-0185。

指责昂季的经营方针违反社会主义原则。除此之外，昂季弟弟涉嫌腐败问题、部下的贪污问题都成为昂季下野的借口。[1] 最终，昂季在毫无准备和反击的情况下下台。

"一月备忘录"基本没有受到这起事件的影响。该备忘录符合缅甸的利益，得到缅甸各界的拥护。2月9日，外交部常务副部长梭丁对日本大使小田部表示：奈温将军在听取昂季准将的报告时，对新协议表示满意。鉴于昂季准将是作为政府代表负责谈判的，即便准将辞职了，内阁会议仍会批准这一备忘录。[2] 在野党人士同样肯定缅甸当局会批准这项协议，认为倘若之后政局有变，新政府亦会承认并执行这项协议。同时，缅甸当局担心此事会令日本受惊，引发后者对缅甸政局的不安，导致历尽艰辛达成的协议被迫延期实施，故努力给日本吃定心丸，请日本政府按照既定方针冷静地推进正式协议条文的谈判。[3] 2月11日，大平外相指示小田部大使告知缅甸政府，日方愿意在备忘录的基础上，尽快进行协议条文的谈判。[4] 2月25日起，日缅双方展开了正式谈判，商议敲定《经济技术合作协定》的具体条文。[5] 只是昂季在日本约定的经济合作改善措施落空，缅甸政府不打算在商社人员的入境逗留、船舶收入免税、鹿岛建设

---

① ア西：「アウン・ジイ准将の下野の原因について」、1963 年 2 月 15 日、B-0185。

② 小田部大使：「ア准将の辞任に関する件」、1963 年 2 月 10 日、『日本・ビルマ賠償及び経済協力協定関係一件 経済及び技術協力に関する協定及び平和条約第 5 条 1（a）（3）の規定に基づくビルマ連邦の要求に関する議定書関係』第 1 巻、B-0185。

③ 「アウン・ジー准将の辞任に関する消息通の談話に関する件」、1963 年 2 月 22 日、『ビルマ内政並びに国情関係雑件 政変関係』第 2 巻、外務省外交史料館、A-0208。

④ 「賠償再検討の合意メモランダムに関する件」、1963 年 2 月 11 日、『日本・ビルマ賠償及び経済協力協定関係一件 経済及び技術協力に関する協定及び平和条約第 5 条 1（a）（3）の規定に基づくビルマ連邦の要求に関する議定書関係』第 1 巻、B-0185。

⑤ 小田部大使：「新協定締結に関する件」、1963 年 2 月 25 日、『日本・ビルマ賠償及び経済協力協定関係一件 経済及び技術協力に関する協定及び平和条約第 5 条 1（a）（3）の規定に基づくビルマ連邦の要求に関する議定書関係』第 1 巻、B-0185。

的税金等问题上改变既有政策。①

　　"亲日人士"昂季下台不仅冲击到日本，更让奈温政府失去了不少民心。多位缅甸非政府人士推测这将是一个短命政权，建议日本暂且先观望或保持不即不离的态度为好，若过于接近现政权，恐怕日后会遭致缅甸人民的厌恶和继任政府的怨恨。② 日本对缅外交趋于降温。在 1 月的谈判中，昂季多次邀请大平正芳外相访问缅甸。日本原本打算派遣大平外相作为全权代表赴缅甸签署《经济技术合作协定》，并询问了缅甸当局的意向，得到后者的欢迎。但是，鉴于昂季辞职的新局势，日本驻缅甸大使馆建议外相访缅一事应该深思熟虑而后行，还指出："考虑国会议程，若您不方便来的话，缅甸方面能够理解。"③ 可见大使馆对于外相访缅持消极态度。最终，大平外相以 3 月参议院审议预算案和 4 月英法外长、荷兰女王储来日为由，取消了访缅计划。④

　　日本改派外务政务次官饭冢定辅赴缅签署《经济技术合作协定》。3 月 29 日，日本全权代表饭冢和缅甸外长吴蒂汉举行了签字仪式。翌日，饭冢赴奈温私邸拜会奈温，并出席了奈温夫妇主办的非正式晚宴。奈温在晚宴上兴致勃勃地回忆了战时接受日本军事教育的经历，

---

　　① 「新協定調印のための大平外務大臣訪緬訪緬打診の件」、1963 年 3 月 1 日、『日本・ビルマ賠償及び経済協力協定関係一件　経済及び技術協力に関する協定及び平和条約第 5 条 1（a）（3）の規定に基づくビルマ連邦の要求に関する議定書関係』第 1 巻、B–0185。

　　② 「アウン・ジー准将の辞任に関するウ・チョー・ニェンの所言に関する件」、1963 年 2 月 18 日、『ビルマ内政並びに国情関係雑件　政変関係』第 2 巻、A–0208。

　　③ 「新協定調印のための大平外務大臣訪緬打診の件」、1963 年 3 月 1 日、『日本・ビルマ賠償及び経済協力協定関係一件 経済及び技術協力に関する協定及び平和条約第 5 条 1（a）（3）の規定に基づくビルマ連邦の要求に関する議定書関係』第 1 巻、B–0185。

　　④ 大平大臣：「新協定調印のための本大臣訪緬取止めに関する件」、1963 年 3 月 5 日、『日本・ビルマ賠償及び経済協力協定関係一件　経済及び技術協力に関する協定及び平和条約第 5 条 1（a）（3）の規定に基づくビルマ連邦の要求に関する議定書関係』第 1 巻、B–0185。

还表示："尽管日军有恶行，但是缅甸的独立多亏了日本，会铭记在心。战时（我）受到日本军人特别是川岛（南机关成员）很多的照顾。"① 列席宴会的还有南机关成员、在缅甸国防部任职的高桥八郎。由此观之，即便没有昂季，奈温凭借着"二战"的经历与人际关系，仍然可以拉近与日本的关系。此外，奈温在为缅甸的独立感谢日本的同时，也不忘先加一句"日军有恶行"，显示出他的立场并非对日一边倒。同场晚宴上，饭冢转达了池田首相的口信，邀请奈温访日。奈温欣然接受。② 事实上，奈温早在 1962 年缅甸政变后不久，就计划在赔偿问题解决后访日。1963 年 2 月 28 日，奈温也对奥田重元流露过访问日本的意向。③ 但事与愿违，自饭冢访缅以后，两国间重要人物的交流甚少。直到 1966 年，奈温才实现执政后的首次对日访问。

日本为了避免缅甸倒向社会主义阵营，决定维持对缅甸友好政策。日本担忧昂季的去职将导致今后缅甸政府在内政方面更趋激进，在对外方面可能会亲社会主义阵营。④ 对此，奈温通过缅甸国防部顾问高桥八郎向日本传递消息：缅甸政府不会因为昂季准将下野而更加倾向于共产主义。⑤ 经过一段时间的观望后，日本既没有看到缅甸

---

① 「飯塚全権一行の当地における動静に関する件」、1963 年 4 月 6 日、『日本・ビルマ賠償及び経済協力協定関係一件　経済及び技術協力に関する協定及び平和条約第 5 条 1（a）（3）の規定に基づくビルマ連邦の要求に関する議定書関係』第 1 巻、B‒0185。

② 「飯塚全権一行の当地における動静に関する件」、1963 年 4 月 6 日、B‒0185。

③ 「新協定調印のための大平外務大臣訪緬打診の件」、1963 年 3 月 1 日、『日本・ビルマ賠償及び経済協力協定関係一件 経済及び技術協力に関する協定及び平和条約第 5 条 1（a）（3）の規定に基づくビルマ連邦の要求に関する議定書関係』第 1 巻、B‒0185。

④ 「ア准将の辞任に関する件」、1963 年 2 月 15 日、『ビルマ内政並びに国情関係雑件　政変関係』第 2 巻、A‒0208。

⑤ ア西：「アウン・ジー准将の下野について」、1963 年 2 月 11 日、『日本・ビルマ賠償及び経済協力協定関係一件　経済及び技術協力に関する協定及び平和条約第 5 条 1（a）（3）の規定に基づくビルマ連邦の要求に関する議定書関係』第 1 巻、B‒0185。

和中苏两国的关系变得特别亲密，亦没有观察到其对美国、英国展示出亲近的倾向，只见到"在西方阵营国家中，缅甸唯独对日本抱有友好之情"。因此，日本政府认为："我国不是很满意昂季准将下台后的缅甸政府政策，但是若我国改变缅甸政策，对它采取冷淡态度，很可能会迫使缅甸倒向共产主义阵营。"① 日本将自己视为西方阵营的代表，认为应该对缅甸坚持友好的态度，帮助奈温政府巩固政权。②

小　结

以奈温为首的缅军精英作为历史人际关系的一角，在缅甸的政治外交上占据了主导地位，以致该人际关系在两国关系中的角色日益凸显，进而在双边关系和历史遗留问题的解决上发挥了重要作用。在短期内，日缅关系受累于昂季下台和缅甸的国有化政策而没有变得更加亲密。③ 然而，从长期来看，《经济技术合作协定》奠定了日本对缅甸经济援助的制度框架与基础，打通了日本对缅甸经济援助之路，成为日缅关系的压舱石。④ 由此，1963 年以后日缅两国间保持着稳定的政治经济关系。

---

① 「総理東南アジア訪問資料　ビルマ関係」、1963 年 9 月、『ビルマ内政・国情（調書・資料）』、2010—4180。

② 「総理東南アジア訪問資料　ビルマ情勢（総理の応答要領）」、1963 年 9 月、『ビルマ内政・国情（調書・資料）』、2010—4180。

③ "Visit of Prime Minister Sato," January 7, 1965, *DNSA*, JU00420.

④ 第 43 回国会、衆議院外務委員会、第 27 号、1963 年 6 月 25 日。

第 五 章

友好关系的形成与 1969 年日本对缅甸的日元贷款

战争赔偿问题解决以后，"二战"是否能继续对日本的缅甸政策产生历史影响？若能的话，它将通过何种途径，又与现实因素发生了怎样的互动，起到什么作用？本章将梳理 20 世纪 60 年代中后期的日缅关系以及日本对缅甸的经济援助政策，在综合揭示日本援助动机的基础上，探究历史影响的角色及其作用途径。

第一节　疏远的日缅关系

自池田勇人内阁的收入倍增计划出台以后，日本经济高速发展，国力愈发强盛，跻身经济大国之列。1964 年，日本加盟发达国家集团经济合作与发展组织，还举办了东京奥运会。奥运会后，池田因病辞职，佐藤荣作继任日本首相。当时，在日本的贸易伙伴中，东南亚地区是仅次于美国的第二大出口市场，对于日本经济相当重要。不过，日本民众、政党和政府倾向于认为日本在东南亚地区的战略利益较小。加之，"二战"给日本留下的政治和心理阴影，以及亚洲国家对日本挥之不去的仇恨，限制了日本的能力和致力于地区角色的兴趣。① 在美国的推动以及南北问题②兴起的背景下，佐藤内阁尝试扮演与日本经济实力相当的国际角色。日本重新制定了东南亚政策的目标，不仅拟进一步推动商业交易，而且打算和东南亚国家间发展具有政治意义的经济与文化联系，③ 之后分别主导创立了亚洲开发银行与东南亚开发部长级会议。

与此同时，缅甸走上了"缅甸式社会主义"道路，奉行消极的中立主义外交政策。1962 年 4 月 30 日，奈温政权颁布执政纲领《缅甸的社会主义》，提出建立"缅甸式社会主义"的目标和路线，包括消灭剥削与展开社会主义经济建设、基础产业的国有化、成立单一政党缅甸社会主义纲领党。④ 在昂季辞职以后，缅甸政府实施了大规模的激进国有化政策，涵盖工业、商业与农业几乎所有领域，严重侵害了在缅甸的外国侨民和投资者的利益。⑤ 奈温政府重视内政，一改吴努时期为促进冷战缓和而采取的积极中立主义政策，转而持不介入任何国际冲突的消极态度。⑥ 这种消极的中立主义一定程度上源于缅甸推进激进的社会主义政策。缅甸当局担心国内异见人士、

---

① Background：Japan, Asia, and Aid," November, 1969, *DNSA*, JU01148.

② 发达工业国家与欠发达国家间的经济关系不平等问题，即所谓的"南北问题"。「ビルマと日本　工業を支える経済協力」、『朝日新聞（朝刊）』1968 年 4 月 4 日第 18 版。

③ "Visit of Prime Minister Sato," January 7, 1965, *DNSA*, JU00420.

④ 范宏伟：《和平共处与中立主义：冷战时期中国与缅甸和平共处的成就与经验》，世界知识出版社 2012 年版，第 136 页；外务省仪典长室：「ビルマ連邦革命委員会議長ネ・ウィン将軍・同夫人　接伴要領（1966 年 9 月 19 日—26 日）」、1966 年 9 月 5 日、『ネ・ウィン・ビルマ革命評議会議長夫妻訪日（国賓）』、外務省外交史料館、2011—1427。

⑤ 「ビルマの現状と日緬関係」、1971 年 12 月、『日・ビルマ関係［ネ・ウィン・ビルマ革命委員会議長夫妻訪日（非公式）]』、2016—2195。

⑥ 外务省仪典长室：「ビルマ連邦革命委員会議長ネ・ウィン将軍・同夫人　接伴要領（1966 年 9 月 19 日—26 日）」、1966 年 9 月 5 日、『ネ・ウィン・ビルマ革命評議会議長夫妻訪日（国賓）』、2011—1427。

叛军勾结外国势力。① 基于缅甸过往的被殖民历史，奈温深知内外势力勾结的危害，对缅甸经济掌握在外人手里极为警惕，怀疑所有在缅甸经营的外国机构都试图为外国目标而不是为缅甸人工作。② 因此，奈温政府从民族主义与反殖民主义立场出发，采取严格清除外国影响的措施，走"缅甸式社会主义"道路，争取维护缅甸的民族独立与国家统一。③

日缅关系深受缅甸政策的消极影响。在国际合作上，缅甸没有接受日本的邀请，参加日本主导的东南亚开发部长级会议、亚洲开发银行以及东南亚农业开发会议。日本政府多次邀请缅甸参加东南亚开发部长级会议。1967 年 9 月，佐藤对奈温表示："亚洲的地区合作是好事，但是相关的会议过多，还多带有政治色彩。我知道缅甸只参与联合国旗下的（会议或组织），不过可否考虑参加东南亚开发部长级会议。若蒙派遣观察员，不胜荣幸。"奈温没有接受邀请："我也觉得各种组织太多了。我国的方针是以联合国为中心展开活动。若处理方式、方法不当，地区合作组织不但无法起到协调的作用，还会酿成彼此间的不信任和对立。"④ 就连东南亚农业开发会议这样偏经济性质的活动，缅甸亦没有参加。佐藤极力向奈温推荐这个会议：农业开发会议非常有意义，希望缅甸可以成为会议的正式成员。无果，退而求其次，首相谋求缅甸派遣观察员。⑤ 最终日本依

---

① 有田大使：「総理の東南アジア諸国訪問（資料作成）」、1977 年 7 月 15 日、『有償資金協力/対アジア』、外務省外交史料館、2013—1710。

② "Telegram From the Consulate General in Geneva to the Department of State," July 18, 1962, *FRUS*, 1961–1963, Sousteast Asia, Vol. 23, pp. 114–115.

③ 除一部分技术人员以外，商人、传教士、新闻记者等外国人都被赶走，普通游客也只能逗留 24 小时。「（解説）悩み多いネ・ウィン政権　西側訪問の背景」、『朝日新聞（朝刊）』1966 年 9 月 18 日第 3 版；「（特集）日本の援助に強い期待　パキスタン　ビルマ　本社記者対談」、『朝日新聞（朝刊）』1968 年 3 月 13 日第 5 版。

④ 外務省：「佐藤総理とネ・ウィン議長との第 2 回会談記録」、1967 年 9 月 21 日、『佐藤総理第一次東南アジア訪問関係　会談関係（1967.9）』、A‑0433。

⑤ 西南アジア課：「佐藤総理とネ・ウィン議長との会談要旨」、1966 年 9 月 20 日、『ネ・ウィン・ビルマ革命評議会議長夫妻訪日（国賓）』、2011—1427。

旧没能打动缅甸，使其参会。

在经贸领域上，1963 年起缅甸对日本在缅合营企业或项目实施了国有化，例如大洋渔业与珍珠养殖项目，伤及日本的经济利益，打击了日本对缅经济合作的积极性。直至 20 世纪 70 年代中后期，缅甸仍没有就国有化补偿日本。原厚生大臣铃木善幸（此后出任过日本首相）作为日本水产业界代表，曾对缅甸驻日大使东伦（Thaung Lwin）表示，水产业界深受缅甸国有化政策的伤害，对缅甸印象不佳。如果缅方为国有化做出补偿、展示出诚意，日本水产业界会放下成见，对日缅合作采取积极的态度。① 再者，缅甸禁止引进外国资本、完全不允许外国公司的商业活动等政策进一步限制两国间的经贸关系与人员往来。1968 年初，在缅甸的日本人不过 140 人左右。② 1967 年 9 月佐藤访缅准备工作时期，日本驻缅甸大使高濑侍郎向三木武夫外相报告，因为在缅甸的日本人少，所以没有找到符合要求的（新闻）打字员。③ 是故，日本不看好同缅甸的经济合作，认为该国基础条件差，难以盈利且风险巨大。再者，相比于印度、印度尼西亚等国，缅甸除了石油、铅、亚铅几乎没有拿得出手的资源。日本的结论是："即使今后投资环境大幅改善了，（缅甸）亦不值得期待。"④

人员往来的限制和缅甸当局对于外国记者的入境管控，导致国际社会鲜有关于缅甸政治、经济情况的报道。高濑大使据此指

---

① 亜東二:「最近のビルマ情勢:高橋八郎氏内話」、1976 年 7 月 15 日、『アジア諸国政治（含、対日関係）（ビルマ）』、2010—0043。

② 「ビルマと日本　工業を支える経済協力」、『朝日新聞（朝刊）』1968 年 4 月 4 日第 18 版。

③ 高瀬大使:「新聞記者タイプスト あげ（報告）」、1967 年 9 月 2 日、『佐藤総理第一次東南アジア訪問関係（1967.9）』第 1 巻、A－0433。

④ 「対ビルマ援助につき在ビルマ、セイロン大使館よりの照会の件」、1963 年 3 月 12 日、『本邦対ビルマ経済技術協力関係』、外務省外交史料館、E－0217。

出：日本国内一般不知道日缅间的友好关系。① 1966 年 1 月 2
日，日本驻缅甸大使小田部在离任拜别奈温之际，暗示日本对于
缅甸现有路线的不解：缅甸政府成立之初，有很多日本人熟悉缅
甸的做法；而今，情况相反，日本政府及人民还在努力理解所谓
的"缅甸式社会主义"道路中。② 1966 年 9 月 18 日，《朝日新
闻》的报道点明："本质上，我国与缅甸的立场是不同的，缅甸
中立，不倒向东西任何一方。"③ 这反映了日本舆论关于日缅关系
的基本认知，即两国不属于同一阵营。双边关系的疏远不言自明。
这亦可以从昂季下台后两国高层间的交流减少之事实得到佐证。④

　　1963 年 3 月，外务政务次官饭冢定辅访缅之际，转达了时任首
相池田对奈温的访日邀请。奈温一度计划在 1963 年 11 月下旬访问
日本，但最后因为国内局势缘故选择了延期。及至日本领导人更换
后，1965 年 5 月，缅甸外交部常务副部长梭丁向日本大使小田部表
示，奈温将军期望日方再次确认访日邀请。日本外务省从"缅甸亲
近日本且是日本对东南亚外交上重要的一环"出发，认为重申邀请
可以展示对缅甸的关心，是极为有意义的。鉴于之前来访的缅甸部
长们都对日本留下了好印象，外务省判断奈温访日将有助于改善双
边关系。⑤ 于是，佐藤首相去信奈温，重申了访日邀请。6 月 10 日，
奈温回信感谢，并欣然接受佐藤的邀请。⑥

---

　　① 高瀬大使：「佐藤総理の訪緬」、1967 年 9 月 12 日、『佐藤総理第一次東
南アジア訪問関係（1967.9）』第 1 巻、A－0433。
　　② 小田部大使：「小田部大使とネ将軍との会談について」、1966 年 1 月 2
日、『ビルマ要人本邦訪問関係雑件』第 1 巻、外務省外交史料館、A－0429。
　　③ 「ネ・ウィン氏あす来日」、『朝日新聞（朝刊）』1966 年 9 月 18 日第 1 版。
　　④ 外務省儀典長室：「ビルマ革命委員会議長（元首）ネ・ウィン将軍訪日招
請」、1966 年 6 月 1 日、『ネ・ウィン・ビルマ革命評議会議長夫妻訪日（国賓）』、
2011—1427。
　　⑤ 南西アジア課：「ビルマのネ・ウィン将軍（元首・革命委員会議長）の訪日招待
について」、1965 年 5 月 10 日、『ビルマ要人本邦訪問関係雑件』第 1 巻、A－0429。
　　⑥ 椎名大臣：「佐藤総理あてネ・ウィン将軍よりのメッセージについて」、
1965 年 6 月 10 日、『ビルマ要人本邦訪問関係雑件』第 1 巻、A－0429。

9 月，佐藤荣作派遣自民党副总裁川岛正次郎出访缅甸。川岛携带了佐藤首相致奈温的信函，邀请后者在 1966 年合适的时候访日，得到奈温的应允。[①] 川岛访缅后，两国展开了磋商，于 1966 年 1 月定下 5 月中旬为奈温访日时间。等到 3 月 24 日，缅甸驻日大使吴东盛突然告知日本外务省，接到缅甸政府命令，提请推迟访日，直言奈温现在没有访日的意愿。[②] 继 1963 年后，奈温访日一事再度耽搁。

随后数日，高濑探寻了奈温访日延期的原因。就公开原因而言，缅甸当局指出，日本新闻关于奈温主席访日的报道有违背事实之处，还有不少歪曲缅甸真实意图的地方，因此判断 5 月访日不合时宜，申请延期。[③] 新闻报道提到缅甸谋求日本的经济援助。至于深层原因，高濑大使做了部分剖析与推测。首先，在于奈温的行事风格。他希望正式访问只是为了增进友好。高濑分析："从至今为止奈温的外访情况来看，（奈温）不管访问哪个国家，归根结底只是为了促进友好关系的抽象目的。"但日本却以奈温访日为契机，大幅报道日缅经济合作关系，以致奈温对于访日一事踌躇不前。[④] 其次，在于缅甸的中立立场以及缅甸对东西方关系的高度敏感。缅甸非常谨慎细心，不厚此薄彼，一般同时访问中国与苏联、印度与巴基斯坦这样相互间存在纠纷的国家。高濑认为，在越南局势恶化与亚洲的东西方关系紧张时期，缅甸对于奈温访日感到分外棘手。最后，缅甸极为讨厌带有任何政治含义的经济合

---

① "A Letter from Chairman of the Revolutionary Council of the Union of Burma to His Excellency Mr. Eisaku Sato, Prime Minister of Japan," October 11, 1965，『ビルマ要人本邦訪問関係雑件』第 1 卷，A-0429。

② 「ネ・ウィン将軍訪日延期について」、1966 年 3 月 24 日、『ネ・ウィン・ビルマ革命評議会議長夫妻訪日（国賓）』、外務省外交史料館、2011—1428。

③ 高瀬大使:「ネ・ウィン将軍訪日延期について」、1966 年 3 月 25 日、『ネ・ウィン・ビルマ革命評議会議長夫妻訪日（国賓）』、2011—1428。

④ 高瀬大使:「ネ・ウィン将軍訪日延期の背景について（観測）」、1966 年 4 月 1 日、『ネ・ウィン・ビルマ革命評議会議長夫妻訪日（国賓）』、2011—1428。

作。日缅两国对外公布奈温访日的时候正赶上东京举办东南亚开发部长级会议。当时，推进东南亚经济合作成为日本新闻舆论的热门话题。在此背景下，不管喜欢与否，媒体都将把奈温访日与日缅经济合作问题直接联系在一起。①

高濑大使努力向缅甸澄清日本政府及人民完全理解奈温访问的友好目的，批评若干新闻报道与事实相违背，指出此事与日本政府、人民无关，并重申访日邀请，表示日本首相、外相都盼望奈温将军尽早访日。② 经过双方的进一步接洽，1966 年 5 月 19 日，缅甸外交部联系高濑大使，接到奈温将军的指示，奈温希望在访问美国之后到访日本。③ 缅甸通知的时间避开了 4 月的东南亚开发部长级会议。

这一时期日缅关系的疏远原因不仅限于缅甸方面的政策，还有日本这边的缘故。相比于池田在东南亚政策中极为重视缅甸，佐藤荣作对缅甸的关心程度不高。佐藤内阁一方面忙于处理日韩邦交正常化、冲绳返还问题，另一方面随着越南战争的升级而在东南亚政策中更为重视越南。④ 但日本的缅甸政策存在一股值得注意的潜流。这股潜流就是日本对于奈温、日缅关系的认知。在为奈温访日准备的简历上，日本既提到奈温作为 "三十志士" 成员赴日受训、随同日军入侵缅甸的历史，也没有遗漏 1945 年 3 月他参与反日起义活动。⑤ 日本的 "接待手册" 在述及日缅关系之际，充分挖掘了历史

① 高瀬大使：「ネ・ウィン将軍の訪日延期について」、1966 年 4 月 9 日、『ネ・ウィン・ビルマ革命評議会議長夫妻訪日（国賓）』、2011—1428。

② 高瀬大使：「ネ・ウィン将軍の訪日延期について」、1966 年 4 月 9 日、2011—1428。

③ 高瀬大使：「ネ将軍の訪日について」、1966 年 5 月 19 日、『ネ・ウィン・ビルマ革命評議会議長夫妻訪日（国賓）』、2011—1428。

④ 吉次公介：「佐藤政権期における対ビルマ経済協力：対ビルマ円借款の起点」、第 499 頁。

⑤ 「閣議決定資料　ネ・ウィン将軍の略歴」、1966 年 6 月、『ネ・ウィン・ビルマ革命評議会議長夫妻訪日（国賓）』、2011—1427。

联系:"二战"前,包括奈温将军在内的"三十志士"秘密来日,接受军事训练。大战爆发后,他们偕同日军在缅甸同英军作战。战后缅甸摆脱英国统治、实现独立。"三十志士"又成为国家建设的核心人物。换言之,缅甸是在国家独立上获得我国帮扶最多的国家。[1]上述谬论美化了日本入侵缅甸的历史,并试图以"三十志士"的叙事证明日本为缅甸独立做出了"贡献"。因此,日本可以从缅甸身上发掘到佐证歪曲侵略本质的"历史价值"。

第二节 四大工业项目与日元贷款问题

缅甸政府极力避免将奈温访日与谋求经济援助联系在一起,这并不意味着不需要日本的经济援助。由于窘迫的国内经济境况,缅甸政府在奈温访日以前便曾向日本提出日元贷款请求。因此,在日本看来,日元贷款问题是奈温访日的一项重要议题。日本政府打算在奈温当面提出请求之际,决定以所谓"土特产"的形式给予经济援助。[2]贷款的对象是缅甸新上马的四大工业项目。该四大项目也是 1965 年 4 月开始实施的《日缅经济技术合作协定》的重点项目。[3]

四大工业项目的启动源于缅甸军政府的国产化计划。1962 年成立的奈温政府决心不依赖外国援助、走自力更生的经济发展路线。在工业政策上,缅甸计划靠国内资本来培育中小企业,通过引进外

---

① 外务省仪典长室:「ビルマ連邦革命委員会議長ネ・ウィン将軍・同夫人 接伴要領(1966 年 9 月 19 日—26 日)」、1966 年 9 月 5 日、『ネ・ウィン・ビルマ革命評議会議長夫妻訪日(国賓)』、2011—1427。

② 鈴木孝:『ビルマという国:その歴史と回想』、東京:国際 PHP 研究所、1977 年、第 263—264 頁。

③ 日本外务省协作局编:《缅甸自力更生的经济建设路线和日本的经济合作》、秦钦峙、郁贝红译,云南省历史研究所,1979 年,第 141 页。

资来振兴重工业。① 由于外汇储备不足，缅甸试图发展进口替代工业，逐步推进工业产品的国产化。奈温政府批评前政府在日本赔款的使用上失当，主要用来购买消费品，而没有投入生产。奈温政府吸取教训，推出了四大工业项目，借助日本的赔款与技术支援来推进本国的工业发展，进而节约外汇、提高国民人均收入水平。

1962年7月起，缅甸当局分别和久保田铁工公司、东洋工业公司、松下电器产业公司、日野汽车制造公司四家日本企业签订了建设四大项目的"技术援助协定"。久保田、东洋、松下和日野分别负责援助生产农具机器、小型汽车、家用电器与大型汽车。"技术援助协定"的有效期为10年，日方的援助内容包括：（1）提供相关的生产技术资料；（2）派遣日本技术人员；（3）在日本培训缅甸技术人员；（4）提高缅甸零件的国产化率。② 缅甸拟先从日本进口零部件、半成品，进行组装，再逐步发展到零件制造，数年后实现国产化。③

日本欢迎这一新的经济合作方式。鉴于缅甸政府反对合营企业的方针并对既有的外国企业和合营企业实施了国有化，日本政府认为，《日缅赔偿协定》中的经济合作形式已经难以为继，打算边回应缅甸的新政策，边推进经济合作。日本认为，技术合作是可取的方式。缅甸运用赔款来采购机械设备、原材料等，日本给予技术指导，但是不参加企业的经营。这种经济合作形式不受缅甸国有化政策的影响。日本肯定四大项目具有很好的发展前景，将对缅甸经济做出巨大贡献。加之，日本政府一贯不希望缅甸用赔款来采购消费品、挤压正常的双边贸易，故欢迎缅甸改变赔款的用途，肯定这个方法

---

① ア西：「ビルマ軍部のクーデターについて」、1962年3月8日、『ビルマ内政・国情（調書・資料）』、2010—4180。

② 日本外务省协作局编：《缅甸自力更生的经济建设路线和日本的经济合作》，第147—148页。

③ 「オンジー工業貿易大臣よりのメッセージ」、1962年7月、『日本・ビルマ賠償及び経済協力協定関係一件　賠償再検討問題についての合意に関する覚書関係』第4卷、B–0184。

是最为有效的。① 日本企业也愿意参与对缅甸技术合作来开拓和巩固出口市场。缅甸政府实施进口替代工业政策，采取了外资管制、产业保护、进口限制等一系列举措。在这种情况下，出口与海外直接投资都难以帮助日本企业开拓缅甸市场。最终，日企们接受缅甸政府的邀请，同意以技术援助的方式，参与缅甸经济合作，确保对缅甸的机械设备与零部件的出口，开拓了新市场。②

在四大项目实施上，缅甸在以赔偿与经济技术合作资金为主要的运营资金后，仍需拿出自己的外汇储备作为补充资金。但是，奈温政府的经济政策过于激进，负责政策执行的军人缺乏经济知识，导致缅甸在生产、流通等领域发生混乱与停滞，外汇更加不足，难以进口到足够的原料物资。由于原料物资匮乏，四大项目工厂的实际开工率低下，常常只满足于为生产而生产的状态。③ 于是，缅甸政府开始谋求日本的支援。1965 年 10 月，缅甸政府请求日本提前支付《经济技术合作协定》中的无偿援助金，即提早使用原本 1971 年起6 年间预定支付的 4650 万美元无偿金。④

1966 年 3 月下旬，外务事务次官下田武三答复缅甸驻日大使吴东盛，不同意提前使用无偿金，但会考虑替代方案。⑤ 日本担忧答应缅甸的请求，恐怕会引起韩国、菲律宾也提出同样的要求。4 月 12日，在奈温延期访日的背景下，日本驻缅甸大使高濑为了给奈温访日创造良好氛围，向外相提出建议，在无偿援助提前使用的问题上，

---

① 賠償部：「最近における対ビルマ賠償および経済協力の新しい傾向について」、1963 年 5 月 1 日、『本邦対ビルマ経済技術協力関係』、E－0217。

② 藤田順也：「日系家電メーカーの初期海外活動：松下電器のビルマへの技術援助」、『広島経済大学経済研究論集』2015 年第 38 巻第 2 号、第 45—56 頁。

③ 日本外务省协作局编：《缅甸自力更生的经济建设路线和日本的经济合作》，第 153—154 页。

④ 吉次公介：「佐藤政権期における対ビルマ経済協力：対ビルマ円借款の起点」、第 494—520 頁。

⑤ 外務省：「総理東南アジア訪問までに解決すべき案件」、1967 年 7 月、『佐藤総理第一次東南アジア訪問関係（1967. 9）』第 1 巻、A－0433。

希望尽快并以对缅甸有利的形式予以解决。①

日元贷款方案由此应运而生。缅甸以重要程度从高到低，就四大项目（5400 万美元）、肥料工厂（1500 万美元）、造纸工厂（1500 万美元）、炼油厂、圆珠笔、科教用玩具等项目，请求日本给予总额约 1 亿美元贷款或者经济援助，年利率在 4% 以内。② 在相关部门态度消极的情况下，日本外务省仅打算向四大项目提供为期 3 年价值 3000 万美元的日元贷款，并在融资条件上尽量满足缅甸所希望的 4% 年利率、15 年偿还期。③

随着奈温访日行程的敲定，日本政府预想奈温拜会佐藤首相的时候会提出贷款请求，首相随即可以当场做出援助承诺。出乎日方意料的是，1966 年 9 月 20 日的领导人会谈上，奈温没有提出经济援助请求："这次访日的目的旨在深化同日本的相互理解与友好关系，没有携带两国间的遗留问题而来。我希望借此机会坦率地交换意见。我方没有特别要谈的问题，不知首相您有何见教?" 随后，佐藤首相提及了日元贷款问题："围绕四大项目的建设，我国收到贵国的援助请求。尽快完成这些设施，促进贵国的经济发展，这也是我国的义务。去年川岛副总裁访缅回来后亦跟我报告，他在缅甸的时候表态日本会在经济情况允许的范围内尽可能向贵国提供合作。"④ 但由于奈温没有借势提出援助请求，佐藤首相也就没有发出"土特产"。⑤

奈温此举的原因不详。但从他的做事风格与此时的缅甸经济情

① 高瀬大使：「ネ・ウィン将軍の訪日延期について」、1966 年 4 月 12 日、『ネ・ウィン・ビルマ革命評議会議長夫妻訪日（国賓）』、2011—1428。

② 外務省：「総理東南アジア訪問までに解決すべき案件」、1967 年 7 月、『佐藤総理第一次東南アジア訪問関係（1967. 9）』第 1 巻 、A‐0433。

③ アジア局：「佐藤総理訪問先国懸案リスト」、1967 年 6 月 1 日、外交記録 02‐995、転引自吉次公介「佐藤政権期における対ビルマ経済協力：対ビルマ円借款の起点」、第 494—520 頁。

④ 西南アジア課：「佐藤総理とネ・ウィン議長との会談要旨」、1966 年 9 月 20 日、『ネ・ウィン・ビルマ革命評議会議長夫妻訪日（国賓）』、2011—1427。

⑤ 鈴木孝：『ビルマという国：その歴史と回想』、第 263—264 頁。

况来观察，可以获得一些线索。一方面，奈温追求出访的目的仅为友好访问，一般将寻求贷款、援助的事务交由外交部部长、大使来负责。另一方面，1966 年的缅甸对外贸易收支情况有所改善，1965 年对外出口额 2.24 亿美元、进口额 2.47 亿美元，入超为 2300 万美元；1966 年对外出口额 1.94 亿美元、进口额 1.58 亿美元，出超 3600 万美元。① 因此，缅甸的外汇储备情况好转，没有 1965 年那般紧张。

尽管如此，缅甸并没有放弃日元贷款的意思。1966 年 10 月，缅甸驻日大使吴巴瑞（U Ba Shwe）对日本外务省经济协力局局长西山昭、缅甸外交部常务副部长梭丁向访缅的日本赔偿使团，以及 11 月梭丁跟来访的日本农林大臣松野赖三分别展开了催促与请求。同时，缅甸当局与日本驻缅大使馆的接触中也反复提出同样的催促与请求。不过，到 1967 年佐藤访缅为止，日本政府都没有对此做出任何表示。②

第三节　1967 年佐藤荣作访缅与
日本的援助承诺

1967 年 6 月末，缅甸发生排华事件。6 月 22 日，仰光国立第三小学和邻近中学的缅甸教师与华侨学生因为学生佩戴像章发生了纠纷。③ 此后，形势并没有因为缅甸当局的介入而得到控制，反而愈演愈烈。6 月 26 日，仰光市内发生大规模的反华暴乱，伤害到在缅华人的生命与财产安全。在排外心理影响下，缅甸民众的注意力从国

---

① 南東アジア二課:「ビルマ経済の現状」、1970 年 12 月、『ビルマ経済関係雑件』第 5 巻、外務省外交史料館、E-0159。

② 外務省:「総理東南アジア訪問までに解決すべき案件」、1967 年 7 月、『佐藤総理第一次東南アジア訪問関係（1967.9）』第 1 巻、A-0433。

③ 范宏伟:《和平共处与中立主义:冷战时期中国与缅甸和平共处的成就与经验》，第 148 页。

内的经济危机转向中国，以致缅甸各地发生了大规模的反华游行。①
排华事件不仅恶化了中缅关系，而且波及日缅关系。

在排华事件以前，日缅两国已经商定日本首相佐藤荣作访缅
一事。然而，访缅消息的公布时间和具体行程则在事件之后，故
佐藤访缅不可避免地受到了排华事件的影响。1966 年 9 月，奈温
在访日期间邀请佐藤首相访问缅甸。翌年 6 月初，日本政府决定
将缅甸列为佐藤出访东南亚的对象国。6 月 8 日，日本驻缅大使馆
向缅甸外交部提出佐藤访缅请求，于 17 日得到缅甸当局的欢迎答
复。日本政府从国会审议情况、东南亚出访对象国的意见出发，
原本希望缅甸政府在 7 月中旬或下旬公布佐藤首相的访缅消息。
排华事件爆发后，缅甸当局担忧佐藤访缅消息的公布，会让民众
误以为佐藤荣作此行是中缅关系恶化的结果或者被视作缅甸外交
政策的转变迹象，进而激化国内民众的反华游行，故希望尽可能
延迟公布时间。最终，两国经过协商，推迟至 8 月 30 日才对外宣
布佐藤访问消息。②

1967 年 9 月 20 日，佐藤荣作启程前往东南亚，首站到访缅甸，
成为 1962 年奈温政权成立以后第一位访缅的日本首相，③ 亦是缅甸
排华事件后首位造访仰光的外国领导人。缅甸做足了接待工作，以
盛大场面来迎接佐藤的到来。仰光市内道路都插满两国国旗。在佐
藤进入仰光时，缅甸政府以 19 发礼炮与荣誉礼来欢迎日本首相。甚
至奈温夫妇还事前亲自检查了佐藤下榻的地方，准备得极为周到。
这样的礼遇在 1962 年以后的缅甸是史无前例，令日本大使馆、在缅
日本人感到惊讶。20 日奈温主办的欢迎晚宴成为军人政权成立以来

---

① 大野徹：「ビルマの現状」、『東南アジア研究』1967 年第 5 巻第 2 号、第
412—418 頁。

② 高瀬大使：「佐藤総理ご夫妻のビルマ訪問に関する調書の送付」、1967 年 10
月 10 日、『佐藤総理第一次東南アジア訪問関係（1967.9）』第 1 巻、A - 0433。

③ 「まずビルマを訪問　佐藤首相、きょう外遊へ出発_ 佐藤首相・東南アジア
歴訪」、『朝日新聞（朝刊）』1967 年 9 月 20 日第 1 版。

规模最大的社交仪式。在仰光的 20 多个国家的外交代表出席了晚宴。①

　　以佐藤荣作访缅为契机，在缅日本人墓地的修缮工作取得了进展。由于近二十万日本军人葬身缅甸，日本首相每逢来访，便会赴日本人墓地祭拜。"仰光日本人会"打算趁此机会修缮墓地，设立墓地修缮执行委员会。在"日本人会"的倡议下，日本方面事先在未与缅甸外交部商议的情况下就做起了准备，在佐藤访缅前展开祭拜道路的修缮工作。缅甸外交部对此了然于胸，并没有提出异议。佐藤夫妇到访日本人墓地之际，全体在缅"日本人会"成员出席祭拜活动，还请来缅甸僧侣举行了法事。② 在日本人墓地的修缮问题上，日本此前通过外交途径向缅甸外交部寻求缅方许可立慰灵碑。但缅甸当局以不想回忆起过去为由，对此给予了极为否定的答复。

　　有意思的是，奈温这次却在与日方接触中主动回首了和日本的历史联系。在 9 月 21 日佐藤夫妇主办的答谢晚宴上，奈温跟佐藤夫人聊起战前的日本往事，先是感谢一对日本夫妇的照顾，"去年访日的时候，两人均已故去。自己对此终生难忘"。接着，奈温提到曾指导过他的铃木敬司，对铃木的去世感到不甚痛惜，并回忆了战时铃木在部分问题上对于缅甸的理解，没有完全站在日军一侧。战后，奈温曾建议铃木完成南机关的记录。随着铃木离世，他期望剩下的南机关成员能继续这份工作。最后，奈温表示："听闻有帮助过我们的日本人在战后遭遇物质与精神的困难，甚至有试图自杀的。我去信希望对方在再次想自杀之前给我写信。对于拒绝金钱援助的人，本着诚意，尽自己所能提供帮助。"佐藤夫人对于这一席话深铭肺

　　①　「ビルマの印象　首相に同行して　外交転換に慎重」、『朝日新聞（朝刊）』1967 年 9 月 22 日第 3 版。
　　②　高瀬大使:「佐藤総理ご夫妻のビルマ訪問に関する調書の送付」、1967 年 10 月 10 日、『佐藤総理第一次東南アジア訪問関係（1967.9）』第 1 巻、A-0433。

腑，表示一定说与自己的孩子们听。①

奈温的言论可能是真实想法、友善之举，抑或只是外交辞令、寻找聊天的话题。但重要的是，日本如何接收这些信息，特别是在注意到日本对缅甸独立的"贡献"下，是只将其视为外交辞令熟视无睹，还是深感自己的历史观得到了印证，更加对缅甸充满好感与责任感？尽管很难知道佐藤夫人之后会告知孩子一个怎样的故事，但可以观察后续的日本政府行为。

日本在此行中接收到缅甸对日本援助的渴望信号。对于首相来访，缅甸给予了超出日本预想的热烈欢迎。不仅如此，以这次访问为开端，仰光市内谣言四起，即所谓的"救世主现世"说。流言传，以佐藤首相来访为契机，日缅两国政府间将就在仰光重开百货商店问题展开讨论，缅甸将从日本获得大量的消费品。受到上述流言的影响，缅甸纤维产品价格下跌约一半，黑市交易量在佐藤访缅前后大幅萎缩。在访问结束后两周内，谣言依然盛行，不止于首都仰光，还传播至地方城市。恰好同时期，日本大丸商社交付缅甸所订购的两艘拖船仪式在仰光举行。因此，关于日本满载消费品的船只驶入仰光的谣言蔓延开来。在有关外贸、援助的缅甸某部门中，官员们已经将日本的援助当作既定事实，打赌之后会有多少援助。② 日本驻缅甸大使高濑向国内报告了此事。此外，缅甸外长吴蒂汉也曾向高濑大使表示渴望得到日本的协助，重振国家经济。高濑忧虑若今后日本不能充分回应日渐升温的日缅合作趋势，这一形势反而有可能会向另一个极端发展。③

日本亦通过这次访问打探了缅甸的外交政策。缅甸没有放弃中

---

① 高瀬大使：「佐藤総理夫人とネ・ウィン議長及び同夫人との会談要旨」、1967 年 9 月 25 日、『佐藤総理第一次東南アジア訪問関係　会談関係（1967.9）』、A–0433。

② 高瀬大使：「サトウ総理のビルマ訪問（反響）」、1967 年 9 月 23 日、『佐藤総理第一次東南アジア訪問関係（1967.9）』第 1 巻、A–0433。

③ 高瀬大使：「佐藤総理ご夫妻のビルマ訪問に関する調書の送付」、1967 年 10 月 10 日、『佐藤総理第一次東南アジア訪問関係（1967.9）』第 1 巻、A–0433。

立主义外交政策、倒向西方阵营。① 奈温对于中国问题极为慎重，一方面非常警惕中国，但另一方面关于中国在联合国的代表权问题，缅甸仍坚持一贯的立场，支持中国政府的合法席位。② 日本外务省在事后总结中，主张资本主义国家、中立国家乃至不结盟国家都或多或少受到中国的"压力"，清楚东南亚国家的立场，"（这些国家）国内都有大量的华侨……在对华关系上极为小心、避免引起不必要的摩擦，且大多认为不应该封锁中国而是打开她与外界的窗户才是适当的"。基于此，日本认为："若从这些国家所处的环境来考虑，应该正确评价他们现在的对华态度。"③ 由此，日本政府对缅甸的中立主义政策表示了理解。

于是，日本决心加强对缅甸的援助。日本政府认为，经济的稳定是防止"共产主义渗透"的防火墙，"在自己能力范围内，参与各国的经济复兴与重建计划。在此范畴下，对于缅甸与印度尼西亚的援助特别重要"。外务省随后列举了支援印度尼西亚的理由，但没有分析缅甸的，"如果人口众多、资源丰富的印度尼西亚倒向社会主义阵营，会导致新加坡、马来西亚、泰国和缅甸在南北同时面临所谓的'共产主义渗透威胁'"。④ 1967 年 11 月访美期间，佐藤首相向美国总统约翰逊展示了日本对于东南亚地区更为积极的经济合作姿态，并说明计划援助印度尼西亚、菲律宾、缅甸。首相认为援助以上三国的原因在于这些国家的经济情况相当糟糕、强烈谋求日本的

---

① 「ビルマ議長と会談　首相、きょうにも共同声明」、『朝日新聞（夕刊）』1967 年 9 月 21 日第 1 版。

② 「新規借款、妥結急がす　首相、ネ・ウィン議長に約束」、『朝日新聞（朝刊）』1967 年 9 月 22 日第 1 版。

③ 外務省：「佐藤総理の東南アジア、大洋州諸国訪問についての発言案」、1967 年 11 月 1 日、『佐藤総理第一次東南アジア訪問関係（1967.9）』第 1 巻、A－0433。

④ 外務省：「佐藤総理の東南アジア、大洋州諸国訪問についての発言案」、1967 年 11 月 1 日、『佐藤総理第一次東南アジア訪問関係（1967.9）』第 1 巻、A－0433。

援助；没有受惠于越南战争特需；日本的政府援助才刚起步，金额少。① 这些原因解释了缅甸需要援助以及日本有必要扩大对外援助，但并没有充分说明日本援助缅甸的动机。相对而言，美国更希望日本支援印度尼西亚与南越。

　　具体到日元贷款问题上，佐藤在访缅中作出了承诺。因为缅甸希望将有关经济问题交由外长或副外长来处理，所以日元贷款问题并没有成为 9 月 21 日两位领导人的主要会谈话题。② 不过在会谈的最后，佐藤主动向奈温谈到了日元贷款问题："关于贷款谈判，除去期限外，还未就金额、利息展开对话，希望尽早得出结论。若不能尽快解决这些问题，就无法进入下一个对话。回国后，我会指示有关部门加紧处理，也请您亲自关注并推动。"奈温回应，缅方也很着急，将通过外长与大使间的会谈来解决。③ 日本外务省在访问总结中认为，奈温在逐步走出封闭的状态，对日政策上朝着接近日本和对日依存的方向发展。在此情况下，日本若被利息问题所束缚，不但没有外交成果，还会损害日本的利益。④ 因此，日本政府意识到必须在年利率上做出让步，与缅甸解决日元贷款问题，巩固日缅关系。

第四节　向好的日缅关系与日元贷款问题的解决

佐藤荣作访缅以后，日缅关系持续升温。先是 1967 年 12 月，19 位

① 「インドネシア・比・ビルマに　経済援助強める　日米会談で　首相強調へ」、『朝日新聞（夕刊）』1967 年 11 月 8 日第 1 版。

② 高瀬大使：「佐藤総理ご夫妻のビルマ訪問に関する調書の送付」、1967 年 10 月 10 日、『佐藤総理第一次東南アジア訪問関係（1967.9）』第 1 巻、A－0433。

③ 外務省：「佐藤総理とネ・ウィン議長との第 2 回会談記録」、1967 年 9 月 21 日、『佐藤総理第一次東南アジア訪問関係　会談関係（1967.9）』、A－0433。

④ 南東アジア課長：「佐藤総理の東南アジア、大洋州諸国歴訪」、1967 年 11 月 1 日、『佐藤総理第一次東南アジア訪問関係（1967.9）』第 1 巻、A－0433。

日本旧军人收到奈温的访缅邀请，"请在爽朗的 12 月来缅甸，看看学生成长的身姿"。除两人因病缺席外，17 人应邀前往缅甸：泉谷达郎、大野茂男、杉井满、奥田重元、镰田俊夫、椎名文雄、铃木大和、高桥八郎、川岛威伸、森正信、稻田义信、伊福满男、木部文广、大锯四方太、山本政义、财前道雄、宝乐稔。① 日本媒体吹捧了这批人对于缅甸独立的"贡献"，称"自昭和十六年末独立军成立，到昭和十八年八月（缅甸）独立后的军事顾问部，这 19 人为缅甸的独立及之后该国的军队建设出过力"，还提到他们曾经教导过的"原缅甸士官学校的学生们现在成为上校级别的缅军骨干"。② 奈温此举与媒体的报道无疑将有助于更多日本人知晓日缅间的历史联系，加强双边关系。

1968 年初，《朝日新闻》记者斋藤吉史成为世界上第一位获得缅甸政府允许参观四大工业项目的记者。③ 奈温政权长期限制外籍记者入境，禁止外籍记者在缅甸国内自由地进行采访活动。因此，1967 年秋，随同佐藤首相访缅的记者团的安排成为日缅间的棘手问题。最后，缅甸政府在使团随员的身份下管理这批记者，以在此范围内活动为条件发放了签证。即便如此，采访的限制仍然较多。在佐藤视察重工业项目时，缅甸禁止记者团随行。④ 此番，缅甸政府首度允许日本记者参观四大项目，足见其对日缅经济合作的期待，同样显示出日缅关系更趋紧密。

斋藤的采访足迹还到了缅甸最北端、与中印两国相邻的克钦邦首府密支那。他表示之所以到访该地，是因为此地是"二战"时期日军与盟军发生过激战的地方。他在报道中回顾了战时日军的事迹，

---

① 「独立運動助けた19人を招く　ビルマ元首_ 国際親善」、『朝日新聞（夕刊）』1967 年 12 月 2 日第 10 版。

② 「ビルマ元首から招待された旧軍事顧問　宝楽稔」、『朝日新聞（夕刊）』1967 年 12 月 7 日第 14 版。

③ 「ビルマと日本　工業を支える経済協力」、『朝日新聞（朝刊）』1968 年 4 月 4 日第 18 版。

④ 高瀬大使：「佐藤総理ご夫妻のビルマ訪問に関する調書の送付」、1967 年 10 月 10 日、『佐藤総理第一次東南アジア訪問関係（1967.9）』第 1 巻、A－0433。

并提及在 30 余万人的日本缅甸派遣军中大约 18.5 万人战死的历史。这段历史对于日本人是惨痛的回忆，也成为部分日本人对于缅甸这片土地难以忘怀的缘故。报道的末尾，呼应了日本经济崛起与亚洲经济合作兴起的大背景，认为在日本同东南亚的经济合作中，对缅甸的战争赔偿与经济援助是清廉、有效的，亦指出日本对外经济合作时必须要回应发展中国家的发展热情。①

在缅甸的期待与佐藤的承诺下，日元贷款问题成为两国重点讨论的议题。1967 年 9 月佐藤荣作访缅后，两国政府如约举行了谈判，日方主张总额 3000 万美元、年利率 4.5%，而缅方主张 4000 万美元、年利率 3.5%，历时近一年仍未能谈拢。由于 1968 年 9 月缅甸外长吴蒂汉将访问日本，日本政府决心趁此机会一举解决日元贷款问题。外务省计划若缅甸在总额上做出让步，从 4000 万美元下降到 3000 万美元，愿意在年利率上做出妥协，接受缅方的要求。② 9 月 24 日，日本外相三木武夫与吴蒂汉的会谈上，两国互作退让，正式敲定日本提供折合 3000 万美元（108 亿日元）的日元贷款。贷款条件为年利率 3.5%，偿还期限为 20 年，包括 5 年内不用偿还的宽限期。三木向吴蒂汉指出：到 1968 年为止，日本对亚洲国家与地区的贷款，年利率通常都在 3.5% 以上，例如 1967 年对印度的日元贷款年利率为 5.5%，1968 年 1 月对泰国的日元贷款年利率也在 4.5% 以上。只有原日本殖民地的中国台湾地区、韩国，以及印度尼西亚在"印度尼西亚债权国会议"的特殊原因下曾获得日本的 3.5% 年利率待遇。③ 缅甸虽然在政治经济重要程度上不及以上国家与地区，但同

---

① 「ビルマと日本　工業を支える経済協力」、『朝日新聞（朝刊）』1968 年 4 月 4 日第 18 版。

② 「対ビルマ経済合作」、1968 年 9 月 5 日、外務省情報公開 2012—00215、転引自吉次公介「佐藤政権期における対ビルマ経済協力：対ビルマ円借款の起点」、第 494—520 頁。

③ 吉次公介：「佐藤政権期における対ビルマ経済協力：対ビルマ円借款の起点」、第 494—520 頁。

样享受到最优惠的利率。由此可见，缅甸在日本心目中具有一定的重要性。以此为契机，双方都希望能扩大经济合作。24 日下午，缅甸外长吴蒂汉拜会佐藤首相，就日元贷款事宜致谢。佐藤表示希望为缅甸的经济发展发挥作用。吴蒂汉回应道："这笔贷款是开胃酒，将提振缅甸的食欲。之后的营养餐还请多多关照。"①

1969 年 2 月 15 日，日本驻缅甸大使小川清四郎与缅甸外长吴蒂汉分别代表两国政府正式签署《对缅日元贷款协定》。根据协定条款，贷款协议生效日起 3 年间，日本海外经济协力基金将向缅甸产业开发公司提供贷款，额度原则上是每年 36 亿日元（1000 万美元）以内。这笔日元贷款将用于四大工业项目计划。缅甸凭此从日本进口在国内调拨不到的原料和机器部件，来推进小汽车、重型车辆、农业机械柴油机、电器制造等四大项目的发展。② 日本由此拉开了对缅甸政府开发援助（ODA）的帷幕。

日元贷款问题的解决进一步促进了日缅关系的发展。在双边关系日益升温的背景下，奈温出席了 1970 年大阪世博会。1967 年访缅之际，佐藤夫妇多次邀请奈温夫妇访日参加 1970 年的大阪世博会。奈温最初没有明确收下这份邀请，仅表示缅甸一般会参加商品博览会，保留了参加的可能性。③ 1967 年 9 月 21 日，奈温夫人拜访佐藤夫人的时候，谈到希望访问日本关西地区。佐藤夫人力荐 1970 年世博会是最好的机会。④ 最终，1970 年 4 月 14 日，缅甸革命委员会主席兼部长会议主席奈温偕夫人出访日本。在日期间，奈温除拜会天

---

① 「ビルマへ三千万ドル　円借款供与の大筋合意」、『朝日新聞（朝刊）』1968 年 9 月 25 日第 2 版。

② 「ビルマに百八億円の円借款」、『朝日新聞（朝刊）』1969 年 2 月 16 日第 7 版；日本外务省协作局编：《缅甸自力更生的经济建设路线和日本的经济合作》，第 150—152 页。

③ 外務省：「佐藤総理とネ・ウィン議長との第 2 回会談記録」、1967 年 9 月 21 日、『佐藤総理第一次東南アジア訪問関係　会談関係（1967.9）』、A‑0433。

④ 高瀬大使：「佐藤総理夫人とネ・ウィン議長及び同夫人との会談要旨」、1967 年 9 月 25 日、『佐藤総理第一次東南アジア訪問関係　会談関係（1967.9）』、A‑0433。

皇与皇后外，还出席了 17 日在世博会场的国庆日仪式。[①] 5 月 6 日，佐藤与奈温围绕两国间的经济合作问题、印度支那局势展开了对话。席间，佐藤展现了帮助缅甸经济开发的意愿。[②] 相比于上一次访日，奈温这回逗留日本时间更长，足见日缅关系的回暖。

小　结

　　现实交往的加强与历史关系的重拾促成了日缅间的友好关系。日本与缅甸领导人克服隔阂、实现互访。其中，佐藤访缅还是在缅甸排华事件后不久发生的，尤为引人关注。日本注意到这是拉拢缅甸、巩固缅甸反共立场和抵制中国在缅影响力的重要机会。与此同时，奈温回忆历史往事、邀请"二战"旧友访缅，以及日本修缮在缅的日本人墓地参拜道、《朝日新闻》记者的报道，让日缅间的历史关系重新走进日本官民的视野里。在现实与历史联系的双重加深下，日本同缅甸就日元贷款问题达成协议，首次向缅甸提供政府开发援助。

---

① 「ネ・ウィン議長　来日」、『朝日新聞（朝刊）』1970 年 4 月 15 日第 2 版。
② 「首相、ネ・ウィン議長と会談」、『朝日新聞（夕刊）』1970 年 5 月 6 日第 2 版。

第六章

缅甸观与 70 年代初日本对缅援助

随着日缅间往来愈发密切，日本对缅甸有了更全面、深入的认知。该认知离不开彼时国际、国内环境的塑造。20 世纪 70 年代初，国际政治经济局势发生巨变，特别是中美关系缓和带来亚洲冷战格局的变化，深刻改变了日本的外交政策与对外援助。日本国内政治也经历了从佐藤荣作到田中角荣的相位更替。除了现实因素，"二战"历史是否以及通过何种方式也影响了日本的认知？这样的认知又对日本的缅甸政策与经济援助产生了什么影响？

第一节　处变自省与日本对外援助的演变

20 世纪 70 年代初，国际政治经济局势发生了剧烈的变化。这些新变化涉及与日本国家利益密切相关的周边地缘政治环境、美日关系、经济利益与能源安全等领域。为了应对新时局，日本政府调整了外交政策，特别是对外援助政策。日本试图积极运用经济援助手段，扩大对外援助，改善援助条件，回应国际压力，并争取自身的经济利益。

周边地缘政治环境随着中美关系的缓和发生了巨变。在美国国力相对下降的背景下，1969 年成立的美国尼克松政府决定改善同中国的关系，继而推进越南问题的解决。① 1971 年 7 月 9 日，美国总统国家安全事务助理基辛格由巴基斯坦转道，秘赴北京，会晤周恩来，就美国总统尼克松访华、中美关系正常化问题交换了意见。结果，1972 年尼克松访华，迅速缓和了中美关系。不过，尼克松政府对华秘密外交亦一度导致日本、韩国、菲律宾和泰国等盟国对美国信任度的下降。在尼克松的"越顶外交"冲击下，日本后来者居上，率先同中国建交。②

美国不仅改善了和中国的关系，而且要求身为盟国的日本承担更多的义务。随着日本的崛起，尼克松政府在承认日本已经成长为世界一极的同时，督促日本逐步为自己的安全和本地区的稳定承担更大的责任。③ 再者，美日贸易逆差问题日益加剧，让美国政府决定纠正双边的国际收支不平衡问题。④ 在处理贸易摩擦问题上，两国探索对立中协调，并习惯在协调中对立的相处之道。⑤ 具体而言，在美国提供安全保障的情况下，日本一方面在经贸关系上向美方做出让步，自主限制对美出口，转而加强对东南亚地区的投资与出口；另一方面增加对东南亚国家的经济援助，代替美国给予印度尼西亚、南越、菲律宾等国经济援助。

---

① "Memorandum From the President's Assistant for National Security Affairs (Kissinger) to President Nixon," October 20, 1969, *FRUS*, 1969 – 1976, Foundations of Foreign Policy, 1969 – 1972, Vol. 1, Washington, D. C. : United States Government Printing Office, 2003, p. 139.

② 梁志：《中美缓和与美韩同盟转型（1969—1972）》，《历史研究》2016 年第 1 期。

③ "Memorandum From the President's Assistant for National Security Affairs (Kissinger) to President Nixon," October 20, 1969, *FRUS*, 1969 – 1976, Foundations of Foreign Policy, 1969 – 1972, Vol. 1, p. 139; "Washington tel 1361," April 23, 1973, *Documents on British Policy Overseas*, Ser. 3, Vol. 4, AMU 3/507/1.

④ "Memorandum From the President's Assistant for National Security Affairs (Kissinger) to President Nixon," October 20, 1969, *FRUS*, 1969 – 1976, Foundations of Foreign Policy, 1969 – 1972, Vol. 1, p. 139.

⑤ 徐显芬：《对二十世纪后半期美日经济摩擦的再思考》，《中共党史研究》2019 年第 9 期。

日本除了面临美国的压力，还受到了石油危机的重创。1973 年 10 月 6 日，第四次中东战争爆发。阿拉伯石油输出国组织宣布将石油生产量每月削减 5%，并大幅度提高原油价格，来打击以色列及其支持者。1974 年 1 月，原油价格涨到一年前的四倍，从而形成了第一次石油冲击。1973 年 10 月中旬，阿拉伯石油输出国组织召开部长级会议，决定把石油出口对象国划分为"友好国家""中间国家"和"禁运国家"，分别实施保障供应、削减供应、全面禁运的不同措施。美国、荷兰位列全面禁运之列，日本、联邦德国、意大利则被列入大幅度削减供应的国家名单。① 油价大涨引起了"二战"后最严重的全球经济危机。长达三年的石油危机重伤发达国家的经济。日本所需石油的 99.5% 依靠进口，其中 85.9% 来自中东地区。由于石油价格的高涨，1974 年日本的经常收支转为赤字，外汇储备濒临危险线，工业生产也下降超过 20%，经济遭受重创。② 日本迫切需要争取能源资源。

对外援助成为日本争取资源的重要武器。日本的援助通常旨在实现"扩大出口"与"保证资源进口"两大目的。就五六十年代而言，日本更重视振兴出口。及至 70 年代初，日本的援助目的转向以"保证资源进口"为重。面对石油危机，田中内阁紧急动用包括经济援助在内的多种手段，争取石油资源。日本一边向阿拉伯国家靠拢，没有采取与美国一致的立场，另一边试图寻找替代能源来源，将目光投向了东南亚国家。东南亚国家中，印度尼西亚、马来西亚拥有丰富的石油、天然气等能源资源。它们比中东距离日本更近，使得运费更为便宜。不仅如此，东南亚国家所处的地理位置同样极为关键，居中东国家与亚太区域的连接处。特别是马六甲海峡，堪称日

---

① 米庆余：《日本近现代外交史》，第 412 页。

② 吉良大使：「総理・スハルト大統領会談（テータ・テト部分）」、1977 年 8 月 15 日、『ASEAN 文化基金』、2010—3453；宫城大蔵編：『戦後日本のアジア外交』、第 185 頁。

本的经济生命线。① 日本还计划通过援助，在其和东南亚各国的产业结构之间建立协调与互补关系，确保日本的产业资源。②

但是，这一时期的日本与东南亚关系却不容乐观。东南亚人民有强烈的民族主义情绪，反对任何发达国家在当地占据主导地位。③ 随着经济的蓬勃发展，日本在东南亚地区的经济影响力膨胀。历经美日贸易摩擦问题后，日本增加了对东南亚地区的投资与出口，以致东南亚各国市场充斥着日本产品。东南亚人民认为，此举将威胁自身的经济独立，警惕日本的经济扩张。而日本从自身的资源匮乏情况出发，一贯重视从东南亚地区获取矿产资源。日本政府的资源外交在石油危机的大背景下格外显眼，引起东南亚国家对于日本掠夺本国资源的担忧。④ 加之，日本企业在东南亚国家的投资与运营中，存在腐败、破坏环境、不尊重当地的政策法规与自主性等问题。⑤ 于是，当地百姓爆发了反日抗议活动。抗议活动首先兴起于被日本视为立场最亲日的泰国，然后在其他东南亚国家蔓延开来。1974 年 1 月出访东南亚国家联盟（以下简称为"东盟"）国家之际，日本首相田中角荣在除菲律宾以外的东南亚各国遭遇了不同程度的反日抗议活动。⑥

反日浪潮推动日本对东南亚的重新认识与对东南亚政策的反思。在此之前，日本并非没有察觉到东南亚国家对于它的警惕心理，认

---

① 外務省アジア局地域政策課：「日本・ASEAN 関係の経緯と現状」、1977 年 5 月 10 日、『ASEAN 文化基金』、2010—3453。

② 日本外务省协作局编：《缅甸自力更生的经济建设路线和日本的经济合作》，第 165—166 页。

③ "Background: Japan, Asia, and Aid," November, 1969, *DNSA*, JU01148.

④ 「ASEAN 諸国に対する主要経済協力案件と対処方針」、1973 年 12 月、『田中総理東南アジア諸国訪問』、2014—5046。

⑤ アジア局：「総理東南アジア訪問用　発言メモ」、1973 年 12 月、『田中総理東南アジア諸国訪問』、2014—5046。

⑥ 鈴木静夫：「一九七〇年代前半の東南アジアにおける反日の論理」、矢野暢編：『講座東南アジア学　第十巻　東南アジアと日本』、東京：弘文堂、1991 年、第 234 頁。

识到同东南亚的关系要避免聚焦于经济领域。[①] 不过，当时日本与东南亚经济关系愈加密切，并没有出现大问题。因此，日本政府只是零星、笼统地在外交文件中提到要注意此问题，最终仍因为在东南亚地区的国家利益主要在于经济方面，所以继续走经济外交路线。田中内阁吸取这次反日浪潮的教训，反思与调整了东南亚政策，提出五项原则和六点注意。五项原则是：（1）做和平与繁荣的好邻居；（2）尊重东南亚的自主性；（3）促进相互理解；（4）不威胁东南亚国家的经济自立，并为它的发展做贡献；（5）尊重地区合作。六点注意分别是：（1）"以援助来换取资源"的立场会严重刺激当地的民族感情，故禁用"资源外交"一词；（2）有必要明确表示"没有经济支配的意图""不威胁经济独立"；（3）贯彻尊重自主和主权国家地位平等的立场；（4）不独善其身，不高傲自满，重视增进相互理解和对话；（5）在地区合作上，不损害并充分尊重东南亚国家特别是东盟的立场、利益、自主性；（6）不做军事大国。[②] 简言之，日本开始认真对待东南亚国家的民族自尊心和对外部势力介入的敏感，调整外交政策和增加援助，争取改善同东南亚国家的关系，并正视 1967 年成立的东南亚地区合作组织——东盟。

日本决心在援助的量与质两方面回应发展中国家特别是东南亚国家的诉求。前文述及的石油输出国组织的行动是发展中国家第一次运用经济或资源的力量对发达国家采取的反击行动，这反映了经济上的依存是如何转化为政治力量的现实。在南北贫富差距扩大的背景下，发展中国家以此为契机，一致要求发达国家构建"国际经济新秩序"，最后促成 1974 年《联合国宣言》的出台。[③] 不仅如此，

---

① 「三重革命時代　ビルマを回って」、『朝日新聞（朝刊）』1960 年 3 月 30 日第 4 版；"Visit of Prime Minister Eisaku Sato of Japan," November 9, 1967, *DNSA*, JU00 817.

② アジア局：「総理東南アジア訪問用　発言メモ」、1973 年 12 月、『田中総理東南アジア諸国訪問』、2014—5046。

③ 王正毅：《国际政治经济学通论》，北京大学出版社 2010 年版，第 115—116 页。

发展中国家为了实现自身经济的发展、改变不平等的国际经济秩序，在四年一度的联合国贸易和发展会议上，呼吁发达国家每年捐赠1%的国民生产总值用于对外援助，放宽援助条件，并将包括民间投资在内的"非援助因素"排除在政府开发援助统计之外。[①] 日本对外援助政策面临很大的国际压力。日本的对外援助总额统计中包含了相当大比重的出口信贷等"非援助因素"。不仅如此，日元贷款条件苛刻，利率、偿还年限都不如其他主要发达国家的，多为捆绑式援助，即对方国家只能用日本的援助购买日本的产品。在国际社会的压力下，日本决定调整对外援助政策，扩大对东南亚地区的援助。日本当局意识到东南亚国家吸收援助资金的能力有限，如果继续按严苛的条件提供援助，可能会让这些国家背上沉重的债务负担，进而会长期阻碍它们的经济发展。[②] 是故，日本决定尽力增加无偿援助，特别是技术援助，以此提高受援国吸收外来资金的能力，改善援助条件，逐步推进非捆绑式的援助，来达到国际援助水平并对受援国的经济发展做出贡献。[③]

第二节　佐藤内阁末期的对缅认知与援助

进入20世纪70年代之后，日缅政治与经济关系不断深化。在政治关系上，两国领导人间频繁会晤。缅甸领导人奈温继1970年访日之后，1971年再度对日本进行非正式访问，与佐藤荣作举行了多次会谈。在经济关系上，缅甸在国内经济困顿的情况下逐渐改变对

[①] 「对外经济协力审议会の开催について」、1972年3月31日、『对外经济协力审议会』、外务省外交史料馆、2010—0467。

[②] 日本外务省协作局编：《缅甸自力更生的经济建设路线和日本的经济合作》，第165—166页。

[③] 「对外经济协力审议会の开催について」、1972年3月31日、『对外经济协力审议会』、2010—0467。

于外国援助的消极态度。1970 年底，缅甸政府的《1970—1971 年度告人民书》在谈到援助问题时认为政府部门有必要认真讨论过去对外援的（消极）看法。① 同时，为了维护国家独立和中立主义外交政策，缅甸更愿意接受日本的援助，而非美苏两个超级大国的援助。② 因此，日本应邀先后向缅甸派遣了多个经济、资源调查团，还派出了"青年之船"的友好访问团到访缅甸。由于双边往来愈发频繁，两国间于 1971 年 6 月缔结了《航空协定》，实现通航。③

在双边关系愈发紧密之际，日本对缅甸形成了"亲日国"与"资源国"的认知。据 1971 年佐藤与奈温的会谈资料，外务省东南亚第二课采纳驻缅大使铃木孝的建议，拟定了佐藤首相的发言提纲，提出要从"亲日的友好国家缅甸进口石油"。④ 同年奈温访日的行程中，既有与旧友的相会，又有同日本石油公团⑤总裁岛田喜仁的会面。⑥ 这恰与前述日本对缅甸的认知相呼应。

就"亲日国"而言，日本的认知部分源于缅甸领导人奈温与日本的历史关系。在日本政府内部对于奈温的描述中，1966 年版本的简历不仅载入了奈温作为"三十志士"成员来日接受培训的经历，也提到"二战"末期奈温投身反日活动。⑦ 这一简历是日本内阁决

---

① 日本外务省协作局编：《缅甸自力更生的经济建设路线和日本的经济合作》，第 21 页。

② "Memorandum of Conversation," July 29, 1969, *FRUS*, 1969 – 1976, Vietnam, January 1969 – July 1970, Vol. 6, Washington, D. C.: United States Government Printing Office, 2006, p. 319.

③ 「日本・ビルマ　航空協定に仮調印　ラングーンに乗入れへ」、『朝日新聞（夕刊）』1971 年 6 月 7 日第 2 版。

④ 南東アジア二課：「総理御発言要領」、1971 年 12 月 6 日、『日・ビルマ関係［ネ・ウィン・ビルマ革命委員会議長夫妻訪日（非公式）]』、2016—2195。

⑤ 公团是指为推进公共事业，由政府全额出资或政府与地方公共团体共同出资设立的特殊法人。

⑥ 「ネ・ウィン議長日程」、1971 年 12 月、『日・ビルマ関係［ネ・ウィン・ビルマ革命委員会議長夫妻訪日（非公式）]』、2016—2195。

⑦ 「閣議決定資料　ネ・ウィン将軍の略歴」、1966 年 6 月、『ネ・ウィン・ビルマ革命評議会議長夫妻訪日（国賓）]』、2011—1427。

议资料，代表日本政府整体的观点。及至 1971 年，日本当局在邀请说明书中阐明了邀请奈温的理由："主席长年担任革命委员会主席，享有绝对的权力。因为战时的留日经历，所以主席对我国怀有较强的亲近感。在近年的经济重建工作上，缅甸的方针是以依赖我国的经济援助为主，以西德的为辅。"1972 年版本的简历在 1966 年版的基础上补充提到：由于赴日经历，奈温非常亲近、敬爱日本。同时，新简历删除了奈温的反日经历。① 概言之，日本从最初客观描述奈温与日本的历史联系，发展到选择性突出奈温的留日经历，进而推导出奈温亲日。在这样的认识下，日本便将奈温领导的缅甸视作"亲日国"。

至于"资源国"的认知，日本认为，从资源政策出发，有必要关注拥有丰富的石油、天然气等地下资源的缅甸。② 根据日本石油调查团、联邦德国石油调查团的调查结果，缅甸拥有开发海底石油的可能性。③ 1970 年 5 月 6 日，佐藤首相向来访的奈温表示，愿意协助缅甸的经济开发，特别是阿拉干海底石油和蒙育瓦（Monywa）铜矿的开发。④ 日本当局亦注意到 1970 年缅甸与西德签订的赠予与贷款协议，⑤ 分析指出，"西德以提供长期、低息贷款来确保缅甸石油和矿物资源开发为其援助战略，获得缅甸领导集团的好感，日本对此必须十分注意"⑥，显露出其对西德的竞争意识。日本不仅对缅甸

---

① 「ネ・ウィン議長略歴等」、1972 年 11 月、『日・ビルマ関係［ネ・ウィン・ビルマ革命委員会議長夫妻訪日（非公式）]』、2016—2195。

② 「ビルマの現状と日緬関係」、1971 年 12 月、『日・ビルマ関係［ネ・ウィン・ビルマ革命委員会議長夫妻訪日（非公式）]』、2016—2195。

③ 日本外务省协作局编：《缅甸自力更生的经济建设路线和日本的经济合作》，第 22 页。

④ 「首相、ネ・ウィン議長と会談」、『朝日新聞（夕刊）』1970 年 5 月 6 日第 2 版。

⑤ 南東アジア二課：「ビルマ経済の現状」、1970 年 12 月、『ビルマ経済関係雑件』第 5 巻、E – 0159。

⑥ 日本外务省协作局编：《缅甸自力更生的经济建设路线和日本的经济合作》，第 145 页。

的矿产资源有兴趣，还认为缅甸是一个拥有 2700 万人口的潜力市场。尽管日本关于缅甸调查报告的结论是 "日本不能够仅仅根据对自己有利的经济价值来考虑援缅的目的，必须迅速研究从缅甸以东的亚洲各国未来经济发展的结构来选择援缅的应有政策"①，但这仍可以证明日本认为缅甸是有经济价值的，援缅动机有经济利益的考量。

同一时期，缅甸经济发展陷入困境。缅甸是一个农业国家，75% 的劳动人口在从事农业生产。政府以低价收购农作物，重挫了农民的生产积极性。缅甸在独立之初是世界上主要的大米生产国和出口国，但到 1967 年其大米产量下降到几乎无法养活本国人民的程度，以致民怨日深。② 缅米减产，又遭遇美国、日本对外粮食援助挤占国际市场的冲击，导致缅米出口量在 1962—1972 年间减少了 1/3。同时，缅甸机械产品的进口额却大幅度增长，结果其国际收支情况急剧恶化。③ 为了摆脱经济困局，缅甸政府决心加速石油与矿产开发，并将此纳入 1971 年出台的第一个四年计划。1970 年 5 月 6 日，奈温向佐藤首相提出请求："冀望日本今后加强对于缅甸矿产资源和木材资源的开发援助，并缓和日本对缅贸易出超问题。"④

日本对缅甸是 "亲日国" 的认知与现实利益的需要推动了其对缅甸的经济援助。在石油开发上，1971 年 8 月，两国就马达班湾海

---

① 日本外务省协作局编：《缅甸自力更生的经济建设路线和日本的经济合作》，第 165—166 页。

② "Draft Memorandum From the Deputy Assistant Secretary of State for East Asian and Pacific Affairs (Berger) to the Assistant Secretary of State (Bundy)," December 13, 1967, *FRUS*, 1964 – 1968, Mainland Southeast Asia; Regional Affairs, Vol. 27, p. 251.

③ 缅甸的黄金与外汇储备：1965—1966 年度为 2.19 亿美元，1966—1967 年度 1.92 亿美元，1967—1968 年度 1.99 亿美元，1968—1969 年度 1.66 亿美元，1969—1970 年度 1.06 亿美元。1969—1970 年度，缅甸所持的外汇储备额仅能维持该年度的进口贸易额所需外汇额的 85%。日本外务省协作局编：《缅甸自力更生的经济建设路线和日本的经济合作》，第 17 页。

④ 「首相、ネ・ウィン議長と会談」、『朝日新聞（夕刊）』1970 年 5 月 6 日第 2 版。

底油田的勘探达成一致，日本给予缅甸 1000 万美元的贷款。从 1971年 12 月佐藤荣作会晤奈温的发言提纲来看，日本准备进一步提供石油开发援助。日本一方面认为缅甸是"亲日国"，有必要加强对缅援助；另一方面也试图让缅甸了解日本的对缅态度，拉近双边关系，进而确保缅甸将石油优先供应给日本。提纲指出："（奈温）主席是与日本缘分颇深的友人，日方充分理解这一立场。若石油开发进展到有出口余力之际，望（缅甸）按国际价格尽可能优先提供给日本。"① 1971 年 12 月 8 日的日缅领导人会晤中，佐藤荣作首相与福田赳夫外相都过问了此事。福田外相言道："听说这个海底油田很有希望。（日本）给予了 1000 万美元的援助用于调查。根据调查结果，（日本）愿意进一步提供协助。"之后，佐藤也询问了石油的情况："据闻（海底油田）会产出低硫黄的优质石油。"奈温答复称："陆地油田产出的是低硫黄石油，由此判断其延伸的海底油田也会产出同等优质的石油。"②

在 1971 年 12 月奈温访日期间，日本政府还约定向缅甸提供5600 万美元的日元贷款和 1500 万美元的商品援助。关于这两笔款项的用途，前者将用于援助缅甸的水泥、造纸、陶瓷、天然气涡轮动力机等"新四大项目"，回应同年 3 月缅甸的贷款申请；后者则是针对缅甸的紧急援助。1971 年 9 月，由于外汇储备急剧减少，缅甸政府请求日本提供 6000 万美元的外汇储备对策现金贷款（Cash loan）。日本以制度限制为由回绝了现金贷款。于是，缅甸政府转而提请两年期 5000 万美元的商品援助。③ 在此背景下，奈温于 11 月访英期间

---

① 南東アジア二課：「総理御発言要領」、1971 年 12 月 6 日、『日・ビルマ関係［ネ・ウィン・ビルマ革命委員会議長夫妻訪日（非公式)]』、2016—2195。

② アジア局南東アジア二課：「佐藤総理・ネ・ウィン・ビルマ革命委員会議長会談録」、1971 年 12 月 9 日、『日・ビルマ関係［ネ・ウィン・ビルマ革命委員会議長夫妻訪日（非公式)]』、2016—2195。

③ 「ビルマの現状と日緬関係」、1971 年 12 月、『日・ビルマ関係［ネ・ウィン・ビルマ革命委員会議長夫妻訪日（非公式)]』、2016—2195。

突然提出非正式顺访日本。刚上任的日本驻缅甸大使铃木孝判断，奈温的目的可能是以"休养旅行"为名，实则是为了向佐藤首相请求经济援助，拜托日本政府果断妥善处理。① 12 月 2 日，福田外相就经济援助问题致电铃木大使：正在努力一揽子处理项目援助及商品援助，尽可能在奈温主席来日前答复缅方。② 日本政府内部对此展开了研究与讨论。围绕"新四大项目"的 5600 万美元贷款，各部门之间较快达成了一致。但是在商品援助金额上，有若干不同声音，外务省的方案为 1400 万美元，大藏省主张 1000 万美元。于是，有关部门同时将两个方案呈请首相裁决。③ 最终在佐藤首相的特别裁决下，商品援助金额定为 1500 万美元，高于前述两个方案。在 12 月 8 日的两国领导人会谈上，佐藤向奈温通报了上述援助决定。④

随后，日缅两国政府分别在 1972 年 3 月、8 月签订两份协议，向缅甸提供 1500 万美元的商品贷款、5600 万美元的项目贷款，贷款条件均为年利率 3%、25 年偿还期。⑤ 从缅甸提出申请到日本同意，再到协议的签订，仅过去一年。对比 1969 年日元贷款长达四年的协商过程，日本此番的处理效率有明显的提升。除了日本援助政策与程序的改进、缅甸对于外国援助态度的改变等原因，日本对缅甸的

① 铃木大使：「ネ・ウィン議長の本邦立ち寄り」、1971 年 11 月 28 日、『日・ビルマ関係［ネ・ウィン・ビルマ革命委員会議長夫妻訪日（非公式）］』、2016—2195。
② 福田外務大臣：「ネ・ウィン議長の本邦立ち寄り」、1971 年 12 月 2 日、『日・ビルマ関係［ネ・ウィン・ビルマ革命委員会議長夫妻訪日（非公式）］』、2016—2195。
③ 「ビルマの現状と日緬関係」、1971 年 12 月、『日・ビルマ関係［ネ・ウィン・ビルマ革命委員会議長夫妻訪日（非公式）］』、2016—2195。
④ アジア局南東アジア二課：「佐藤総理・ネ・ウィン・ビルマ革命委員会議長会談録」、1971 年 12 月 9 日、『日・ビルマ関係［ネ・ウィン・ビルマ革命委員会議長夫妻訪日（非公式）］』、2016—2195。
⑤ 日本实际向缅甸提供的是 46.2 亿日元商品贷款、201.6 亿日元的项目贷款。两笔款项的汇率并不一致，前者 1 美元合 308 日元，后者 1 美元却合 360 日元。结合历史背景，此时的日元处于升值阶段。两笔款项适用不同的汇率应该是日缅两国为应对日元升值而商定的结果。「ビルマに 46 億の円借款供与」、『朝日新聞（朝刊）』1972 年 3 月 11 日第 9 版；M・C・吞：《经济合作》，《南洋问题资料》1974 年第 1 期。

认知从"日本通"领导的国家变成"亲日国"，也是日本更为积极回应缅甸请求的重要原因。

援助反过来进一步促进日缅关系的发展。对于日本的雪中送炭，奈温心情极佳，在访日期间反复表示感谢，回国后又单独宴请日本驻缅大使铃木孝。奈温面带喜色地称日本像是自己的第二故乡，还对天皇夫妇在英国遭遇的无礼之举表达了愤慨，[①] 批评英国已经舍弃绅士之道和好客精神，并邀请天皇夫妇在出访亚洲国家的时候顺访缅甸，展现出对天皇夫妇的尊敬态度。奈温也没有忘记旧友，决定以 1972 年 1 月 4 日的缅甸独立纪念日为契机，邀请缅甸独立军之父已故铃木敬司的遗孀和其他数名有关的日本人访缅。最后，奈温表示缅甸希望与所有国家保持友好关系，且不会接受社会主义国家的"诱惑"。[②] 奈温的一席亲日、拒共的发言通过日本大使传回了日本。由此可见，奈温的亲日态度与日本对缅甸的援助互为因果，形成了正向的互动关系。

第三节　田中内阁时期的对缅认知与援助

继佐藤荣作之后，田中角荣于 1972 年 7 月起担任日本首相。田中内阁时期，日本面临着一系列全球、地区的政治经济问题，既需要实现中日邦交正常化，也需要应对石油危机、东南亚反日浪潮。因此，有必要在全球与地区视野下审视日本的缅甸政策。田中内阁的缅甸政策是否仍然保持着对于缅甸是"亲日国"与"资源国"的认知，又是否有新的变化？

首先，国际与地区政治环境发生巨变。随着中美关系的缓和，

---

① 1971 年 9 月 27 日到 10 月 14 日，日本昭和天皇访问了比利时、英国、联邦德国，顺访了美国、法国、荷兰、丹麦、瑞士等国家。

② 鈴木大使：「ネ・ウィン議長のディナー」、1971 年 12 月 16 日、『日・ビルマ関係［ネ・ウィン・ビルマ革命委員会議長夫妻訪日（非公式）］』、2016—2195。

1972 年日本和中国实现了邦交正常化。在此之前，1971 年缅甸已经率先同中国改善了关系，国家领导人奈温访华。因此，中日邦交正常化没有对日缅关系形成冲击。不仅如此，邦交正常化以前，日本还试图从被称作"中国通"的奈温处获取有关中国的情报，为中日复交做准备。① 1973 年，美国与越南南、北方在巴黎签订《关于在越南结束战争、恢复和平的协定》，美军撤离越南。在和平的大环境下，缅甸先是引人注目地首次对越南停战发表了欢迎声明，倡议为了实现东南亚地区的永久和平而呼吁地区内各国召开会议，随后加入了日本创办的亚洲开发银行、东南亚开发部长级会议，外交活动愈发活跃。② 日缅两国在地区政治经济领域的合作越来越紧密。

其次，1973 年 10 月石油危机的爆发加剧了日本对于获取资源的紧迫感。石油危机以前，1973 年 2 月日本向缅甸提供了第 2 笔石油开发援助贷款 1000 万美元（30.8 亿日元）③，支付马达班湾石油开发工程所需设备的采购费和劳务费。④ 日本意图推进缅甸马达班湾（包括马达班盆地和伊洛瓦底盆地）的石油开发，以便能有效应对西德和美国公司挺进伊洛瓦底盆地石油开发的局面。⑤ 在获得日本贷款的同时，缅甸于同月宣布接受外国民间石油资本来实施国内石油的开发，借此解决经济停滞问题。日本媒体推测缅甸的意图："缅甸可

---

① 鈴木大使：「ネ・ウィン議長の本邦立ち寄り（要望）」、1971 年 12 月 4 日、『日・ビルマ関係［ネ・ウィン・ビルマ革命委員会議長夫妻訪日（非公式）]』、2016—2195。

② 南東アジア二課：「ネ・ウィン議長との会談用資料」、1973 年 4 月、『日・ビルマ関係［ネ・ウィン・ビルマ革命委員会議長夫妻訪日（非公式）]』、2016—2195；「ビルマ加盟を承認」、『朝日新聞（朝刊）』1973 年 4 月 28 日第 9 版；「地域協力を話し合い　きょうから東南ア開発閣僚会議　農業重視を強調へ」、『朝日新聞（朝刊）』1973 年 10 月 11 日第 11 版。

③ 3.0% 年利率，25 年偿还期限，非捆绑式。

④ 南東アジア二課：「ビルマの現状と日緬関係」、1973 年 3 月 12 日、『日・ビルマ関係［ネ・ウィン・ビルマ革命委員会議長夫妻訪日（非公式）]』、2016—2195。

⑤ 経協一：「対ビルマ石油開発借款について」、1972 年 11 月 9 日、『日・ビルマ関係［ネ・ウィン・ビルマ革命委員会議長夫妻訪日（非公式）]』、2016—2195。

能认为仅靠日本政府的贷款，（只能）逐个试掘，不仅耗时良久，而且不是一个可以保证未来贷款的方法。"① 同年 5 月，缅甸政府调整了过去的资助开发一元化方针，采取利润分配制的国际竞标措施，邀请日本、美国、西德等外国石油资本参加竞标。

石油危机爆发后，缅甸沿岸海底石油的开发备受各国的关心，加剧了日本在缅甸石油开发领域面临的竞争。日本、美国、英国、西德、澳大利亚等 40 多家国际石油公司涌入缅甸，为 1973 年 12 月缅甸石油的试掘权展开激烈争夺。当时，在日本贷款资助下的石油试掘工作一直都没有挖到油田，依然挡不住各国民间资本的热情。根据地质学者的调查，各种迹象显示缅甸确实存在海底石油。一位缅甸部长对外表示，"有证明石油 100% 存在的证据"。倘若这位部长所言非虚，就地质而言，该海底石油很有可能是低硫黄、品质较好的原油。这对于各国很有吸引力。②

面对激烈的竞争，日本石油开发公团担任日本方面的协调决策者，整合三井、三菱、住友三家公司，以半官半民一个国家一口井的方式来争取开发权利。1974 年 5 月 20 日，日本集团正式确定参加缅甸沿海的海底石油开发计划，同缅甸石油公团签约。日缅双方将在东京设立一家以日本石油开发公团为核心，三井石油开发、三菱石油开发、共同石油、石油资源开发等公司共同出资的新公司。日本集团获得了阿拉干地区的 3 个最有可能产出低硫黄、优质石油的海洋矿区。在此之前，4 月末美国、新加坡、中国香港地区的三家石油公司取得了 4 个矿区的开发契约。在日本集团签约后，缅甸还将与埃克森美孚、西德的石油开发公司展开谈判。③ 除了参与竞标，

---

① 「ビルマ沖の油田開発　日本の参加、来週調印　三鉱区で年末から試掘見通し」、『朝日新聞（朝刊）』1974 年 5 月 18 日第 7 版。

② 「石油危機　ビルマ沖に集まる目　激しい試掘権争い　有望・良質で一躍注目」、『朝日新聞（朝刊）』1973 年 11 月 23 日第 7 版。

③ 「ビルマ沖の油田開発　日本の参加、来週調印　三鉱区で年末から試掘見通し」、『朝日新聞（朝刊）』1974 年 5 月 18 日第 7 版。

日本积极开展外交活动，在领导人会谈上向缅甸表达协助石油开发的意愿。① 日本驻缅甸大使铃木也积极打探缅甸政府的意向，进行外交游说，争取在石油份额上获得优先权。②

再次，在东南亚反日浪潮中，日缅两国间保持着紧密友好的关系。日本在东南亚地区过度的经济扩张引发了泰国、印度尼西亚等东南亚国家的反日抗议活动。缅甸虽然限制外国民间的投资，但在经济开发上特别依赖日本的援助，还发生过日本商人行贿事件。从这个意义上说，日本对缅甸同样有相当大程度的经济渗透。③ 因此，缅甸国内亦有警惕日本援助的声音。1973年7月18日，缅甸革命委员会委员、"缅甸式社会主义"理论之父、合作社部部长吴巴迎（U Ba Nyein）在接受日本记者采访时对日本提出了批评意见：希望能得到有利于缅甸的援助，拒绝以谋取市场为目的的援助。日本对其他东南亚国家的经济目的"究竟有没有站在这些国家的立场上考虑，这是重大问题""假如真是为缅甸着想，日本还是放弃硬派大量商人过来的为好"。④ 但这股声音并不妨碍整体的日缅友好关系。

奈温的访日请求足见缅甸对日本的友好态度和倚重关系。1972年11月，奈温向日本政府提出访日请求，希望拜会和认识新任的田中首相。与奈温有亲密私交的铃木大使强烈请求日本政府实现这一会面。尽管田中在1973年4月的国会会期中公务繁忙，但外务省亚洲局东南亚第二课从"日缅特别亲密的关系""缅甸的动向对于亚洲政治局势的影响"和"缅甸石油资源的重要性"出发，认为田中

---

① 「65億円の借款供与　ビルマと首相合意_田中首相ビルマ訪問」、『朝日新聞（朝刊）』1974年11月8日第1版。

② 経協一：「ビルマ石油開発に関する鈴木駐ビルマ大使の補足説明」、1973年4月19日、『日・ビルマ関係［ネ・ウィン・ビルマ革命委員会議長夫妻訪日（非公式）］』、2016—2195。

③ Ｍ・Ｃ・吞：《经济合作》，《南洋问题资料》1974年第1期。

④ 「ビルマ　日本の経済進出批判　ウ・バ・ニエイン組合相語る」、『朝日新聞（朝刊）』1973年7月18日第7版。

首相与奈温主席会晤是适当的。① 上述理由反映出日本依然保持着关于缅甸是"亲日国"与"资源国"的认知。

日本外务省在准备缅甸领导人奈温访日的材料时指出："缅甸政府内很多重要人物在战时接受过日军教育，亲近日本。特别是奈温主席，与战时的日军教官以及战友们至今依然保持着亲密交往，每逢度日，必会与这些人叙旧。"② 除奈温以外，1972 年 4 月履新的缅甸外交部长觉梭曾于 1943—1945 年赴日本陆军士官学校留学，也是一个代表性人物。日缅历史联系仍构成了这一届日本政府对缅认知的重要组成部分。

除了历史联系，两国间的官民互访日益频繁。1972 年 7 月，日本医疗合作代表团访问缅甸。接着，日本牙科医疗合作代表团于 1973 年 2 月到访缅甸。4 月，以日本前通商产业相宫泽喜一为团长的外务省派遣文化使团接踵而至，与包括奈温在内的缅甸国家领导人举行了会谈。缅甸方面则有 1973 年 3 月以国家计划和财政部部长吴伦（U Lwin）为首的代表团访问日本，4 月缅甸领导人奈温接受田中角荣首相的邀请亲自到日本作了友好访问。③ 此外，1972 年底，缅甸首次允许日本学术调查队入境调查。1973 年 3 月 20 日，缅甸综合学术调查队在队长、鹿儿岛大学教授荻原弘明的带领下完成了对缅甸文化的 4 个月实地预备调查，于同日下午回国。荻原在机场表示："缅甸人非常亲日，政府机关也积极协助配合。在密支那发现了记录居民生活的古文书，调查取得很大的成功。"该团队将于 11 月赴缅甸展开正式调查。④

日缅间逐渐形成根植于两个国家官民之间的牢固友谊。1974 年

---

① ア東二：「ビルマ　ネ・ウィン議長の来日希望」、1972 年 11 月 11 日、『日・ビルマ関係［ネ・ウィン・ビルマ革命委員会議長夫妻訪日（非公式）］』、2016—2195。

② 南東アジア第二課：「ビルマの国情の概略」、1973 年 4 月、『日・ビルマ関係［ネ・ウィン・ビルマ革命委員会議長夫妻訪日（非公式）］』、2016—2195。

③ ［缅］M·C·吞：《经济合作》，《南洋问题资料》1974 年第 1 期。

④ 「予備調査終え帰国　ビルマ総合学術調査隊」、『朝日新聞（朝刊）』1973 年 3 月 21 日第 22 版。

11 月，田中角荣首相在访缅期间的宴会上致辞："日本与缅甸之间的关系是建立在国家各阶层之间的牢固友谊基础上的，拥有举世无双的亲密关系……那些曾经访问过贵国的日本人，都无一例外地被贵国的魅力所吸引，并视贵国为心灵的故乡。"① 前半句反映出日本领导人对于日缅特别亲密关系的认知，后半句则显示那些往返于日缅两国之间的日本人的认知与感受传递给了田中角荣。因此，缅甸的亲日形象已经逐渐从日本政府官员层面全面扩散到各个阶层之间，各个阶层的反应进一步巩固了日本领导人的缅甸观。

在日缅关系友好的大环境下，历史遗留的日军遗骸搜集问题浮出水面。遗骸搜集问题牵动着日本数千万旧军人、亲属以及其他相关人士的心。该问题是指日本搜集"二战"时期在外死亡军人的遗骸并带回故土。具体到对缅甸的遗骸搜集问题，如本书第二章所述，入侵缅甸的日军约 35 万人，其中有少则 16 万、多则 19 万人死亡。据日本厚生省的记录，有 8 万具遗骸在战争结束不久后由旧军人带回，但大多只是身体的很小一部分。② 关于旧战场的遗骸搜集，根据1953—1957 年第一次计划，日本派遣小规模的政府搜集团前往各地搜集，1956 年 1 月向缅甸派遣了约 10 人的小规模遗骸搜集团，展开形式上的搜集，带回 1321 具遗骸。此后，缅甸长期不允许日本遗骸搜集团入境。③ 缅甸人认为遗骸搜集不是佛教的习惯，对这种日本式的崇拜有所担忧。④ 此外，治安问题是另一大难题。日本军人死亡地点多位于叛军活动频繁的缅甸边陲地带。因此，到 1974 年以前，缅

---

① 「ビルマ側主催宴における田中内閣総理大臣挨拶」、1974 年 11 月 7 日、『田中内閣総理大臣演説集』、第 569—571 頁、「『世界と日本』データベース」政策研究大学院大学・東京大学東洋文化研究所。

② 「ビルマの遺骨 やっと本格収集へ 戦友、遺族ら百四十人 今秋にも出発」、『朝日新聞（朝刊）』1974 年 1 月 13 日第 18 版。

③ 「遺骨収集団をゲリラ銃撃 ビルマ 団員ら 10 人が負傷」、『朝日新聞（朝刊）』1976 年 4 月 10 日第 23 版。

④ 亜東二：「最近のビルマ情勢：高橋八郎氏内話」、1976 年 7 月 15 日、『アジア諸国政治（含、対日関係）（ビルマ）』、2010—0043。

甸成为除社会主义阵营国家以外、太平洋地区主要战场中唯一未被日本正式着手展开遗骸搜集工作之地。①

"二战"后，日本缅战旧军人自发、个别地在开展悼念亡者和搜集遗骸的活动。1955—1965 年，小规模的战友会如雨后春笋般生长、壮大，到 1965 年成立了统一的"缅甸英灵显彰会"。该会的活动随着 1970 年缅甸的开放、有可能入境而活跃起来。② 但日本厚生省认为已经实施了 20 多年的遗骸搜集，打算终止搜集工作。于是，日本遗族会与宗教团体组成"战殁者遗骸收集促进团体协议会"向厚生省陈情，"缅甸英灵显彰会"也加入到陈情中。1972 年，随着遗骸搜集呼声在日本全国范围内高涨，有关缅甸的多个战友会前往厚生省询问相关事宜。

在厚生省的倡议下，1973 年 7 月 21 日，缅甸方面的战友会合并组成了"全缅战友团体联络协议会"（全战协），会员约 7 万人。③ 之后，"全战协"反复向外务省、缅甸大使馆陈情。在"全战协"与遗属们的强烈希望下，1974 年 11 月，田中角荣首相在与缅甸领导人的会晤中提出此事，请求缅甸就日本在其西北部的日本军人遗骸搜集工作给予方便。最终，缅甸当局同意日本进入缅甸全国所有区域、自 1975 年起进行为期 3 年的遗骸搜集活动。④ 遗骸搜集是少有的日本有求于缅甸的事务。

日本继续在现实利益与历史影响的驱动下援助缅甸。缅甸国内经济依然停滞，特别是 1972 年以后当局对国产米的收购工作迟迟没

---

① 「ビルマの遺骨　やっと本格収集へ　戦友、遺族ら百四十人　今秋にも出発」、『朝日新聞（朝刊）』1974 年 1 月 13 日第 18 版。
② 植村肇：「ビルマを訪ねて——慰霊祭参加と戦跡巡拝に思う」、第 41—65 頁。
③ 全ビルマ会：「全ビルマ会経緯、沿革」、http：//www. birumakai. jp/% E7% B5% 8C% E7% B7% AF% E3% 83% BB% E6% B2% BF% E9% 9D% A9/，2021 年 5 月 30 日。
④ 「65 億円の借款供与　ビルマと首相合意_ 田中首相ビルマ訪問」、『朝日新聞（朝刊）』1974 年 11 月 8 日第 1 版；「ビルマへ遺骨収集団　戦友の『埋葬地図』頼りに」、『朝日新聞（夕刊）』1975 年 1 月 9 日第 6 版；「遺骨収集団をゲリラ銃撃　ビルマ　団員ら10 人が負傷」、『朝日新聞（朝刊）』1976 年 4 月 10 日第 23 版。

有进展，几乎没有余力出口缅米，1971 年 10 月启动的第一次四年计划也没有取得成功。为了顺利实现奈温政权的"还政于民"计划，缅甸亟须生活必需品来稳定民生。1973 年 3 月，以国家计划和财政部部长吴伦为首的代表团访问日本，寻求新援助。① 同年 7 月，日缅双方围绕 46.2 亿日元的第二次商品援助达成一致，日本于 9 月起开始向缅甸提供贷款。同时，日本还决定向缅甸提供 70 亿日元的贷款用于炼油厂建设。② 1974 年 11 月访缅期间，田中首相约定向缅甸提供第三次商品援助，总额为 65 亿日元贷款（2.75% 年利率、30 年偿还期）。这次商品援助是针对炼油厂、纸浆工厂项目的追加贷款。另外，为了纪念这次访问，田中承诺向缅甸外国语学院赠送日语教育的视听器材。③ 1975 年 1 月，日本如约赠送一套直观语言教学设备给缅甸外国语学院。这套设备价值约 10 万美元，对该学院的学生学习日语有很大裨益。日本驻缅甸大使有田武夫评论：这将有助于加强缅甸和日本之间的友谊与理解。④ 6 月 18 日，日缅两国政府就达成的 65 亿日元商品贷款换文。这是日本向缅甸提供的第三笔，也是数额最大的一笔商品援助。这笔贷款将通过日本海外经济协力基金发放给缅甸。贷款条件放宽，缅甸通过贷款不仅可以购买日本的物资，而且可以向其他发达国家采购。⑤ 除有偿援助以外，1974 年 8 月，日本无偿援助 600 万日元现金，慰问遭受了洪灾的缅甸。⑥

---

① 　南東アジア二課：「ビルマの現状と日緬関係」、1973 年 3 月 12 日、『日・ビルマ関係 [ネ・ウィン・ビルマ革命委員会議長夫妻訪日（非公式）]』、2016—2195。

② 　通商産業省通商政策局編：『経済協力の現状と問題点』、東京：通商産業調査会、1976 年、第 389 頁。

③ 　「65 億円の借款供与ビルマと首相合意_田中首相ビルマ訪問」、『朝日新聞（朝刊）』1974 年 11 月 8 日第 1 版。

④ 　[缅] M・C・呑：《日本和缅甸：从贸易得到好处》，《南洋资料译丛》1976 年第 3 期。

⑤ 　「ビルマに 65 億円の商品借款」、『朝日新聞（朝刊）』1975 年 6 月 19 日第 9 版。

⑥ 　通商産業省通商政策局編：『経済協力の現状と問題点』、東京：通商産業調査会、1976 年、第 389 頁。

小　结

　　历史影响与现实的环境、利益相互交织，共同促使日本全面展开对缅甸的经济援助。在石油危机的大背景下，日本对于能源资源的渴望促使其加强在缅甸资源开发上的布局与投入，也更为重视对缅甸的政策与援助，以应对其他国家及企业的竞争，争取经济利益。同时，在国内旧军人、家属以及相关人士的推动下，日本政府着力解决日军遗骸搜集这一历史遗留问题，争取到缅甸政府对于日本在缅展开大规模遗骸搜集工作的许可。缅甸为了摆脱自身的经济困局，亦试图以友好的言行来深化日缅关系，进而谋求日本的援助。其中，缅甸领导人奈温身为"二战"历史的亲历者，在会晤日本领导人时，多次分享历史回忆，拉近了同日本领导人的关系，并"印证"了日本的历史认识，进而影响日本的缅甸观。日本的缅甸观遂形成了缅甸及其领导人立场亲日的认知。在此基础上，佐藤荣作与奈温建立了良好的私交，继任的田中角荣亦称日缅两国间具有"举世无双的亲密关系"。

第 七 章

"准东盟国家"认知下的 70 年代中后期日本对缅援助

前四章梳理了历史影响的途径，并注意到古今因素交互作用于日本的缅甸政策。历史载体与准载体有时需要现实的条件和环境才能起作用，有时会与现实因素共同影响外交政策。同样的，历史影响的结果在输出方式与内容上，亦会受到现实的政治、经济等多方面因素的影响。一方面，国际与地区局势的演变继续促使日本调整外交政策，进而改变了对外援助政策。20 世纪 70 年代中后期，东盟作为地区性合作组织的影响力不断提高，使得日本重视对东盟国家的关系以及经济援助。另一方面，石油危机带来的经济危机与国家财政压力、南北问题与国际援助理念的演变都向日本的对外援助提出了更多的要求。在新的内外局势之下，日本如何看待缅甸，又是如何处理对缅关系与援助？

第一节 "亲日的准东盟国家"：日本对缅甸的新认知

1975 年，北越攻陷西贡，实现越南统一，越南战争落幕。随着印度支那局势日趋明朗以及美国在东南亚地区的势力衰退，东盟国家更加团结，首次举行领导人峰会。但是好景不长，1978—1979 年，越南入侵柬埔寨、中国对越自卫反击战、苏联入侵阿富汗和第二次石油危机等一系列事件的发生，塑造了后越战时期的亚太政治与经济格局，对东南亚国家和日本的外交产生了深远的影响。就日缅关系而言，从 1977 年日本首相福田赳夫访缅到 1981 年奈温访日，两国领导人间频繁会晤，关系特别密切。同时，由于日本愈发重视东盟的存在，缅甸与东盟的关系成为日本外交的新议题。

日本依旧认为，缅甸及其领导人的立场是亲日的。1977 年 8 月，福田赳夫首相访问东南亚国家后，日本外务省总结了对于东南亚各国的印象，提到五个东盟国家的对日态度比 1974 年田中首相访问时更为友好，但没有给出"亲日"的评价，唯独在提及缅甸时指出其领导人奈温亲日。[1] 1980 年 8 月，日本外务大臣伊东正义访缅并与奈温总统举行了会谈。事后，8 月 29 日伊东在向外务省报告会谈内容的时候提到："会谈始终洋溢着友好气氛，（我）不时感受到亲日之情。"[2]

上述的亲日印象很大程度上源于缅甸对日本的宽恕与友善态度，特别是缅甸肯定日本对于其独立的"贡献"。1977 年 8 月 10 日，当福田谈到日本发动战争给缅甸带来很大麻烦的时候，奈温反而为日军开脱："关于日军行为，即使是正常人也会有失去判断力的时候……缅甸人民的复仇情结弱，随着战争的结束便放下了。因此，现在的缅甸领导人乃至于普通人民都忘记二战的经历了吧。"不仅如此，奈温还赞扬日本对于缅甸独立的"贡献"："正因为日本的帮助，（我们）才取得了独立的胜利。军事训练也依靠日本。这是日本

① 外務省：「福田総理の東南ア歴訪の成果」、1977 年 8 月 19 日、『日・ビルマ関係（福田総理東南アジア諸国訪問）』、2011—0727。

② 小室大使：「イトウ外務大臣のアジア諸国訪問」、1980 年 8 月 29 日、『伊東外務大臣アジア諸国訪問』、外務省外交史料館、2014—2885。

对缅甸的重要贡献。"① 奈温与伊东的会谈亦是如此。奈温重复了感恩与宽恕的论调："缅甸的独立多亏了日本。尽管日本人的所作所为善恶参半，但是我们让坏的方面像流水般过去，只记着好的方面，不忘记日本的恩情，希望强化两国间的羁绊。"② 这不只是奈温一个人的说法或者示好表态。1980 年 8 月，日本驻缅甸大使小室和秀向伊东外相报告缅甸广泛存在亲日感情。③ 1981 年 1 月 4 日，缅甸向原日本陆军"南机关"六位成员，就他们在"二战"中为缅甸独立所做出的"贡献"，颁发最高荣誉勋章"昂山旗"。④ 日缅两国间围绕"历史"的互动巩固了日本领导人心目中缅甸的亲日形象。

缅甸的亲日态度继续成为日本援助缅甸的重要动力。1981 年 8 月，日本两位众议员早川崇、汤川宏（Yukawa）出访缅甸，同缅甸外长礼貌（Lay Maung）举行会谈。外长同样是一套宽恕与感恩说辞："大多数缅甸人民不恨二战时期日军在缅甸的所作所为，反而本着佛教理念，原谅了日本。在这一点上，（缅甸）与其他一部分东南亚国家的对日态度不同……在缅甸独立上，缅甸人民对日本的襄助深表感谢。"两位议员听完后，表示会跟铃木善幸首相反应，"我们认为今后日本有必要进一步加强对缅甸的经济援助，同援助东盟一样"。⑤ 翌年 6 月，日本外务省在分析日本援助缅甸的原因时，特别提到日缅关系的特殊性："前总统奈温、总统山友、总理貌貌卡

---

① 有田大使：「フクダ総理とネ・ウィン大統領との会談」、1977 年 8 月 11 日、『日・ビルマ関係（福田総理東南アジア諸国訪問）』、2011—0727。

② 小室大使：「イトウ外務大臣のアジア諸国訪問」、1980 年 8 月 29 日、『伊東外務大臣アジア諸国訪問』、2014—2885。

③ 「東南アジア地域臨時大使会議（議事録等送付）」、1980 年 10 月 8 日、『伊東外務大臣アジア諸国訪問』、外務省外交史料館、2014—2886。

④ 「旧日本兵に最高称号　ビルマ（独立に貢献）」、『朝日新聞（夕刊）』1981 年 1 月 5 日第 10 版。六位老兵分别是：杉井満、水谷伊那雄、川島威伸、泉谷达郎、高橋八郎、赤井八郎。而"昂山旗"是当时缅甸最高荣誉勋章。

⑤ 橘大使：「早川衆議院議員他の訪メン（外相との会見）」、1981 年 8 月 22 日、『ビルマ外交（含、対日関係）』、外務省外交史料館、2014—0233。

(Maung Maung Kha)、副总理吴东丁（Tun Tin）等缅甸领导人，无一例外都在'二战'中接受过日军的教育，与我国有着特殊关系，亲近我国。同时，普通百姓由于日本的经济与技术援助，也有强烈的亲日之情。"① 在"亲日国"的认知下，日本结合自身的利益诉求，进一步增加了对缅甸的经济援助。

日本对缅甸的友好政策以及经济援助收获了缅甸的部分回馈。首先，在政治外交上，当1980年日本竞选联合国安理会非常任理事国并寻求缅甸支持之际，缅甸政府愉快地答应了请求。缅甸外长礼貌表示："日本是缅甸最大的援助国，两国间有着亲密的双边关系。（缅甸）理应投票支持日本。今后若有同样的机会，（缅甸）亦会为日本投票。"② 除此以外，缅甸所能提供的外交支持极为有限。奈温政权奉行消极的中立主义外交政策，对外国特别是大国有着强烈的猜疑，担忧国内异见人士、叛军勾结外国势力，故避免卷入外国事务。③ 例如关于柬埔寨在联合国的代表权问题，日本曾提请缅甸支持波尔布特政权。缅甸既反对越南扶植的政府，又不愿意支持波尔布特政权，最终在联合国大会上投下弃权票。④ 作为缅甸的第二大援助来源国联邦德国的观点也能佐证这一点。从德方来看，由于缅甸消极封闭的外交立场，德国的地区政策难以指望缅甸发挥什么特别的作用，或者赋予缅甸的存在以特别的意义，"非要说的话，缅甸的稳定对于地区整体的稳定很重要"。⑤

---

① 外務省：「決裁書　対ビルマ1982 年度円借款供与方針（案）」、1982 年 6 月 28 日、『援助国会議/対ビルマ』、外務省外交史料館、2016—0458。

② 小室大使：「外務大臣のアジア諸国訪問（ビルマ外相との会談）」、1980 年 8 月 28 日、『伊東外務大臣アジア諸国訪問』、2014—2885。

③ 有田大使：「総理の東南アジア諸国訪問（資料作成）」、1977 年 7 月 15 日、『有償資金協力/対アジア』、2013—1710。

④ 橘大使：「レイー・マウン外相に対する本使着任あいさつ」、1980 年 11 月 14 日、『ビルマ外交（含、対日関係）』、2014—0233。

⑤ 吉野大使：「当国の対ビルマ政策」、1981 年 3 月 24 日、『ビルマ外交（含、対日関係）』、2014—0233。

　　其次，在经济利益上，虽然石油产量有限，但缅甸在实现盈余后优先将石油提供给了日本。1977 年以前，缅甸每年不得不花费高达 1.5 亿缅元来进口石油。70 年代初，外国石油公司曾争先恐后参与到缅甸的近海石油开采权的争夺中。但随着 1976 年近海石油开采的失败，外国石油公司纷纷退缩。① 缅甸只能寻求日本的支援。此后在日本的援助下，缅甸的石油产量逐年缓慢提高，到 1979 年有了 100 万桶的盈余。同年，日本的石油供给受到伊朗局势的冲击。在此背景下，1979 年 9 月 28 日，缅甸和日本三菱石油公司签约，战后首次向日本出口 100 万桶石油。这批石油是低硫黄、质量佳的轻质油，且价格低廉。② 1980 年，日本外相伊东访缅的时候专门请求缅甸给予特别关照，将石油优先出口给日本。缅甸政府肯定日本在其石油生产上的贡献，承诺会优先提供给日本。然而，缅甸海底油田的开发历经 10 年仍未取得成功，石油产量有限，多数情况仅够国内消费。因此，日本主要在乎的不是眼前的石油，而是缅甸天然资源开发的巨大可能性，争取在潜在的资源国缅甸获得发言权。至于经贸关系，日缅间的贸易量小，缅甸对于日本而言不是重要的市场。而缅甸由于其外资政策的模糊与限制，始终没能成为外国投资的热土。

　　再次，在历史文化上，缅甸照顾了日本对于搜集遗骸和纪念亡者的心愿。1976 年，奈温总统向高桥八郎就遗骸搜集问题展示了理解的态度："国家与民族不同，当然就会有各种的差异。若日本人希望认领遗骸的话，那就是有价值的。"③ 1977 年 8 月，日本首相福田赳夫就缅甸同意日本在缅展开遗骸搜集活动向缅方致谢，还在到访日本人墓地时亲自指示，在这片有 16 万亡者的地方，希望将此墓地

---

　　① Aung Kin, "Burma in 1979: Socialism with Foreign Aid and Strict Neutrality," *Southeast Asian Affairs*, 1980, pp. 93 – 117.

　　② 「ビルマ原油　戦後初輸入　三菱石油が契約」、『朝日新聞（朝刊）』1979 年 9 月 28 日第 9 版。

　　③ 亜東二：「最近のビルマ情勢：高橋八郎氏内話」、1976 年 7 月 15 日、『アジア諸国政治（含、対日関係）（ビルマ）』、2010—0043。

建设成公园那般，并在墓地内寻合适的地方建立和平之塔，作为日缅友好纪念碑。随行的包括外相在内的三位部长以及三位国会议员均表示赞同首相的想法。之后和在缅日本人恳谈的时候，福田重申希望气派地修葺墓园。①

然而，"和平之塔"想法的落实并不顺利。起初，随行的稻村议员提议，由福田首相担任总裁、驻缅大使出任委员长，委员则由这次同行的三位部长以及三位国会议员担任，组成和平之塔设立委员会。鉴于首相亲自下的命令以及高层的关注，有田武夫大使认为有必要尽快着手此事，马上跟缅甸政府商议土地在内的相关细节问题。但缅甸当局一直不予许可。直到福田亲自致信奈温后，日缅双方才在碑的名称、形式和建设场所等问题上达成妥协。② 耽搁了两年半后，"和平之塔"从1980年3月起开建，到翌年3月落成。塔的形制从原先的日式慰灵塔（忠魂碑）变成了四角形的白色大理石"和平纪念碑"。1981年3月28日，日本政府主办了"和平纪念碑"落成追悼仪式。日本天皇、皇后以及首相都以献花的形式奉上了供品。

纪念碑的树立同样是日本"全缅战友团体联络协议会"努力的目标之一。该协会与日本政界有着一定的联系，第二任会长龟冈高夫曾任农林水产大臣。"二战"时期，龟冈所属的部队曾入侵印度尼西亚、缅甸等地，故他与缅甸也有一定的历史渊源。当"和平纪念碑"建成后，"全缅甸战友联络协会"也派遣巡访团出席了日本政府主办的落成仪式。该协会还专门向在遗骸搜集时提供协助的缅甸官民表示感谢并赠送礼物。在1981年4月15日奈温访日之际，"全战协"会长、飞岛建设社长飞岛齐就缅方的协助当面向奈温致谢。③

与此同时，日本的东南亚政策越来越重视东盟。东盟成立之初，

① 有田大使：「平和のとうの建設」、1977年8月15日、『日・ビルマ関係（福田総理東南アジア諸国訪問）』、2011—0727。
② 南東アジア第二課：「外務大臣訪緬発言骨子（案）」、1980年8月7日、『伊東外務大臣アジア諸国訪問』、2014—2885。
③ 植村肇：「ビルマを訪ねて——慰霊祭参加と戦跡巡拝に思う」、第41—65頁。

徒有地区组织之名而无其实，且推出中立化宣言与美日安保关系相抵牾，以致日本并不重视东盟。① 及至越南战争落幕，东盟国家在此契机下于 1976 年 2 月 23 日首次举行了首脑会议，并通过了《东南亚友好合作条约》和《东盟协调一致宣言》。日本肯定越战后东盟作为仅由东南亚国家构成的、自主的地区合作组织的价值，愈加重视和东盟的关系。再者，东盟国家在矿产资源上的优势、域内马六甲海峡的地缘重要性，均是日本不能忽视的因素。日本外务省指出："我国主要通商线路途经马六甲海峡，包括 80% 的进口原油、40%的一般贸易。故东南亚地区的稳定与这个地区是否存在亲日政权，对于我国而言具有攸关存亡的重要性。"② 福田内阁从日本是"亚洲的一员"的身份出发，提出日本有责任为东南亚地区的稳定与繁荣积极做出贡献，保持同东盟的友好关系以及巩固东盟国家的非共产主义体制，并试图缓和东盟与印度支那国家之间的高度紧张关系。③根据 1977 年福田赳夫在东盟领导人峰会上的发言、1980 年的东南亚地区临时大使会议精神，日本在推进经济援助倍增计划时，将东盟国家列为最重点援助对象。④

日本并没有因此忽视缅甸，反而在一定程度上将缅甸视为"准东盟国家"。首先从日本的外交蓝皮书《我国外交的近况》⑤ 来看，1974 年版的蓝皮书将东南亚国家划分为"印度支那半岛"与"其他东南亚"。缅甸同印度尼西亚、菲律宾、马来西亚、新加坡四国

---

① 宫城大蔵編：『戦後日本のアジア外交』、第 159—160 頁。

② 外務省アジア局：『対 ASEAN 外交推進の意義』、1977 年 7 月 14 日、『ASEAN 文化基金』、2010—3453。

③ 外務省アジア局地域政策課：「日本・ASEAN 関係の経緯と現状」、1977 年 5 月 10 日、『ASEAN 文化基金』、2010—3453；宫城大蔵編：『戦後日本のアジア外交』、第 163 頁。

④ 「東南アジア地域臨時大使会議（議事録等送付）」、1980 年 10 月 8 日、『伊東外務大臣アジア諸国訪問』、2014—2886。

⑤ 外務省： 『わが外交の近況』、https：//www.mofa.go.jp/mofaj/gaiko/blue-book/，2021 年 5 月 30 日。

一起属于"其他东南亚"版块。到 1975 年版的《我国外交的近况》，日本外务省将前述的版块名称改为"印度支那半岛"和"东盟诸国及缅甸"，同时将"泰国"从前一板块移至后一板块。此后，从 1976 年版到 1987 年版为止，《我国外交的近况》一直将"缅甸"与"东盟国家"分在一起。然后，在领导人出访上，1977年福田首相出访东南亚国家，除参加东盟国家领导人峰会、访问东盟国家外，仅到访了缅甸。翌年，福田派遣对外经济担当大臣牛场信彦赴东南亚国家说明七国集团波恩峰会的情况。在东南亚行程中，牛场分别前往了东盟五国与缅甸。① 由此可见，在日本的东南亚政策中，缅甸与东盟国家属于同一方阵。1981 年 6 月 18 日的一份日本外务省文件明确指出："缅甸在我国的亚洲外交中，应该说处于'准东盟'国家的地位。"② 日本驻缅甸大使有田亦曾提出，推动缅甸加入东盟作为日本的长期政策目标是极为有价值的。③ 而为何是有价值的，自然在于缅甸是"亲日国"，缅甸加入东盟有助于维护日本在东南亚地区的利益。

缅甸坚持不结盟的中立主义立场，坚决反对"准东盟国家"的身份定位。在不结盟的中立主义外交方针下，缅甸拒绝加入任何政治集团。尽管收到东盟成员国各种加盟邀请，缅甸始终不为所动。缅甸希望不仅跟东盟国家，还同印度支那国家保持平等、友好的关系，主张和东盟、印度支那国家的关系同等重要。④ 当时以越南为中

---

① 亜東 2：「牛場大臣の東南アジア訪問」、1978 年 8 月 10 日、『牛場大臣 ASEAN 各国訪問』、外務省外交史料館、2010—0039。

② 外務省：「決裁書　第 5 回対ビルマ世銀 CG の本邦開催」、1981 年 6 月 18 日、『援助国会議／対ビルマ』、2016—0458。

③ 有田大使：「対アジア太平洋に関する豪州の提言」、1976 年 11 月 3 日、『アジア諸国政治（含、対日関係）（ビルマ）』、外務省外交史料館、2010—0045。

④ 有田大使：「最近のアジア情勢に対するビルマの見方」、1976 年 12 月 2 日、『アジア諸国政治（含、対日関係）（ビルマ）』、2010—0045；有田大使：「総理の訪メン（当地反応）」、1977 年 8 月 5 日、『日・ビルマ関係（福田総理東南アジア諸国訪問）』、2011—0727。

心的印度支那国家对东盟的性质持怀疑态度。[①] 缅甸由此更加不愿意加入东盟，甚至极度讨厌"准东盟国家"的身份，强烈担心福田首相访缅会要求缅甸加入东盟。[②] 1977 年 8 月 5 日，日本驻缅甸大使馆向缅甸外交部国际组织经济总局官员求证：据缅甸新闻消息，缅甸政府内部对于福田首相在东盟以外为何仅仅选择访问缅甸存有疑问。缅甸方面坦率地承认，不希望日本将缅甸与东盟放在一起是事实。随后，该官员极力想撇清同东盟的关系，特别指出缅甸的战略位置与东盟国家不同，"我们与中印两大国有漫长的边界，还有孟加拉国那样人口过度密集的邻国"。[③] 在"等距离"外交之下，缅甸一方面不加入东盟，另一方面努力与东盟国家、越南保持相对良好的关系。1980 年 8 月，缅甸提出将派遣观察员出席下一届东盟外长会议。[④] 1981 年 10 月，缅甸外长漆莱（Chit Hlaing）对越南进行了友好访问。

日本政府试图借助缅甸的中立地位，对越南展开游说攻势。鉴于缅甸既与东盟国家保持着良好关系、又与印度支那国家关系紧密，日本认为缅甸可以在改善东盟和印度支那国家间关系上发挥很大的作用。日本驻缅甸大使橘正忠建议："居于这样特殊地位的缅甸，可以公平又坦率地向东盟国家、印度支那国家双方陈述意见，即缅甸能够在双方间担当重要的沟通桥梁角色。当遇到不适合由我国乃至东盟国家直接向印度支那国家提出的事项，可以通

---

① 有田大使:「対アジア太平洋に関する豪州の提言」、1976 年 11 月 3 日、『アジア諸国政治（含、対日関係）（ビルマ）』、2010—0045。

② 有田大使:「総理の訪メン（当国反応）」、1977 年 8 月 5 日、『日・ビルマ関係（福田総理東南アジア諸国訪問）』、2011—0727；有田大使:「フクダ総理の訪メンの成果とアジア外交（所感）」、1977 年 8 月 22 日、『日・ビルマ関係（福田総理東南アジア諸国訪問）』、2011—0727。

③ 有田大使:「総理の訪メン（当国反応）」、1977 年 8 月 5 日、『日・ビルマ関係（福田総理東南アジア諸国訪問）』、2011—0727。

④ 「対外応答要領」、1980 年 8 月 20 日、『ビルマ外交（含、対日関係）』、2014—0233。

过缅甸来游说对方。"① 因此，1981 年 1 月，日本政府在获悉缅甸外长即将访问越南的消息后，立刻向缅甸当局提出请求，快速实现了两国外长在泰国的会晤。② 1 月 20 日的会谈上，日本外相伊东正义提请漆莱外长游说越南改善同中国的关系："鉴于中越关系的恢复有助于亚洲的和平，双方应该为改善关系而努力。（日方）希望缅甸对越南直言相告，请后者为和平做出努力。"缅甸外长漆莱在拒绝直接游说的情况下，表示会找机会、以间接方式促请越南与中国改善关系，指出"缅甸与中国间也存在过问题，但曾谋求改善关系""与中国对立百害而无一利"。③ 不过，缅甸的积极外交只是昙花一现，很快又回归消极的中立主义外交。

综上所述，对于日本而言，缅甸在政治外交上仅能给予日本有限的支持、矿产资源开发亦只是具有潜力，无论如何都难以同东盟相提并论。即便如此，日本仍给予缅甸"准东盟"国家的定位，认为缅甸和东盟国家同样重要，加强援助缅甸力度。这侧面印证了日本基于历史联系、现实互动形成的缅甸观，一定程度上在日本的缅甸政策及对缅援助上发挥了较大的作用。

第二节　日本援助理念的变化与 援缅内容的调整

从 20 世纪 70 年代中期起，日本对缅甸的经济援助在量与质

---

① 有田大使：「対アジア太平洋に関する豪州の提言」、1976 年 11 月 3 日、『アジア諸国政治（含、対日関係）（ビルマ）』、2010—0045。

② 橘大使：「総理のＡＳＥＡＮ諸国訪問（外相日程）」、1981 年 1 月 15 日、『ビルマ外交（含、対日関係）』、2014—0233；「けさビルマ外相と会談　伊東外相」、『朝日新聞（朝刊）』1981 年 1 月 20 日第 2 版。

③ 小木曽大使：「イトウ外務大臣のビルマ外相との会談」、1981 年 1 月 20 日、『ビルマ外交（含、対日関係）』、2014—0233。

方面都有显著的变化。从"量"的方面来看,日本推出了政府开发援助倍增计划,成倍增加对外援助。出于缅甸的亲日立场及其他政治、经济因素的考虑,日本增加了对缅甸的援助,并给予缅甸"年次贷款对象国"(annual-based loan recipient)的头衔。缅甸每年只要向日本政府提出日元贷款申请,日方将就此加以研究并给予援助。"年次贷款对象国"一般都是在日本的援助政策上占有重要地位的国家。[①] 至于"质"的变化则与日本在同时期援助理念的转变紧密相关。此前,日本的援助更为重视生产援助、资源开发援助,例如支援缅甸的四大工业项目与石油、铜矿的开发。因此,当面对缅甸提出非生产类的援助请求时,日本显得有些为难。1977年2月24日,缅甸教育部官员提请日本为当地的职业教育提供机械器材和派遣指导教官。日本大使的回应是日本政府很少提供教育援助。在这种情况下,缅甸官员只得将这个项目往经济价值上靠,指出这并非是纯粹的教育项目,强调其经济效益的一面。[②] 在外部因素的推动下,日本的援助理念与方向发生了较大转变,大体上可以被归纳为以下三点:增加无偿援助、认可人类基本需求(Basic Human Needs,BHN)的援助理念和重视援助效率。下文将先梳理日本援助的变迁,再来考察新理念对日本援助缅甸特别是对四大工业项目的影响。

首先,日本着手增加无偿援助。在对外经济援助计算上,日本一直将战争赔偿与准赔偿作为无偿资金援助计入其中。随着赔偿的减少、结束,日本的无偿援助在整体经济援助中的比重势必会不断下降。1975年日本的政府开发援助中,无偿援助比例为39.9%,远低于17个发达国家66.2%的平均水平。[③] 1976年对菲律宾的战争赔

---

① 张光:《日本对外援助政策研究》,第105—106页。

② 有田大使:「教育関係援助要請」、1977年2月25日、『一般無償援助/対ビルマ(昭和53年度)』、外務省外交史料館、2012—1995。

③ 「(解説)戦争賠償終わる 一人が五千円を負担 日本経済復興にも効果」、『朝日新聞(朝刊)』1976年7月23日第4版。

偿、1977 年对缅甸的准赔偿先后到期，日本的对外援助正式进入了后赔偿时代。在南北问题的热度不减、其他发达国家与发展中国家施压的背景下，日本政府研究决定有必要进一步增加无偿经济援助。①

其次，日本认可了人类基本需求（BHN）的援助理念，开始加强这一领域的援助。1977 年 8 月 7 日，福田首相在和东盟五国领导人的会谈中指出了日本对外援助的新方向：迄今为止的经济援助偏重于工业开发领域，今后有必要关照农业、医疗、教育等领域。② 当时，负责发展中国家援助问题的国际机构发展援助委员会（Development Assistance Committee）内部有理论之争。其一是欠发达国家（Least-developed country）以经济发展为导向型理念，认为援助旨在帮助欠发达国家的工业化，通过发展来做大蛋糕。但有意见指出实践层面上并不顺利。其二是发展仅造福了上层，没有惠及底层。因此，该观点主张援助底层，重视人类基本需求。围绕第二点，发展援助委员会中的成员国有不同的看法，没有达成一致的意见。部分被援助国也提出：本国的"人类基本需求"应靠自己而非发达国家的帮助，更希望发达国家提供工业化援助。日本政府注意到"人类基本需求"型援助的发展趋势，但认为，发达国家不应将"人类基本需求"的理念强加给欠发达国家。于是，日本在维持支援被援助国的工业发展模式的同时，肯定了"人类基本需求"理念，打算根据被援助国的需求推进"人类基本需求"型援助。③

---

① 「貿易面での対 ASEAN 協力」、1977 年 7 月 6 日、『有償資金協力/対アジア』、2013—1710；アジア局地域政策課：「昭和 52 年度東南アジア・太平洋地域大使会議議事要録」、1978 年 1 月、『ASEAN 文化基金』、2010—3453；「外相、南西ア外交団と懇談」、『朝日新聞（朝刊）』1981 年 7 月 7 日第 2 版。

② 原大使：「日本・ASEAN 首のう会議」、1977 年 8 月 8 日、『ASEAN 文化基金』、2010—3453。

③ アジア局地域政策課：「昭和 52 年度東南アジア・太平洋地域大使会議議事要録」、1978 年 1 月、『ASEAN 文化基金』、2010—3453。

　　日本增加了对缅甸的无偿援助，并将"人类基本需求"型与技术援助定为援助的重点。1975 年 8 月 16 日，日本同意向缅甸提供 7 亿日元的无偿援助，用于仰光生物化学研究所。这是日本在医学领域上提供的第一笔援助、也是赔偿以外日本对缅甸的第一次无偿资金援助。① 1977 年 7 月 11 日，日本驻缅甸大使有田武夫致电外务大臣表示：纵观最近的世界趋势，对发展中国家的援助，比起纯经济开发项目，发达国家更应致力于有助于直接提高百姓社会福利的项目。当前，缅甸的药品严重匮乏，国内市场充斥着假货。鉴于此，有田大使提议日本援助缅甸的制药项目。② 随后，时任日本首相福田赳夫公开表明了对于制药项目的全面支援意愿。③ 同年 8 月，福田在访缅之际还向缅甸做出承诺：日本政府准备提供最多 6 亿日元的无偿援助，帮助缅甸实现粮食增产。④ 1978 年 8 月，日本政府又批准向缅甸提供最多 5 亿日元的无偿教育援助。

　　除此以外，日本亦增加了对缅甸的无偿技术援助。例如交通方面，缅甸计划在伊洛瓦底江上建桥，旨在改善伊洛瓦底三角洲地区东西方向的交通。为了实现上述计划，缅甸迫切需要桥梁建设领域的专家。1975 年 5 月，缅甸政府请求日本为缅甸的桥梁建设计划提供技术援助。日本于 1976 年 11 月末派出调查团，就援助展开了可行性研究。最终，调查团判断设置缅甸桥梁技术训练中心对于缅甸的经济开发以及桥梁技术人员培育是必要的、极为有意义的。⑤

---

　　① ［缅］M·C·吞：《日本和缅甸：从贸易得到好处》，《南洋资料译丛》1976 年第 3 期。

　　② 有田大使：「薬品工場建設プロジェクト」、1977 年 7 月 11 日、『有償資金協力/対アジア』、2013—1710。

　　③ 「外資導入再開へ　薬品合弁日本が全面協力」、1977 年 8 月 10 日、『日・ビルマ関係（福田総理東南アジア諸国訪問）』、2011—0727。

　　④ 有田大使：「総理、マウン・マウン・カー首相会談」、1977 年 8 月 11 日、『日・ビルマ関係（福田総理東南アジア諸国訪問）』、2011—0727。

　　⑤ 技 2 センター班：「ビルマ橋梁技術訓練センター設置に対する協力について」、1977 年 11 月 1 日、『一般無償援助/対ビルマ（昭和 53 年度）』、2012—1995。

再次，日本开始重视援助的效率与评价机制。20 世纪 70 年代，在先后遭遇两次石油危机后，日本的经济与财政状况不容乐观，进而促使国会与媒体更为严格把关国家的财政支出，特别是援助的效率。于是，日本政府着手提高援助效率，提高资金援助与技术援助间的有机合作，加强和国际金融组织、其他发达国家的合作，在积极发掘和研究援助领域的同时，认为有必要对完成的援助给予评价。[1] 这一援助理念对日本援缅的标志性项目四大工业项目构成了极大的挑战。

四大工业项目长期依赖日本准赔偿的资助。1974 年 6 月 27 日，日本外务省经济合作局举行了关于准赔偿的年度计划说明会。鉴于准赔偿即将在 1977 年 4 月支付完毕，该说明会留意到这对缅甸四大工业项目的影响问题。会上，通产省代表询问四大工业项目的生产情况，尤其关注到前一年度部分产品的零产量问题。外务省方面回应，据闻是资金困难导致原材料不足带来的生产调整、工厂迁移等原由造成的暂时停产。随后，通产省代表追问准赔偿结束之后四大工业项目的出路问题：现在四大工业项目大部分靠无偿援助资金来购买原材料和零件。那么协议结束后该怎么办？外务省对此表示并不乐观，尽管还没有收到缅甸的请求，但接到了本国企业的陈情，由此知悉缅甸糟糕的外汇情况。缅甸因为资金紧缺难以准备充足的材料，所以只得用无偿资金购买材料，勉强维持生产。[2] 及至 1976 年初，准赔偿结束在即。缅甸围绕四大工业项目制定了相关计划，以此为基础来争取日本的追加资金。[3]

---

[1] 外務大臣：「本大臣のアジア諸国訪問（東南アジア地域臨時大使会議）」、1980 年 8 月 20 日、『伊東外務大臣アジア諸国訪問』、2014—2885。

[2] 経協 2：「対ビルマ無償協力　第 10 年度実施計画（案）に関する各省会議（説明会）」、1974 年 6 月 27 日、『無償資金協力/対ビルマ（経済協力協定に基づく実施計画）第 10，11 年度』、外務省外交史料館、2010—0601。

[3] 「ビルマ無償経済協力 –4 プロジェクトの現況」、1976 年 3 月、『無償資金協力/対ビルマ（実施）　第 12 年度実施計画』、外務省外交史料館、2010—0602；有田大使：「旧 4 プロ・フォローアップ」、1976 年 6 月 11 日、『無償資金協力/対ビルマ（実施）第 12 年度実施計画』、2010—0602。

日本驻缅甸大使有田武夫肯定日本的援助在总体上是成功的，建议本国政府继续支援四大工业项目。有田注意到四大工业项目已经有 13 年历史，日本前后通过战争赔偿、准赔偿、日元贷款已经投入总共 717 亿日元的援助资金。尽管如此，四大工业项目仍然在很多零部件、原材料上依靠日本，缅甸自身获得外汇能力也远没有达到能自主负担上述采购的水平。因此，有田担忧日本会卷入无穷尽的援助负担之中。但是，有田判断切断援助将对缅甸经济造成重大打击，以致大量失业，进而可能会引起社会的混乱。有田更进一步指出切断措施同样将对日本的国际形象、缅甸对日本的亲近感产生负面影响。① 四大工业项目在日本心目中的地位也相当高。日本政府认为四大工业项目是其对缅甸经济援助中的旗舰性项目。②

同时，四大工业项目几乎是缅甸唯一的重工业，生产着缅甸民众生活必需的工业产品，在缅甸经济中占有重要地位。缅甸极力想保住四大项目。缅甸副总理吴东丁曾对日本驻缅大使橘正忠表示："四大项目是日缅两国合作历史中诞生的婴儿，缅甸不想杀了他，而是希望能抚育他，尽力让他能独立行走，为此恳求继续得到日本的援助。"③ 缅甸当局亦通过日本旧军人、驻东京缅甸大使馆顾问高桥八郎向日本传递信息，谋求日本政府的支援。1976年 6 月 23 日，访缅的高桥八郎跟日本大使谈到了与缅甸副总理吴伦的会谈情况，催促日本政府在四大工业项目问题上做出（积极

① 有田大使：「旧4プロ・フォローアップ（意见具申）」、1976 年 7 月 16 日、『無償資金協力/対ビルマ（実施）第 12 年度実施計画』、2010—0602。

② 経協一課：「ラ・トゥン・ティン　ビルマ連邦社会主義共和国副総理兼計画財務大臣の櫻内外務大臣表敬資料」、1982 年 7 月 1 日、『援助国会議/対ビルマ』、2016—0458。

③ 尽管这则史料反映的是 1980 年缅甸如何争取日本的援助，但依然可以看出缅甸政府究竟怎么看待四大工业项目。在缺少更为直接的史料情况下，本书引用这则史料来佐证缅甸的态度。タチバナ大使：「ビルマ副総理兼計画財務大臣との表けい会談」、1980 年 11 月 24 日、『ビルマ外交（含、対日関係）』、2014—0233。

的）反应。① 7 月 15 日，回国后的高桥八郎向外务省东南亚第二课强调四大项目是奈温总统的宝贝项目。②

日本政府综合考虑后决定继续援助该项目。1977 年 11 月，缅甸副总理吴伦赴东京出席第一届缅甸援助国会议。其间，27 日吴伦与日本外相小坂举行会谈。吴伦请求日本在准赔偿结束后继续向四大项目提供资金援助。小坂做出积极答复，约定会进行讨论："当年是我负责的准赔偿问题，会为此出力。"③ 随后，在第一届缅甸援助国会议上，日本政府表态继续支援缅甸的四大工业项目。翌年初，日本正式与缅甸达成协议，约定提供 195.4 亿日元贷款，协助缅甸完成提高四大项目国产化率的三年计划。④

日本政府在给予援助的同时，要求缅甸有效利用援助并希望早日实现四大项目的自立。从无偿的准赔偿到有偿的日元贷款，四大工业项目存在的问题将受到日本更为严肃的检视。一方面，日本政府催促缅甸采取行动，尽快实现四大项目的自立。1982 年 7 月 8 日，日本首相铃木善幸直率地对来访的缅甸副总理吴东丁说："我们希冀四大项目能早日达成自立目标。"吴东丁回复："上次访日（同年 5 月）以后，已将日方的意见转告给总理及有关部长。回国后会立即将尊意告知有关人士，努力早日回应日方的期待。"⑤ 在 7 月 1 日外务省准备的发言提纲中，日本外相樱内义雄也会在 7 月 7 日叮嘱吴东丁，盼缅方可以合理、有效地实施与

---

① 有田大使：「高橋八郎（在京ビルマ大使館顧問）の内話」、1976 年 6 月 25 日、『アジア諸国政治（含、対日関係）（ビルマ）』、2010—0043。

② 亜東二：「最近のビルマ情勢：高橋八郎氏内話」、1976 年 7 月 15 日、『アジア諸国政治（含、対日関係）（ビルマ）』、2010—0043。

③ 「ビルマに資金協力　外相、検討を約束」、『朝日新聞（朝刊）』1976 年 11 月 28 日第 1 版。

④ 経協一：「第 2 回ビルマ援助国グループ会議対処方針（案）」、1978 年 1 月 9 日、『援助国会議/対ビルマ』、外務省外交史料館、2009—0751。

⑤ 外務大臣：「対ビルマ援助国会合」、1982 年 7 月 8 日、『援助国会議/対ビルマ』、2016—0458。

日本援助有关的项目，并希望四大项目能早日实现自立。① 另一方面，日本政府在缅甸经济有所改善之后就削减了四大项目的贷款。从 1978 年到 1979 年，日本对四大项目的贷款从 80 亿日元涨到 117.3 亿日元。随后，日本的援助逐年递减。特别是 1981 年，日本将援助额一下子从 1980 年的 91.5 亿日元砍到了 69 亿日元。② 此举打乱了四大项目的生产计划。③

总而言之，日本对缅甸的援助内容在新的理念下有较大的调整。无偿援助逐渐增加，从最初 1975 年 7.09 亿日元到 1979 年的 66.91 亿日元，然后在 20 世纪 80 年代实现大幅度的增长，达到年均 100 亿日元。至于有偿援助，日本对缅甸的日元贷款同样经历了递增趋势：1969—1975 年，年均 100 亿日元；1976—1979 年，年均 200 亿日元；1980—1981 年，年均 300 亿每年；1982—1984 年，年均 400 亿。其中，日元贷款分为项目贷款和商品贷款。前者主要针对工矿业项目。从 1969 年到 1978 年，约 45% 的日元贷款是对工业的投资。到 1979 年之后，工业领域每年仅获得 10% 左右的日元贷款。同时，商品贷款在总的日元贷款中的比重提升到 35%。④ 日本在将更多的援助投入电力、交通、通信和农业领域的同时，减少了对四大工业项目的援助。

---

① 経協一課：「ラ・トゥン・ティン　ビルマ連邦社会主義共和国副総理兼計画財務大臣の櫻内外務大臣表敬資料」、1982 年 7 月 1 日、『援助国会議/対ビルマ』、2016—0458。

② 外務省：「決裁書　対ビルマ1982 年度円借款供与方針（案）」、1982 年 6 月 28 日、『援助国会議/対ビルマ』、2016—0458。

③ 橘大使：「ビルマCG 会合対処方針（意見具申）」、1982 年 6 月 11 日、『援助国会議/対ビルマ』、2016—0458。

④ チッソー：「ビルマと対外援助——世界銀行のビルマ援助国会議（1976—1986）」、東京大学大学院総合文化研究科、1989 年国際関係論コース修士論文、第105 頁。

第三节　缅甸援助国会议与日本的
国际援助合作

　　除了援助理念与内容的变革，国际援助合作是日本对缅甸经济援助的另一大变化。20 世纪 70 年代中期，以世界银行为首的国际组织与包括日本在内的发达国家组建了缅甸援助国会议。援助国会议究竟是一个怎样的组织，于缅甸而言有什么意义？身为缅甸最大援助国的日本对缅甸援助国会议持怎样的态度？

　　援助国会议是冷战时期西方发达国家对于发展中国家的一种重要的国际援助机制。主要的西方发达国家为避免分歧，组建了援助国集团，协调成员国对发展中国家的援助，研究受援国的经济形势、提供政策咨询、商议援助的项目和条件。[①] 它起源于 1958 年对印度的援助，在 20 世纪 70 年代盛行于世，随着冷战的结束有所衰退，至今仍未完全消失。[②] 这些协调组织一般由世界银行或其他国际组织主持，成员多为美国、日本、西德、英国、法国等发达国家。以印度尼西亚债权国会议（又名印度尼西亚援助国会议）为例，该援助国集团成立于 1967 年，主要由西方发达国家和国际组织组成。这些西方发达国家大部分是印度尼西亚的债权国。印度尼西亚债权国会议一方面协商处理印度尼西亚的债务问题，另一方面研究和加强对印度尼西亚苏哈托政权的援助。[③] 美国和日本分别承担了三分之一的

---

　　① Aung Kin, "Burma in 1979: Socialism with Foreign Aid and Strict Neutrality," *Southeast Asian Affairs*, 1980, pp. 93 – 117。

　　② 例如阿富汗国际援助会议。薛婧萌：《联合国举行阿富汗国际援助会议　国际社会期待阿富汗实现持久停火》，2020 年 11 月 25 日，光明网，https://m. gmw. cn/2020-11/25/content_ 1301835428. htm，2021 年 5 月 30 日。

　　③ 印度尼西亚债权国会议（Inter-governmental Group on Indonesia, IGGI）。長谷川啓之監修：『現代アジア事典』、東京：文眞堂、2009 年、第 125 頁。纪宗安、崔丕：《印度尼西亚债权国会议的缘起与影响》，《中国社会科学》2010 年第 6 期。

援助金,是印度尼西亚主要的援助来源国。

　　缅甸援助国会议与印度尼西亚债权国会议不同,是一个纯粹的援助协调平台。缅甸在 1962 年以后采取自力更生的经济政策,拒绝除日本与西德以外大多数西方国家的经济援助,也切断了同世界银行的关系,因而没有背负大量的外债。及至 20 世纪 70 年代初,由于国内经济长期停滞、外汇紧张与民生疾苦,缅甸推出新的经济开发计划,并重新寻求国际援助。缅甸政府向印度、日本、加拿大、西德、美国和中国谋求援助,亦提请世界银行给予贷款。是故,世界银行在 1973 年重启对缅甸的贷款。[①] 而美国当局的意见是,任何新经济援助都应通过多边援助机制提供给缅甸,且应以某种适当的方式与缅甸经济的结构性改革相挂钩,进而提议组建国际援助集团(international aid consortium)。[②] 当时在东南亚、南亚国家中,援助国集团的形式已经蔚然成风。除了前文提及的印度尼西亚与印度,这片区域还有菲律宾、巴基斯坦、斯里兰卡、尼泊尔的援助国会议。在这样的情况下,缅甸为了获得更多的援助,开始推动世界银行组织缅甸援助国集团。世界银行对此持积极的态度,与缅甸政府围绕援助国集团的性质、参加国的范围展开商议。1975 年 9 月,缅甸副总理吴伦借出席世界银行年度大会的机会,正式向世界银行提请组建缅甸援助国会议。[③] 经过世界银行、主要的援助国家和缅甸的协商沟通,第一届缅甸援助国会议最终于 1976 年 11 月在东京召开。

　　缅甸援助国会议历经多届会议的磨合后逐渐成形。会议的运

① 外務省:「対ビルマ援助国グループの結成」、1975 年 8 月、『援助国会議/対ビルマ』、2009—0751。

② "Memorandum From W. R. Smyser of the NSC Staff to Secretary of State Kissinger," August 16, 1974, *FRUS*, 1969 – 1976, Documents on East and Southeast Asia, 1973 – 1976, Vol. E – 12, Document 387.

③ 外務省:「対ビルマ援助国グループの結成」、1975 年 8 月、『援助国会議/対ビルマ』、2009—0751。

作机制上，缅甸政府先行在仰光召开预备会议，向援助国会议的成员方代表说明缅甸的经济形势与援助请求。同时，世界银行根据对缅甸经济的调查情况撰写报告，并向缅甸提出政策建议。然后，在援助国集团的正式会议上，世界银行和国际货币基金组织负责人报告缅甸经济情况和展望。接着缅甸代表陈述和说明开发计划以及主要项目，与会各方讨论缅甸的开发战略与计划、援助请求。最后所有援助国和国际组织宣布今年拟援助的金额。[①] 从集团成员的构成来看，既包括日本、西德、美国、澳大利亚、英国、法国与加拿大七个发达国家，还有世界银行、国际货币基金组织、联合国开发计划署、亚洲开发银行等国际组织。芬兰、挪威、比利时、意大利、欧共体、经济合作与发展组织及其下属的发展援助委员会（DAC/OECD）都曾派代表列席会议。[②] 就各国代表团成员而言，缅甸通常派出的是以副总理兼计划与财政部部长为首的求援使团，援助国家代表一般是本国负责经济援助事务的官员，抑或会议所在地的使馆官员。在会议的举办周期与地点上，世界银行一般每一年半左右时间召开一次缅甸援助国会议。日本东京和法国巴黎轮流成为会议的举办地。[③]

援助国会议的建立不仅拓宽了缅甸获得援助的渠道，推动缅甸的经济改革，还会影响缅甸同西方国家的关系。第一，援助接收方式从双边扩大到多边。缅甸过去的经济援助主要是来自日本、西德的双边

---

① South Asia Country Programs Department, "Burma-Aid Group Meeting," January 11, 1978, 『援助国会議/対ビルマ』、2009—0751; Foreign Press Center of Japan, "Press Release No. 259（A），" June 28, 1982, 『援助国会議/対ビルマ』、2016—0458。

② International Bank for Reconstruction and Development, "Burma Aid Group: List of Delegates," January 31, 1978, 『援助国会議/対ビルマ』、2009—0751; "Burma Aid Group Meeting List of Delegates," July 6, 1982, 『援助国会議/対ビルマ』、2016—0458。

③ 外務省：「決裁書 第5回対ビルマ世銀CGの本邦開催」、1981年6月18日、『援助国会議/対ビルマ』、2016—0458。

援助。① 在援助国会议机制下，缅甸不但可以得到以上两国以外的西方国家的双边援助，还可以获得更多国际组织的多边援助。第二，缅甸须以经济改革换取西方的援助。西方援助是有条件的。美国认为缅甸的经济困境源于其愚蠢的经济管理，只有彻底改变社会主义经济运营体制的经济改革，才能取得成效。世界银行就缅甸的价格、税收、国有企业等领域提出一系列的经济改革建议。缅甸大体上接纳世界银行的建议，在社会主义经济政策框架内进行了必要的经济改革，如国企改革、税制改革、银行改组、促进以农林水产物为中心的出口贸易等。② 第三，缅甸与东西两方关系的变化。从组成成员来看，缅甸援助国会议是一个西方的援助国集团。在此之前，中立主义外交政策让缅甸长期可以同时接受东西两方的援助。但是，此时的东方阵营在经济实力上与西方有一定差距，只能提供有限的援助资金。缅甸领导人选择建立援助国集团显示出对于西方援助的倾向性。援助国会议在让缅甸获得大量援助的同时，也将后者拉入了资本主义世界经济体系，以致缅甸政府无法再坚持自立政策和孤立主义。③

不过，主要的西方国家对于缅甸的援助请求并不积极。1976 年 8 月 24 日，美国政府消极回应了缅甸的援助申请。由于缅甸的经济体制问题与人权问题，美国国务院官员表示援助预算会在国会上碰壁。④ 鉴于美国的援助多附带政治条件，缅甸对于美国援助亦持消极态度。⑤

---

① 有田大使：「最近のアジア情勢に対するビルマの見方」、1976 年 12 月 2 日、『アジア諸国政治（含、対日関係）（ビルマ）』、2010—0045。

② 有田大使：「総理の東南アジア諸国訪問（資料作成）」、1977 年 7 月 15 日、『有償資金協力/対アジア』、2013—1710。

③ チッソー：「ビルマと対外援助——世界銀行のビルマ援助国会議（1976—1986）」、第 174 頁。

④ 東郷大使：「最近のビルマ政情（国務省の見方）」、1976 年 8 月 24 日、『アジア諸国政治（含、対日関係）（ビルマ）』、2010—0043。

⑤ 有田大使：「教育関係援助」、1978 年 4 月 5 日、『一般無償援助/対ビルマ（昭和 53 年度）』、2012—1995。

直到 1979 年 6 月，缅甸才重新接受已经中断十年之久的美国援助。① 英国的援助积极性同样不高。保守党撒切尔政府以财政困难以及英国经济重建为由，推出大幅削减包括对外援助预算在内的公共支出预算的方针。缅甸虽然曾经是英国的殖民地，但不是英联邦国家，加之 20 世纪 60 年代的国有化政策致使大量英国企业受损，导致英国对缅甸的援助有限。② 在这样的情况下，日本成为缅甸援助国集团内最大的援助国，通常会向缅甸提供占集团整体援助金额三分之一左右的援助。从历届援助国会议的各国代表团规模来看，日本代表团的规模仅次于缅甸代表团。日本作为缅甸头号经济援助国的地位受到世界各国的承认。③ 缅甸政府更是如此，非常期待日本的援助。以 1982 年的第五届援助国会议为例，5 月缅甸副总理兼计划与财政部部长吴东丁在出席亚洲开发银行会议后顺访日本，为 7 月 6 日在东京召开的缅甸援助国会议展开事前协商，与以铃木善幸首相为首的日本领导人举行会谈，谋求日本增加对缅甸的援助。④ 6 月 23 日，缅甸常驻联合国代表苏莱（Saw Hlaing）大使专门拜访日本驻联合国代表西堀正弘，为第五届援助国会议请托日本政府予以关照。⑤

　　日本政府对缅甸援助国会议持肯定态度。日本长期以来都是缅甸最大的援助来源国，将缅甸视为和东盟国家同等的重点援助对象，希望通过援助使得缅甸领导人亲近日本。在接到援助国会议

---

① 「門戸開放早めるビルマ　急増する西側援助」、『朝日新聞（朝刊）』1979 年 10 月 16 日第 7 版。原文为 "1966 年以来"，这是有误的。根据美方档案显示，美国对缅甸援助实际上是到 1969 年。"Memorandum From W. R. Smyser of the NSC Staff to Secretary of State Kissinger," August 16, 1974, *FRUS*, 1969 – 1976, Documents on East and Southeast Asia, 1973 – 1976, Vol. E – 12, Document 387.
② 藤山大使：「英国の対ビルマ政策（回答）（その2）」、1981 年 3 月 25 日、『ビルマ外交（含、対日関係）』、2014—0233。
③ タチバナ大使：「ビルマに関する主要国大使の観測」、1980 年 11 月 24 日、『ビルマ外交（含、対日関係）』、2014—0233。
④ 「首相、ビルマ副首相と会談」、『朝日新聞（朝刊）』1982 年 5 月 11 日第 2 版。
⑤ 西堀大使：「第 5 回ビルマ援助協議グループ会合」、1982 年 6 月 23 日、『援助国会議/対ビルマ』、2016—0458。

的邀请时，日本认为，自己作为缅甸的友邦有必要参加。日本亦希冀援助国会议可以促使其他有关国家为缅甸的经济社会发展提供更多的援助。① 在国际对缅援助上，美国、英国、加拿大和澳大利亚等主要经济合作与发展组织国家的投入都非常少。日本判断，若上述国家参加缅甸援助国会议的话，那么援缅国家就会增多。② 再者，日本政府比较倾向于双边援助形式，认为援助有保持来源国"身份"的必要性，双边援助更有利于日本外交。虽然缅甸援助国会议是多边形式，但是，日本仅在会议上承诺援助的金额，仍以双边形式落实援助。③ 最后，援助国会议的组建可以加强援助国间的协调，丰富缅甸经济数据，也有助于通过中立机构世界银行来矫正和改善缅甸的经济政策。日本认为，这将在其对缅甸的双边援助上发挥积极作用。④

此外，日本政府非常热心于在国内召开援助国会议。日本领导人希望通过在东京召开援助国会议，向世界宣扬日本积极推进政府开发援助倍增计划在内的经济与技术援助努力，进而提高日本的国际地位与声望。不仅限于缅甸援助国会议，日本政府还一直在积极争取这类会议的举办权。然而，由于与其他主要的援助国家距离较远，日本获得举办援助国会议的机会较为有限。到 1982 年为止，在日本召开过的援助国会议，对菲律宾和缅甸各有 3 次，对斯里兰卡 2 次，对印度尼西亚、尼泊尔各 1 次。⑤ 日本外务省还希望借在东京召

---

① 外務省経済協力第一課：「第 5 回ビルマ援助国会合発言要領」、1982 年 6 月、『援助国会議/対ビルマ』、2016—0458。

② 外務省：「対ビルマ援助国グループの結成」、1975 年 8 月、『援助国会議/対ビルマ』、2009—0751。

③ アジア局地域政策課：「昭和 52 年度東南アジア・太平洋地域大使会議議事要録」、1978 年 1 月、『ASEAN 文化基金』、2010—3453。

④ 外務省：「対ビルマ援助国グループの結成」、1975 年 8 月、『援助国会議/対ビルマ』、2009—0751。

⑤ ビルマ班：「57 年度円借款に対するビルマ側反響」、1982 年 7 月 6 日、『援助国会議/対ビルマ』、2016—0458。

开缅甸援助国会议的机会，增强国内有关部门对于援助缅甸的重视程度。①

以缅甸援助国会议的创立为契机，日本与世界银行展开了对缅甸的国际援助合作。通信网扩建计划是日本与世界银行对缅甸协同融资的代表性项目。缅甸依托世界银行的国际开发协会信贷（IDA Credit）实施了第一期项目。但第二期的经费预算超过了世界银行的融资额度。1978年10月17日，世界银行负责缅甸事务课长涩泽②拜访日本驻缅甸大使小室，表示世界银行今年度承诺的融资总额为8600万美元，主要用于通信扩建计划与渔业开发计划。关于前者，世界银行收到缅甸4200万美元融资的请求，但只能融资3100万美元，期望日本能提供剩下的1100万美元，还希望在11月中旬前确定协同融资方。若得不到日本的支持，世界银行和缅甸方面会改向西德提出请求，只是不得不缩小项目的整体规模。③

11月1日，日本政府回应难以在本年度内对缅甸通信网扩建二期项目做出承诺，但若缅甸政府赋予该项目极高的优先性，准备在研究来年度对缅甸的日元贷款时认真考虑该项目。④ 12月18日，缅甸计划与财政部对外经济关系局长吴登敏（U Thein Myint）向日本驻缅甸大使馆官员表示：缅甸为了改善恶劣的通信情况，急于推动通信扩建项目，已经向日本政府提出与世界银行协同融资的请求。世界银行有关人士的意见是，在日本拿定主意前，难以推进本项目。随后，吴登敏以世界银行已经完成项目的可行性调查和第一期通信

---

① 外务省：「決裁書　第5回対ビルマ世銀CGの本邦開催」、1981年6月18日、『援助国会議/対ビルマ』、2016—0458。

② 日文原名为"渋沢"。

③ 小室大使：「世銀渋沢課長との会談」、1978年10月19日、『円借款/対ビルマ』、外務省外交史料館、2012—1989。

④ 外务大臣：「世銀との協調融資」、1978年11月1日、『円借款/対ビルマ』、2012—1989。

项目中的主要缔约方是日本企业为由，来游说日本政府。① 然而，日本当局仍维持原来的想法，愿意在来年度的日元贷款上积极考虑该项目。②

1979 年 1 月 11 日、26 日，缅甸驻日本大使吴貌貌季（U Maung Maung Gyi）两度提请日本外务省经济合作局局长武藤利昭考虑通信网扩建二期项目的融资，并指出缅甸只在 1980—1981 财年需要实际的资助。大使希冀能尽快得到日本政府的融资承诺，以便能回复世界银行，推动项目的落地。③ 对于缅甸的催促，武藤表示正在研究和决定 1979 年度对缅甸的日元贷款，打算于 1979 年 4 月在东京召开的第三届缅甸援助国会议上宣布日元贷款的金额和资助项目。④ 之后，日本政府正式将缅甸通信网扩建二期项目列为 1979 年度对缅甸日元贷款的对象。随着日本的参加，11 月 27 日，世界银行理事会正式批准了 3500 万美元的国际开发协会信贷（IDA Credit）。⑤

小　结

综上所述，日本视缅甸为"亲日的准东盟国家"。尽管东盟的地区影响力日渐提高，日本并没有因此忽视缅甸，仍对缅甸与东盟国家平等相待，还将缅甸定位为"准东盟国家"，重点增加对缅甸与东

---

① 小室大使：「通信拡張プロジェクト（世銀との協融）」、1978 年 12 月 19 日、『円借款/対ビルマ』、2012—1989。

② 外務大臣：「通信拡張プロジェクト（世銀との協融）」、1978 年 12 月 21 日、『円借款/対ビルマ』、2012—1989。

③ "From Maung Maung Gyi to Toshiaki Muto," January 26, 1979,『円借款/対ビルマ』、2012—1989。

④ "From Toshiaki Muto to Maung Maung Gyi," February 16, 1979,『円借款/対ビルマ』、2012—1989。

⑤ "For Mr. Kaya re Burma Second Telecommunications Project," November 11, 1979,『円借款/対ビルマ』、2012—1989。

盟国家的经济援助。这一时期的经济援助在方式与内容上随着时代的变迁发生了变化，突出表现为无偿援助的增加、人类基本需求的重视、援助效率的强调和国际援助合作的加强。可见历史影响虽然能让日本不忽视缅甸，但对日本的援助理念、方式的影响远不及现实因素大。此外，日缅关系也存在两点隐忧。其一，日本对于缅甸的重视缺乏现实利益的有力支撑。对于日本而言，缅甸的政治、经济价值有限。其二，日本援缅的包袱日益沉重。四大工业项目是日本援助的标志性项目，由于耗资巨大、难以实现自立，对经济援助构成浪费。同时，缅甸债务随着日本贷款的增加而逐渐积累，也将关乎日缅关系的未来。

第 八 章

从奈温到昂山素季：日本对
缅甸援助动力的变迁

在日本对缅甸援助政策中，"二战"历史通过载体与准载体直接或间接发挥了一定的作用。但随着"二战"日渐远去，历史影响是否会衰退？若会的话，是什么原因导致其影响力的衰弱？若影响没有消失，又是什么因素在支撑和延续"二战"的历史影响力？本章将全面考察20世纪80年代以来的日缅关系与日本对缅甸的经济援助，探究历史影响之变化，挖掘日缅关系的挑战与机遇，并揭示日本对缅甸援助的动力源之演变。

第一节 历史影响的衰退与日缅
不对称关系的解体

历史的影响与现实的良好互动共同构筑日缅友好关系的基础。历史遗留问题、历史亲历者、历史人际关系和历史认识是"二战"历史得以影响日本外交政策的主要途径。而两国领导人间的互访、日本对缅甸的经济援助，加强了两国间的互信，巩固了双边关系，是重要的现实互动。这些历史与现实因素在20世纪80年代的国内外局势下是否有新的变化？特别是在日本国力强盛以及外交重心转移的背景下，缅甸在日本的外交议程中居于怎样的地位，日缅之间能否维持友好关系？

日本在缅甸的政治与经济利益有限，同时缅甸在经济发展上严重依赖日本的经济援助，日缅关系呈现不对称的结构。缅甸政府坚持消极的中立主义外交，还退出了不结盟运动，难以在国际舞台上给予日本足够的政治支持，仅仅只是在地缘政治上起到缓冲区的作用。然而，这一缓冲区相距日本甚远，对于日本的国家安全而言无关紧要。在经贸关系上，缅甸经济发展长期停滞，日缅双边贸易量较少。缅甸既不是日本的主要出口市场，亦没能成为重要的矿产资源出口国。从资源开发来看，缅甸石油产量增长有限，甚至都难以满足国内需求。由此来看，日本对缅甸的援助事实上缺乏国家利益的驱动。

日本外交政策的重心随着时局的嬗变发生了转移。第一个转移是日本政府重视对华关系，相对削弱对东南亚国家的关注。1980 年 8 月 29 日，访问缅甸的日本外相伊东正义对奈温总统表示："（日本）重视同中国的经济合作关系，但是不会因此减少对东南亚国家的援助。"[①] 然而，大平正芳任首相期间不曾专门出访东南亚国家，仅在出席联合国贸易和发展会议（UNCTAD）时到访过菲律宾。[②] 第二个转移是日本积极介入以柬埔寨问题为中心的印度支那问题。8 月访缅之前，伊东先到访了泰国，承诺增加对泰国的援助，协助后者处理柬埔寨危机引发的难民潮。[③] 伴随着以上两个转移，缅甸在日本外交议程中的地位愈发低下，以致缅甸萌生被日本抛弃的危机感。

---

① 小室大使：「イトウ外務大臣のアジア諸国訪問」、1980 年 8 月 29 日、『伊東外務大臣アジア諸国訪問』、2014—2885。

② アジア局：「総理の ASEAN 歴訪が望ましい理由」、1980 年 7 月 25 日、『伊東外務大臣アジア諸国訪問』、2014—2885。

③ 小木曽大使：「伊東大臣のアジア諸国訪問（外相会談）」、1980 年 8 月 25 日、『伊東外務大臣アジア諸国訪問』、2014—2885。

8 月 28 日，缅甸外长礼貌对伊东外相表示："请（日本）不要弃缅甸于不顾，今后进一步增加援助。"伊东回应："日本没有改变方针，会尽可能援助缅甸。"①

　　除了大平正芳没有访问缅甸，继任的铃木善幸首相同样没有访缅。在 1981 年 1 月铃木首相访问东南亚国家之前，缅甸政府多次向铃木发出访缅邀请。1980 年 8 月，在曼谷召开的东南亚地区临时大使会议上，日本驻缅甸大使小室向伊东外相提出请求："首相出访东盟之际，请务必访问缅甸。"② 随后 9 月，奈温总统亲自过问此事，向日本大使询问铃木首相的出访问题。③ 但铃木并没有在 1981 年 1 月访缅。1982 年，缅甸副总理吴东丁于两度赴日期间再三邀请铃木访缅。④ 同年 11 月日本内阁更替，卸任后的铃木终于在 1983 年 7 月访问了缅甸。⑤

　　中曾根康弘时期的日本外交政策开始谋求成为政治大国、国际国家。1983 年 5 月的七国集团威廉斯堡峰会前夕，中曾根首相出访东盟国家，听取东南亚各国的意见，意图巩固日本在峰会中作为亚洲代表的地位。⑥ 5 月 8 日，中曾根康弘在吉隆坡的演说中声称重视同东盟各国的关系：和东盟国家保持友好、密切的关系，是日本外交最重要的基本政策之一。⑦ 1984 年 6 月 11 日，中曾根首相在伦敦

---

①　小室大使：「外務大臣のアジア諸国訪問（ビルマ外相との会談）」、1980 年 8 月 28 日、『伊東外務大臣アジア諸国訪問』、2014—2885。

②　「東南アジア地域臨時大使会議（議事録等送付）」、1980 年 10 月 8 日、『伊東外務大臣アジア諸国訪問』、2014—2886。

③　小室大使：「ネ・ウィン大統領に対する離任あいさつ」、1980 年 9 月 27 日、『ビルマ外交（含・対日関係）』、2014—0233。

④　「首相、ビルマ副首相と会談」、『朝日新聞（朝刊）』1982 年 5 月 11 日第 2 版；外務大臣：「対ビルマ援助国会合」、1982 年 7 月 8 日、『援助国会議/対ビルマ』、2016—0458。

⑤　「鈴木前首相　タイ・ビルマへ」、『朝日新聞（朝刊）』1983 年 7 月 4 日第 2 版。

⑥　宮城大蔵編：『戦後日本のアジア外交』、第 196 頁。

⑦　米庆余：《日本近现代外交史》，第 452 页。

国际战略问题研究所发表演说，阐释了日本的政策方向：日本应该成为分担与国力相当的国际责任的"国际国家"，推动贸易和金融领域的开放，在维护和平以及裁减常规武器与核武器问题上增加政治的发言权，并强调援助发展中国家的紧要性。在此基础上，他提出了日、美、欧"三极提携"的政策主张。① 12 月 28 日，美国对于日本外交政策的评估是：日本正在实施一项积极而且日渐全球化的外交政策，旨在让日本发展成为重要的政治大国。②

中曾根主张将日本对事件的反应从消极的应对追随转为对有影响的事件采取积极的态度。在这样的情况下，日本视对外援助为其实现政治目标的主要外交工具，以致政府开发援助的政治目的性越来越强。③ 从日本作为亚洲代表的定位与重视东盟的亚洲政策出发，日本进一步增加对东盟国家的援助。在 1983 年的访问中，中曾根首相向东盟国家承诺援助 2000 亿日元。其中，日本对泰国的战略援助从 1979 年的 463.7 亿日元提升到 1985 年的 922.5 亿日元；日本对菲律宾的援助从 1979 年的 440 亿日元上涨到 1985 年的 624.3 亿日元。④

缅甸在日本新的外交政策中并没有得到重视。20 世纪 80 年代，缅甸领导人多次赴日访问。1981 年奈温总统、1984 年山友总统、1986 年貌貌卡总理先后出访日本。⑤ 除此以外，缅甸副总理、部长的访日情况更为频繁。与之形成鲜明反差的是，中曾根内阁期间，日本主要官员仅 1983 年外务大臣安倍晋太郎访问缅甸一例；执政党高层方面，1985 年 8 月，自民党政调会长藤尾正行作

---

① 「国際戦略問題研究所における中曽根康弘内閣総理大臣演説」、1984 年 6 月 11 日、「『世界と日本』データベース」、政策研究大学院大学・東京大学東洋文化研究所。

② "Japan's Activist Foreign Policy," December 28, 1984, *DNSA*, JA01258.

③ "Japan's Activist Foreign Policy," December 28, 1984, *DNSA*, JA01258.

④ 米庆余：《日本近现代外交史》，第 453 页。

⑤ 「ビルマ首相、来月 9 日来日」、『朝日新聞（夕刊)』1986 年 8 月 8 日第 2 版。

为中曾根首相特使出访东南亚国家，考察经济合作情况。① 其间，藤尾特使到访过缅甸。缅甸当局曾多次邀请中曾根首相访缅。1983 年 3 月，缅甸领导人向来访的安倍外相提出邀请中曾根首相访缅。② 1984 年 7 月，缅甸总统山友在访日期间再次邀请中曾根访缅。③ 1985 年 4 月，缅甸副总理吴东丁再度发出邀请。④ 但中曾根始终没有访缅。

缅甸政府也向访缅的安倍晋太郎示好，使得后者留下了缅甸极为亲日的深刻印象。山友总统向安倍强调日缅两国间深厚的历史渊源，尽管战争中发生了一些问题，但缅甸对日本没有仇恨，还感恩日本的"帮助"⑤，亦感谢日本为缅甸发展所做的贡献。之后，安倍通过与其他缅甸政要的会谈，同样感受到缅甸对于日本的强烈亲近感和巨大期待感。⑥ 在缅甸不断邀请中曾根访缅、向日本释放亲日信号的情况下，日本首相长期没有回访缅甸，这无疑体现出缅甸在日本外交中的重要性不高，也将对缅甸政府的日本政策产生负面影响。

两国关系的温度差不仅存在于政府领导层之间，还体现在普通百姓之中。由于日本经济崛起、国力强盛与对缅甸援助的影响，缅

---

① 「藤尾氏、離日前に首相と会談_ 藤尾政調会長、シンガポール、ビルマへ」、『朝日新聞（夕刊）』1985 年 8 月 28 日第 2 版；「自民党視察団がビルマに到着」、『朝日新聞（朝刊）』1985 年 9 月 2 日第 2 版。

② 「円借款増額に応じる態度　外相ビルマ首脳との会談で表明」、『朝日新聞（夕刊）』1983 年 3 月 22 日第 2 版。

③ 「空港拡張など460 億円を供与　日・ビルマ首脳会談」、『朝日新聞（夕刊）』1984 年 7 月 3 日第 2 版。

④ 「首相に『訪問』要請　ビルマ副首相」、『朝日新聞（朝刊）』1985 年 4 月 24 日第 2 版。

⑤ 缅甸人感恩的对象并非是整体的日本侵略军，而是南机关、缅甸独立军及其他少部分对缅友好的日本人。

⑥ 根本敬：「戦後日本の対ビルマ関係：賠償から『太陽外交』まで」、第 3—6 頁；「親日感情に好印象　ビルマ訪問の安倍外相」、『朝日新聞（朝刊）』1983 年 3 月 23 日第 2 版。

甸年轻人中兴起了"日本热"。20世纪70年代末，据《朝日新闻》记者对于缅甸唯一的外语学校仰光外国语学院的调查，该学校设有日、英、法、德、意、俄、中七国语言课程，其中日语最具人气。1977年秋，学院规定日语课程的早晚名额各为150人，却收到了达名额三倍人数的新生报名。鉴于仰光市内有4万名华商，日语专业的求职难度远高于汉语，但仍比汉语更受学生的欢迎。记者询问了日语专业学生的专业选择理由，获知有半数学生因为"亲人、朋友的建议""想去日本看看""想看日本的书与电影"这类亲近日本的理由。记者在最后总结指出：缅甸人最易亲近、向往的国家是日本。[1] 到20世纪80年代初依然如此。1983年安倍外相访缅之际，日本媒体再次提到缅甸年轻人的"日本热"。同样在仰光外国语学院，日语依旧是最受欢迎的语言专业，超过千人竞争100个名额。年轻人的"日本热"来源于他们对日本的向往："日本是发达国家，想去看看""想更为了解日本文化""日本是所有外国中最有意思的国家""看日本电影后产生了兴趣"。[2]

与之相反，日本人特别是年轻人完全不关心缅甸。由于两国间日常交流少，缅甸对于很多日本人而言遥远又陌生。有一位医学教授对自己班上的232名大学生实施了问卷调查：大约80%的学生除缅甸国名以外不知道任何具体的知识，剩下20%的人知道缅甸是佛教国家（僧侣）、缅米、仰光、欠发达国家等有关内容，只有5人提到战争（二战）。这些知识大部分来自《缅甸的竖琴》，有少部分来自电视和家庭，都不是来自学校教育。[3] 这位教授作为一名"二战"旧军人感慨道："在年轻一代中，战争作为遥远的历史而被淡忘。"1984年6月，《缅甸的竖琴》作者竹山道雄去世，

---

① 「日本語講座が人気独占 親近感あげる学生たち_ビルマ」、『朝日新聞（朝刊）』1977年12月25日第3版。

② 「『親日』の思い根強く_ モンスーン ビルマ・人と心」、『朝日新聞（朝刊）』1983年3月30日第7版。

③ 植村肇：「ビルマを訪ねて——慰霊祭参加と戦跡巡拝に思う」、第41—65頁。

一定程度上可以代表因为"二战"而关心缅甸的一代日本人的谢幕。① 日本的亲缅民意基础已经大幅衰退，以至缅甸的"日本热"沦为了"单相思"②。

尽管缅甸在日本的外交中处于不重要地位，但日本对缅甸的经济援助在 20 世纪 80 年代继续保持着较快的增长。政府开发援助从 1981 年 1.25 亿美元增长到 1986 年的 2.44 亿美元。缅甸长年位居日本政府开发援助受援国的前十之列，并于 1985、1986 两年高居第五位。③ 这一增长部分源于日本对缅甸援助的惯性，且这一惯性得到了缅甸援助国会议的机制保证；还因为日本国力的强盛使其有实力推行援助倍增计划，承担所谓的与国力相当的"国际责任"；再加上日本企业为了从中牟利而支持日本继续援助缅甸。最后一点可以从 1988 年缅甸政变后日企游说日本政府重启援助得到佐证。

日本的援助势头受到缅甸的经济困难与债务危机的冲击。经历 20 世纪 80 年代初短暂的经济增长后，缅甸再度受困于国际初级产品的价格低迷问题，对外贸易萎缩，外汇储备情况恶化，人均国民生产总值仅列世界最低水准。缅甸亟须扩大对外出口。而日本对缅甸出超贸易持续了长达 30 年。缅甸很不满意这样的贸易关系，多次要求日本增加从缅甸的进口。1986 年 1 月，日本应邀派出了缅甸出口产品调查使团。④ 同年 9 月 11 日，访日的缅甸总理貌貌卡在同中曾根首相会谈中流露出对日本的不满：包括日本在内的发达国家的经

---

① 「ビルマの竪琴　竹山道雄氏が死去」、『朝日新聞（夕刊）』1984 年 6 月 16 日第 15 版。

② 「『親日』の思い根強く_ モンスーン　ビルマ・人と心」、『朝日新聞（朝刊）』1983 年 3 月 30 日第 7 版。

③ 政府开发援助的数据源于相关年份的日本《外交蓝皮书》。外务省：『わが外交の近況』、1981—1986 年，https：//www.mofa.go.jp/mofaj/gaiko/bluebook/，2021 年 5 月 30 日。

④ 外务省：『わが外交の近況』第 30 号、1986 年。

济衰退导致初级产品价格的低迷，阻碍了发展中国家的经济发展。①
不久之后，缅甸政府下令要求外国企业撤走在缅甸的事务所，波及
11 家日本公司，导致日缅经济关系进入了冷却期。②

与此同时，缅甸陷入了严重的债务危机。缅甸在七八十年代获
得了大笔贷款与援助。截至至 1985 年 3 月，日本长年的援助让缅甸
积攒了 10.26 亿美元的债务，同期缅甸的债务总额为 29.72 亿美元。
到 1986 年，缅甸的负债率已经达到约 60%。债务中相当大部分是日
元贷款债务。随着日元的升值，这笔债务的还款压力愈发增强。③ 缅
甸债务危机导致援助国集团收紧对缅甸的援助条件。援助国集团认
为他们有责任检查和调整受援国的经济政策。面对世界银行和国际
货币基金组织的施压，缅甸选择了拒绝。结果，西方国家自 1984 年
起削减了援助。日本一方面给予债务减免的无偿援助，补助缅甸因
日元升值而增加的利息损失，另一方面要求缅甸必须参加债权国的
债务重组计划谈判。缅甸的不妥协使得日本对缅甸的态度转为强硬。
1986 年在东京召开的缅甸援助国会议成为绝唱。1987 年，缅甸向第
42 届联合国大会申请 "最不发达国家地位"，12 月正式被联合国接
受。根据国际协议，在 "最不发达国家地位" 下，一部分债务应该
被一笔勾销。这导致日本政府非常担忧能否收回缅甸拖欠的巨额债
务。④ 缅甸的 "最不发达国家地位"、糟糕的经济状况、高负债率和
拒不接受日本的经济政策建议最终促使日本不再提供新的贷款。

不单现实互动趋于恶化，历史影响也在缅甸的政治危机与政治转
型的冲击下走向衰退。1988 年，缅甸国内爆发大规模的抗议示威活动，

---

① 「中曽根首相、ビルマ首相と会談」、『朝日新聞（夕刊）』1986 年 9 月 11 日
第 2 版。

② 「日本商社、ビルマから撤退へ」、『朝日新聞（朝刊）』1986 年 12 月 19 日第
9 版。

③ 外務省：『外交青書』第 32 号、1988 年、https：//www.mofa.go.jp/mofaj/gai-
ko/bluebook/，2021 年 5 月 30 日。

④ チッソー：「ビルマと対外援助——世界銀行のビルマ援助国会議（1976—
1986）」、第 170 頁。

矛头对准了以奈温为核心的国家领导体制。面对全国性的反政府示威游行，奈温、山友两位党政领导人被迫下台。[①] 之后继任的盛温与貌貌亦无力收拾残局，公务员们参与罢工与游行，导致政府行政机能低下，加剧国家的经济困难。9 月 18 日，苏貌大将率军发动政变，夺取政权，成立了国家恢复法律和秩序委员会。[②] 政治转型加速了缅甸领导层的更新换代。过去与日本有历史联系的领导人告别权力舞台，新一代没有日本求学经历的领导人上台执政。在日本，有一种说法认为"日缅之间存在'特殊关系'，即日本在战争中虽然给缅甸添了'麻烦'，但是培育了'三十志士'为中心的年轻民族主义者、帮助成立和指导了缅甸军队，故日本应该支援以奈温为首的军人政权建设新缅甸的目标。"[③] 缅甸领导层的更替动摇了这样的援助动机。日本还因为过往对缅甸援助的数额过多与管理不当而受到外界的批评。[④]

不过衰退的历史影响并没有完全消失，仍存在于书本、影像与一部分日本人的心中。1984 年 7 月 18 日，日本导演市川昆决定重拍《缅甸的竖琴》电影，来悼念故去的竹山道雄。[⑤] 翌年 7 月 20 日，新版《缅甸的竖琴》电影上映，并于 11 月荣获日本电影金奖，对日本人民的缅甸观再次产生较大的影响。[⑥] 也有一部分日

---

① 外務省：『外交青書』第 33 号、1989 年、https：//www. mofa. go. jp/mofaj/gaiko/bluebook/，2021 年 5 月 30 日。

② 南東アジア第一課：「対外応答要領」、1988 年 9 月 19 日、開示文書、『ビルマ情勢』、01 - 701 - 1；「ビルマ情勢（本使所見）」、1988 年 9 月 19 日、開示文書、『ビルマ情勢』、01 - 701 - 3。

③ 根本敬：「ビルマ（ミャンマー）」、『近現代史のなかの日本と東南アジア』、第 268—269 頁。

④ 根本敬：「日本とビルマの関係を考える―占領と抗日、戦後のコメ輸出、賠償と ODA、そして未来」、『「アウンサンスーチー政権」のミャンマー：民主化の行方と新たな発展モデル』、第 168—169 頁。

⑤ 「ビルマの竪琴 市川崑監督が再映画化 竹山道雄氏らの鎮魂歌に」、『朝日新聞（夕刊）』1984 年 7 月 18 日第 13 版。

⑥ 「特別推薦作品に『ビルマの竪琴』」、『朝日新聞（夕刊）』1985 年 7 月 20 日第 11 版；「日本映画金賞に『ビルマの竪琴』」、『朝日新聞（夕刊）』1985 年 11 月 28 日第 15 版；「パゴダの国から」、『朝日新聞（夕刊）』1986 年 9 月 11 日第 1 版。

本人对缅甸怀有"特殊的感情"。1997 年 6 月 4 日，在日本众议院外务委员会上，众议员岛聪发言表示日本曾"帮助"缅甸实现独立，对缅甸的稳定有"历史的责任"，期待政府今后积极展开外交努力。① "历史的责任"显示出受到历史影响的缅甸观具有一定的稳定性与持续性。同时，这样的认知会在合适的时机下继续推动日本援助缅甸。

第二节　缅甸政治转型、昂山素季的崛起与日本的缅甸政策

1988 年缅甸军人政变后，日本政府在中断对缅甸援助的同时，密切关注局势的演变。驻缅大使大鹰弘定期向日本政府报告缅甸局势，重点关注局势稳定与否、新政府的民意情况。政变过去一个月后，大鹰大使判断缅甸局势已经重归平静，公务员重返工作岗位、交通工具恢复运营、商业活动也在慢慢恢复正常。于是，日本政府将关心的重点转向军政府承诺的大选上。然而，日本大使从一开始就不认为会有自由、公正的选举，只是期望缅甸能举行相对合理的大选。② 日本政府也明确向缅甸当局表示，是否重启经济援助取决于缅甸能否实施自由、公正的选举。③ 及至 1989 年 2 月 16 日，缅甸政府公布了选举法案，承诺将在 1990 年年初举行大选。在欧美国家普遍对缅甸新政府持批判态度下，2 月 17 日，日本政府便开西方国家之先河，率先承认了缅甸军人政权。

日本外务省为日本的承认做出辩护，来回应国内外舆论的批

---

① 第 140 回国会、衆議院外務委員会、第 18 号、1997 年 6 月 4 日。

② 「ビルマ情勢（17 日時点における本使所見）」、1988 年 10 月 17 日、開示文書、『ビルマ情勢』、01 - 701 - 6。

③ 「ビルマ情勢（本使所見）」、1988 年 10 月 25 日、開示文書、『ビルマ情勢』、01 - 701 - 7。

评。国内外舆论认为，日本此举是支持缅甸军人独裁政权，旨在照顾日本企业的利益。为此，日本外务省官员在国会报告上辩称："缅甸政府已经满足政府承认的国际法条件，即有效统治与遵守国际法的意思、能力。鉴于此，日本政府予以了承认。"① 时任外相宇野宗佑也在场为日本的政策与欧美国家不同步做辩护，指出英国缺少缅甸的情报，并主张日本通过这一承认可以获得向缅甸政府极力提请以民主主义手段举行大选的机会。不过据新闻报道，日本的承认还意在允许与日本有历史联系的缅甸派遣代表出席昭和天皇葬礼，和回应已经同缅甸缔结契约的日本企业的重启援助请求。当时停止的日本对缅甸援助项目中，单未执行的有偿资金援助金额就高达约 1000 亿日元。② 不顾各界的异议，日本在承认缅甸政府后，便重启了经济援助。只是日本不敢冒天下之大不韪，仅恢复了过去暂停的援助，对于提供新援助很谨慎，拟在观察缅甸的局势后再做打算。③

缅甸在野党全国民主联盟（民盟）领导人、缅甸国父昂山之女昂山素季被当局软禁，引起国际社会与日本舆论的哗然。1989年 7 月 21 日，缅甸政府举行记者会，斥责民盟的昂山素季、丁乌（Tin Oo）两人试图破坏军民关系、伤害军队内部的团结。根据《防止叛乱法》，缅甸当局从 20 日上午起对昂山素季采取禁足在家的措施，禁止后者在今后一年里接触各政党和外国使领馆。④ 美国国务院发言人发表声明，批评缅甸政府的做法。欧洲共同体也向

---

① 第 114 回国会、参议院外务委员会、第 2 号、1989 年 3 月 28 日。

② 「ビルマ軍事政権を承認　政府決定　経済援助も再開」、『朝日新聞（夕刊）』1989 年 2 月 17 日第 1 版。

③ 外務省：『外交青書』第 34 号、1990 年、https：//www. mofa. go. jp/mofaj/gaiko/bluebook/，2021 年 5 月 30 日。

④ 「ミャンマー情勢（アウン・サン・スー・チー女史に対する政治活動の制限―本使所見）」、1989 年 7 月 21 日、開示文書、『ミャンマー情勢』、01 – 687 – 5；「最近のミャンマー情勢（アウン・サン・スー・チー女史の軟禁措置）」、1989 年 7 月 25 日、開示文書、『ミャンマー情勢』、01 – 687 – 1。

缅甸提出了抗议。① 1989 年 8 月 22 日、24 日，日本《朝日新闻》对于昂山素季被软禁一事展开报道，肯定昂山素季是缅甸民主改革运动的象征，认为苏貌政府此举毫无疑问会拖延缅甸民主改革，进一步被国际社会孤立。最后关于日本对缅甸援助，新闻社论强调："为了这个和我国有历史的、文化的（联系）与亲近的国家，我国愿意在经济与技术领域出力。但是援助的正式重启应该以举行公正与自由的大选、成立反映缅甸民意的政治体制为条件，希望尽早释放昂山素季。"② 由此，这篇社论以缅甸的民主改革为纽带，将日本的援助与昂山素季联系在一起，亦将民盟领导人昂山素季视为了缅甸民主改革的领导人。此外，新闻报道中日本对于缅甸的"历史的、文化的与亲近的"认知再一次佐证了历史影响的存在。

日本政府的态度明显比欧美国家、国内媒体更温和。日本政府仅做出遗憾表态，没有严厉的批评。7 月 24 日，外务省亚洲局局长、外务省发言人分别对缅甸驻日本大使、媒体表示：日方对于昂山素季女士及丁乌主席被软禁一事表示遗憾，同时希望缅甸政府继续为大选的落实而努力。③ 这一态度源于日本对软禁之事有不同的看法。

根据驻缅甸大使关于事情前因后果的报告，日本政府注意到缅甸政府与昂山素季领导的民盟间的紧张关系，认为软禁的背景在于昂山素季反复发出跟政府非常对立、挑衅的言论。昂山素季称没有必要遵从例如禁止 5 人以上集会这样不正当的法律。缅甸当局对于昂山素季的政治活动基本采取了默认的立场，直到 6 月才开始提出

---

① 南東アジア一課：「アウン・サン・スー・チー女史等に対する自宅軟禁について）」、1989 年 8 月 22 日、開示文書、『ミャンマー情勢』、01 – 687 – 3。

② 「封じ込められた民主化の象徴　ミャンマー　スー・チー女史宅を見た」、『朝日新聞（夕刊）』1989 年 8 月 22 日第 1 版；「スー・チー女史に自由を＿社説」、『朝日新聞（朝刊）』1989 年 8 月 24 日第 5 版。

③ 「最近のミャンマー情勢（アウン・サン・スー・チー女史の軟禁措置）」、1989 年 7 月 25 日、開示文書、『ミャンマー情勢』、01 – 687 – 1。

严厉警告。但是，随后 7 月 5 日苏貌主席发表了语气和缓的演说，不仅没有批评，反而试图说服昂山素季，"政府承认在选举的数月前（人民）有完全的民主权利，当前希望先保持忍耐"。围绕 7 月 19 日"殉难者日"（昂山将军被暗杀日）的纪念仪式，缅甸当局直到仪式当日仍在劝说昂山素季出席仪式，为化解对立关系费尽心思，但遭到昂山素季的拒绝。鉴于此，日本政府认为，缅甸政府对于昂山素季的反应是克制、温和的，理解当局希望顺利度过缅甸政治动乱一周年、避免治安混乱的想法，仍旧相信军政府会落实大选与移交权力，不理解昂山素季在占尽优势情况下的对立姿态。日本判断：在明年 5 月的大选上，昂山素季凭借其在民众中享有的人气，肯定能在大选中获得相当数量的选票。若是如此，昂山素季将领导组建新政府，带领缅甸实现政治转型。① 在此基础上，日本官方对于缅甸政府抱有更多的理解与肯定，仍然冀望推动缅甸举行相对公正、自由的大选，并没有将昂山素季的存在等同于缅甸民主改革，或者说没有昂山素季就没有大选，只是认为，软禁昂山素季削弱了大选的意义。②

昂山素季及民盟方面继续遭到当局的打压，被"没收"了选举的胜利。昂山素季身陷囹圄、最终没能参加大选，但是她领导的民盟在 1990 年 5 月的大选中取得压倒性胜利，赢得 80% 的议员席位。这证明昂山素季在缅甸民众中拥有较为广泛的支持。民盟在选举之后便向当局提出释放昂山素季的要求和拥护昂山素季的领导。然而，缅甸政府不仅没有释放昂山素季，而且拒绝立刻移交政权，坚持先制定宪法，再在新宪法下组建新政府。③ 新宪法的制定耗时良久，民选政府的成立至此遥遥无期。

---

① 南東アジア一課：「アウン・サン・スー・チー女史等に対する自宅軟禁について）」、1989 年 8 月 22 日、開示文書、『ミャンマー情勢』、01 – 687 – 3。

② 「ミャンマー情勢（アウン・サン・スー・チー女史に対する政治活動の制限—本使所見）」、1989 年 7 月 21 日、開示文書、『ミャンマー情勢』、01 – 687 – 5。

③ 外務省：『外交青書』第 34 号、1990 年。

　　昂山素季在软禁中为了被捕民盟党员的安全采取了非暴力的绝食抗议行为，获得国际社会的同情。她还拒绝缅甸军政府以出国换释放的提议，展现出不屈的斗志。[1] 昂山素季由此赢得国际舆论的关心，并深受西方世界的肯定与支持。1991 年 7 月，欧洲议会授予昂山素季 1990 年度 "萨哈罗夫思想自由奖"。同年 10 月 14 日，挪威诺贝尔奖委员会将 1991 年度 "诺贝尔和平奖" 授予昂山素季，肯定昂山素季领导的非暴力运动为缅甸民主改革所做的贡献，批评苏貌政府无视大选结果，要求立刻释放昂山素季。[2] 以此为契机，联合国秘书长德奎利亚尔、美国政府也发声要求缅甸政府释放昂山素季。[3] "诺贝尔和平奖" 不仅给军政府带来了更多的国际压力，而且是国际社会对于昂山素季的民主改革运动领袖身份的认可。[4]

　　国际影响力越来越大的昂山素季，备受日本举国上下的瞩目。日本政府在 "诺贝尔和平奖" 公布后发表声明，欢迎昂山素季获奖。[5] 昂山素季的日本朋友与支持者纷纷表达喜悦之情，希望缅甸政府早日释放昂山素季。在这些朋友与支持者中，既有战时与昂山相结识的日本旧军人，亦有 1985 年昂山素季在京都大学东南亚研究中心从事研究时结交的人，还有在日本的缅甸人。静冈县缅甸会长山田元八是 "二战" 时期入侵过缅甸的日本旧军人，与昂山素季的父亲昂山将军相识。1991 年 10 月，山田元八接受采访时表示，当 1985 年昂山素季来日的时候，他作为向导带着女士走访了 "二战"

---

　　① 「ミャンマー民主化への第一步＿社説」、『朝日新聞（朝刊）』1989 年 7 月 12 日第 5 版。

　　② 「ノーベル平和賞　スー・チーさんに　ミャンマー民主化に貢献」、『朝日新聞（朝刊）』1991 年 10 月 15 日第 1 版。

　　③ 「スー・チー氏の解放を求める　米と国連事務総長＿平和賞」、『朝日新聞（夕刊）』1991 年 10 月 15 日第 2 版。

　　④ 「スー・チー女史のノーベル賞受賞　軍事政権に国際圧力　民主化勢力に力　ミャンマー」、『朝日新聞（朝刊）』1991 年 10 月 15 日第 7 版。

　　⑤ 「スー・チーさん受賞　政府も歓迎＿平和賞」、『朝日新聞（朝刊）』1991 年 10 月 16 日第 3 版。

时期昂山一度藏身过的滨名湖弁天岛。1988 年 12 月 30 日，昂山素季还曾致信山田，告知母亲去世的消息。① 总之，"诺贝尔和平奖"将昂山素季带入更多日本人的视野——一个与日本有紧密联系的民主领袖。

日本政界也愈发关心昂山素季的命运和缅甸政治转型。1991 年11 月 13 日，在国会上，围绕昂山素季被软禁问题，日本参议院议员中野铁造提出，（日本政府）从人权角度出发应该跟缅甸政府交涉、要求释放昂山素季。宫泽喜一首相答复：日本政府已经多次向缅甸政府表达过对于民主改革的关切与期待，今后也将继续游说对方。②1993 年 3 月，经在日缅甸人协会的请求，日本国会两院跨党派的议员发起向联合国秘书长提交请愿书活动，反对缅甸军政府压迫人权，要求释放昂山素季，施压缅甸政府还政于民。截至至 3 月 13 日，参与署名的议员有 354 人，不仅有在野党议员，还有 67 名自民党议员，包括党内大佬藤尾正行、山崎拓也。相比之下，在日缅甸人于1990 年 5 月与 10 月两度发起署名活动，但没有获得一名自民党议员的署名。③ 由此可见，在昂山素季声望日隆、军政府拒不还政于民的情况下，日本政府与执政党对昂山素季、军政府的态度有了较大转变。

日本政府试图通过跟缅甸当局的接触与对话，来推动缅甸政治转型与人权问题的改善。④ 1992 年初，缅甸丹瑞将军取代苏貌成为国家恢复法律和秩序委员会新主席，开始推进政治改革进程，公布了负责制宪的国民会议的召开时间，还允许昂山素季与家人会面，

① 「『スー・チーさん解放の契機に』京大時代の知人ら期待_ 平和賞」、『朝日新聞（朝刊）』1991 年 10 月 15 日第 30 版。
② 第 122 回国会、参議院本会議、第 4 号、1991 年 11 月 13 日。
③ 「『スー・チーさんを救え』 国会署名　自民議員も大勢参加」、『朝日新聞（夕刊）』1993 年 3 月 13 日第 8 版。
④ 外務省：『外交青書』第 36 号、1992 年、https：//www. mofa. go. jp/mofaj/gai-ko/bluebook/，2021 年 5 月 30 日。

并释放了一部分政治犯。日本对此报以积极反应，首相与外相分别致信丹瑞表示肯定，鼓励缅甸采取这样的措施，并于1992年7月派遣外务政务次官柿泽弘治访缅。① 这是1988年以后日本派遣的最高级别官员，显示了日本对于缅甸改革进程的肯定。柿泽也在访问的时候再次敦促缅甸当局早日还政于民。1995年12月5日，日本外务大臣河野洋平在参议院的发言中指出："如众位议员们所知，缅甸与我国具有历史的关系，因此相比于欧美国家，我国更有机会向缅甸提陈各种意见，听取缅甸情况。"由此可见，在日本领导层的心目中，日缅关系并未完全摆脱历史的影响，且日本对于缅甸具有一定的影响力。②

日本为了维持这一影响力，没有像欧美国家那样对缅甸采取"北风"政策，即批判制裁路线，而是尊重缅甸并同军政府接触，继续援助缅甸。③ 1995年3月，日本率先打破制裁缅甸的禁令，决定向缅甸提供10亿日元的无偿援助，以帮助缅甸实现粮食增产。④ 与此同时，日本试图运用这一影响力推动缅甸当局释放昂山素季与还政于民。1993年10月29日，日本副首相兼外相羽田孜提请来访的缅甸外长吴翁觉（U Ohn Gyaw）充分认识并回应国际社会的关切，还请求对方关照昂山素季的人权。⑤ 1994年6月，日本外相再次要求缅甸政府释放昂山素季。⑥ 值得注意的是，1993年1月，昂山素

---

① 「最近のミャンマー情勢」、『ミャンマーニュース』1992年第415号、第11—12页；「最近のミャンマー情勢」、『ミャンマーニュース』1992年第417号、第14—15页。

② 第134回国会、参議院決算委員会、第2号、1995年12月5日。

③ 根本敬：「戦後日本の対ビルマ関係：賠償から『太陽外交』まで」、第3—6页。

④ 「ミャンマー民主化への第一歩_社説」、『朝日新聞（朝刊）』1995年7月12日第5版。

⑤ 「スー・チーさんの人権に配慮求める」、『朝日新聞（朝刊）』1993年10月30日第2版。

⑥ 「スー・チーさん『解放を』と外相が要請」、『朝日新聞（朝刊）』1994年6月25日第3版。

季曾致信日本，要求全面停止对缅甸的援助。① 在日本的缅甸人反政府组织同样多次向日本国会议员请愿，要求日本停止援助缅甸军政府。② 日本的援助举动显然难令昂山素季方面满意。

1995 年 7 月 10 日，昂山素季在经历长达 6 年的软禁后终于获释。③国际社会纷纷发声表示欢迎，并期待缅甸的政治改革。④ 时任日本首相村山富市发表声明，愿意支援缅甸的民主改革。⑤ 随后日本政府部分调整了对缅甸的经济援助方针，决定今后继续关注缅甸的政治转型与人权情况，同时以过去未竟的项目和直接有助于民生的援助为中心对缅甸展开经济援助。10 月 30 日，日本政府与缅甸政府换文，日本将就护士大学扩建计划向缅甸提供 16.25 亿日元的无偿援助。⑥

日本的缅甸政策转向推动军政府与昂山素季的对话。昂山素季获释之前，1994 年 9 月 20 日，国家恢复法律和秩序委员会主席丹瑞、第一书记钦纽（Khin Nyunt）与昂山素季举行了首次对话。10月 28 日，钦纽与昂山素季举行了第二次对话。⑦ 在获释后的记者会上，昂山素季表示有必要同缅甸当局对话。⑧ 但未过多久，双方的关系再度紧张。1996 年 5 月与 9 月，昂山素季两度计划召开民盟党大会。缅甸政府采取对抗措施，封锁昂山素季家宅前的道路并逮捕民

---

① 「援助全面停止　日本に求める　スー・チーさん書簡」、『朝日新聞（朝刊）』1993 年 1 月 16 日第 3 版。

② 第 118 回国会、参議院外務委員会、第 2 号、1990 年 4 月 17 日。

③ 「スー・チーさん解放　自宅に軟禁 6 年間　軍事政権が通告」、『朝日新聞（朝刊）』1995 年 7 月 11 日第 1 版。

④ 「『スー・チーさん解放を歓迎』　米、自由の保障を注視_ 世界の反響」、『朝日新聞（夕刊）』1995 年 7 月 11 日第 1 版;「民主化に期待　各国の反応」、『朝日新聞（夕刊）』1995 年 7 月 11 日第 2 版。

⑤ 「民主化、日本も協力　村山首相」、『朝日新聞（夕刊）』1995 年 7 月 11 日第 2 版。

⑥ 第 134 回国会、衆議院外務委員会、第 6 号、1995 年 11 月 21 日。

⑦ 南東アジア一課:「アウン・サン・スー・チー女史の自宅軟禁問題)」、1995 年 1 月 19 日、開示文書、『ミャンマー情勢』、01 – 687 – 2。

⑧ 「ミャンマー民主化への第一歩_ 社説」、『朝日新聞（朝刊）』1995 年 7 月 12 日第 5 版。

盟有关人士。① 2000 年 9 月，缅甸政府阻止昂山素季赴地方访问，并将后者软禁在家。就两方对立的关系，2000 年 11 月 8 日，日本外相河野洋平在众议院外务委员会上声明："我们希望缅甸当局与以昂山素季为代表的集团间开启对话。"②

此后，在联合国特使、马来西亚人拉扎利斡旋下，缅甸政府与昂山素季展开对话。日本政府积极协助拉扎利特使，于 2001 年 4 月决定向缅甸提供自 1988 年以来金额最高的 35 亿日元无偿援助，用于巴鲁昌水电站的维修。③ 日本的观点是，此举不仅有助于改善民生，而且可以推动缅甸的民主改革对话。④ 但批评声音认为，在缅甸的人权状况没有得到根本改善前，日本不应该给予无偿援助。2001年 8 月 17 日，日本国际问题研究所理事长小和田恒在仰光拜会了昂山素季，听取军政府与昂山素季间预备会谈的进展情况，并谋求昂山素季支持这笔援助。昂山素季面露难色，认为民盟与军政府还在围绕民主改革进行预备会谈期间，日本的援助时机欠佳。⑤ 2002 年 5月，昂山素季再度获释。8 月，日本外相川口顺子出访缅甸，同缅甸当局与昂山素季两方举行了会晤，希望双方可以就民主改革对话取得进展。⑥ 这也是日本外相时隔近二十年首次访缅。同年底，日本宣布免除缅甸 12.5 亿美元的债务（超过了缅甸拖欠日本 33.2 亿美元债务总额的 1/3），并向缅甸提供了 21 亿日元的新援助。⑦

---

① 外務省：『外交青書』第 40 号、1997 年、https：//www. mofa. go. jp/mofaj/gai-ko/bluebook/，2021 年 5 月 30 日。

② 第 150 回国会、衆議院外務委員会、第 2 号、2000 年 11 月 8 日。

③ 「日本の無償援助はビルマ国内での対話への報酬」、2001 年 4 月 25 日、『フォーラム Mekong』2001 年第 3 巻第 4 号、第 28—29 頁。

④ 第 154 回国会、衆議院外務委員会、第 12 号、2002 年 4 月 24 日。

⑤ 「小和田国問研理事長、スー・チーさんと会談」、2001 年 8 月 18 日、『フォーラム Mekong』2001 年第 3 巻第 4 号、第 29 頁。

⑥ 外務省：『外交青書』第 46 号、2003 年、https：//www. mofa. go. jp/mofaj/gai-ko/bluebook/，2021 年 5 月 30 日。

⑦ 贺圣达、李晨阳编：《列国志：缅甸》，第 436 页。

日本的对话与援助政策在 2003 年昂山素季再次被软禁后难以为继。2003 年 5 月 30 日，昂山素季的车队在缅甸中部地区的德拜因（Depayin）遭遇暴徒袭击，众多民盟成员及支持者在冲突中遇难。[①] 随后昂山素季被当局逮捕。9 月，缅甸政府将昂山素季软禁在家。[②] 鉴于此，西方国家加大对缅甸的制裁力度，缅甸与西方国家关系再度恶化。2003 年 7 月，美国总统布什签署了强化对缅制裁法案，规定三年内禁止进口缅甸产品等措施。日本外相川口也发表声明，对该事件深表遗憾，强烈要求缅甸政府平息事态，早日恢复包括昂山素季在内民盟相关人员自由的政治活动权利，以及向国际社会公开信息。[③] 10 月，日本宣布停止对缅甸的政府开发援助。在昂山素季问题未解决与国际舆论的高压下，日本事实上不仅无法推行促使缅甸政府与昂山素季方面的对话政策，而且对缅甸当局的影响力也没有预想得大。从这一意义上说，日本的缅甸政策，特别是对缅甸的援助政策，遭遇了重大挫折。日缅双边关系自此趋于疏远。

第三节　昂山素季与日本对缅甸的经济援助

自 2003 年昂山素季被软禁后，日缅关系进入若即若离的状态。在较长时期里，两国没有高层领导人的正式互访，仅靠国际会议进行一定程度的交流，例如 2003 年 12 月缅甸总理钦纽和外长吴年温

---

① 范宏伟、吴思琦：《美国制裁缅甸政策的形成过程与路径——以国会与政府互动为视角（1988—2008）》，《厦门大学学报》（哲学社会科学版）2021 年第 6 期。

② 外务省：『外交青书』第 47 号、2004 年、https：//www. mofa. go. jp/mofaj/gai-ko/bluebook/，2021 年 5 月 30 日。

③ 范宏伟、刘晓民：《日本在缅甸的平衡外交：特点与困境》，《当代亚太》2011 年第 2 期。

（U Nyan Win）受邀赴东京出席首届日本—东盟首脑会议。[1] 2007 年 12 月，日本首相福田康夫在新加坡出席东亚领导人会议期间，专门会晤了缅甸总理登盛。[2] 2010 年，日缅外长又借国际会议的机会举行了三次会谈。[3] 在对缅甸的经济援助上，日本自 1987 年度以后停止了新的日元贷款。只是在对东盟、湄公河地区等区域性的经济援助框架下，或者以人道主义援助、事关民主改革与经济改革的人才培养之名，日本向缅甸提供了小规模的援助。2010 年度日本对缅甸的无偿资金援助与技术援助不仅远少于日本对越南、印度尼西亚两国的援助，甚至不如对柬埔寨与老挝的。[4] 同时，日本国际协力机构（JICA）的 2010 年版、2011 年版、2012 年版《国际协力机构年度报告》关于前一年度在各国事业规模的介绍也反映出上述情况。[5] 此外，日本对缅甸的政治影响力不足。围绕 2010 年缅甸大选，在日缅三次外长会谈上，日本方面晓之以理动之以利，试图通过经济援助来换取缅甸举行一场囊括昂山素季及民盟的自由、公正的大选，但始终没能说服缅甸当局。日本只能退而求其次，谋求缅甸当局释放包括昂山素季在内的政治犯，并期望当局可以同昂山素季方面对话。[6]

---

① 「日本、発言力維持に躍起　ASEANと特別首脑会議」、『朝日新聞（朝刊）』2003 年 12 月 7 日第 3 版；「ミャンマーのキン・ニュン首相、スー・チー氏と『接触』」、『朝日新聞（朝刊）』2003 年 12 月 11 日第 4 版。

② 毕世鸿：《冷战后日缅关系及日本对缅政策》，《当代亚太》2010 年第 1 期。

③ 外務省：『日ミャンマー外相会談（概要）』、2010 年 1 月 17 日、https：//www. mofa. go. jp/mofaj/press/release/22/1/0117_ 02. html，2021 年 5 月 30 日；『日ミャンマー外相会談（概要）』、2010 年 7 月 21 日、https：//www. mofa. go. jp/mofaj/kaidan/g_ okada/asean_ 1007/myanmar_ gk. html，2021 年 5 月 30 日；『日ミャンマー外相会談（概要）』、2010 年 10 月 30 日、https：//www. mofa. go. jp/mofaj/kaidan/g_ maehara/haw _ vie_ 10/myanmar_ 1030. html，2021 年 5 月 30 日。

④ 外務省：『政府開発援助（ODA）白書』、2011 年、第 108 頁。

⑤ 日本国際協力機構：『国際協力機構年次報告書』、2010—2012 年。

⑥ 外務省：『日ミャンマー外相会談（概要）』、2010 年 10 月 30 日、https：//www. mofa. go. jp/mofaj/kaidan/g_ maehara/haw_ vie_ 10/myanmar_ 1030. html，2021 年 5 月 30 日。

2010 年大选之后，缅甸迅速走上了政治转型、经济改革与民族和解之路，受到国际社会的关注与欢迎。首先，在政治转型上，2010 年 11 月 13 日，缅甸政府释放了被软禁近七年半之久的昂山素季。2011 年 3 月 30 日，吴登盛就任缅甸联邦共和国总统。缅甸最高国家权力机构——国家和平与发展委员会①向新政权移交权力，标志着缅甸实现了从军政府向民选政府的过渡。缅甸新任总统吴登盛在就职演说上表示："我们将尽最大努力，将缅甸建设成为一个公正、自由、平等的民主国家。"他还向反对党人抛出橄榄枝："邀请全国人民跟政府一道为国家的利益而努力。"② 随后，吴登盛政府出台了一系列举措，特赦 50 名政治犯，向反对派领袖昂山素季发出会晤邀请，解除针对外国网络在缅甸的传播禁令，还允许外国记者在缅甸设立记者站。缅甸官方媒体也停止刊登和播出批评西方媒体的标语口号。③ 11 月 4 日，缅甸当局修改政党登记法，为民盟及其领袖昂山素季重返政坛扫清了障碍。④ 其次，关于经济改革方面，缅甸央行表示，将和国际货币基金组织合作，改革货币管理体系，实施统一的汇率政策，并取消兑换券。2012 年 5 月，吴登盛推出"第二次战略改革"，在实施政治改革以后，展开以促进国家经济发展、改善民生为中心的第二步战略改革，将工作重心转向经济改革。⑤ 最后，围绕民族和解问题，吴登盛于 2011 年 8 月 18 日呼吁少数民族武装团

---

① 缅甸国家和平与发展委员会，其前身为成立于 1988 年 9 月 18 日的"国家恢复法律和秩序委员会"，1997 年 11 月 15 日更名为"国家和平与发展委员会"，系缅甸国家最高权力机构。

② Thein Sein, *President U Thein Sein Delivers Inaugural Address to Pyidaungsu Hluttaw*, March 30, 2011, http：//www.burmalibrary.org/docs12/2011-03-30-TS_ inaugural_ speech_ to_ Pyidaungsu_ Hluttaw.pdf, 2021 年 5 月 30 日。

③ 丁刚：《缅甸新政府释放政治和解信号》，《人民日报》2011 年 8 月 22 日第 3 版。

④ 廉德瑰：《日本对缅甸的政策调整及其特点》，《东北亚学刊》2012 年第 5 期。

⑤ 暨佩娟、孙广勇：《缅甸改组内阁为经济改革开路》，《人民日报》2012 年 6 月 8 日第 21 版。

体与政府举行和谈，结束长期的冲突。①

　　日本对缅甸政府的改革做出积极的反应。2011 年 6 月 6 日，在匈牙利访问的日本外务大臣松本冈明与缅甸外长温纳貌伦（Wunna Maung Lwin）举行会谈。松本肯定缅甸的改革与国内和解的进展，希望向缅甸派遣政务官级别的外交高官，开启日缅关系新篇章，得到温纳貌伦的欢迎。② 日缅外长的上述态度不仅显示出日本政府对于缅甸改革的关注与肯定，也体现出缅甸政府对于同国际社会交往的开放态度。6 月 27 日，日本外务大臣政务官菊田真纪子抵达缅甸，先于欧美国家同吴登盛政府进行了接触。菊田访问主要有以下四个目的：（1）重建同缅甸的关系，加强与缅甸政府高层的联系；（2）摸清缅甸对于日本的期许，探究日本如何对其加以利用；（3）以日本的行动推动欧美改变立场；（4）应对中国在缅甸膨胀的影响力。③在具体的会谈中，菊田真纪子围绕日缅两国间的人员往来、经济合作、经济关系和文化交流四个领域跟缅甸政府官员交换了意见。不过，此行仍遗留了一大难题，即日本与昂山素季的关系。昂山素季对于日本长期援助军人政权抱有不满。在 29 日的会谈上，菊田未能让昂山素季释怀。她说明了日本关于缅甸现状以及支援缅甸的想法。昂山素季的回复则是含蓄地批评了日本的援助政策：希望日本在考虑援缅目标时，不单要支持民主，还应为了地区的和平与稳定，且需要提高援助的透明度并更负责任。④

　　2011 年 12 月 25 日，日本外相玄叶光一郎启程前往缅甸，系日

---

　　①　丁刚：《缅甸新政府释放政治和解信号》，《人民日报》2011 年 8 月 22 日第 3 版。

　　②　外務省：『日ミャンマー外相会談（概要）』、2011 年 6 月 6 日、https：//www.mofa.go.jp/mofaj/kaidan/g_matsumoto/hungary1106/j_myanmar_gk.html，2021 年 5 月 30 日。

　　③　吉次公介：「ミャンマー民主化と日本外交」、第 240—241 頁。

　　④　外務省：『菊田外務政務官のミャンマー訪問（概要）』、2011 年 6 月 29 日、https：//www.mofa.go.jp/mofaj/annai/honsho/seimu/kikuta/myanmar1106/gaiyo.html，2021 年 5 月 30 日。

本外相九年来首度访缅。翌年 4 月 21 日，缅甸国家元首 28 年来首次正式访问日本。在一系列的交往中，双方达成了以下共识，缅甸将继续推进政治改革与国内和解，日本将合官民之力支援缅甸，两国间将加强合作与促进双边关系。① 不仅如此，日本政府也试图改善同昂山素季的关系。玄叶光一郎在访缅期间向昂山素季详细说明了日本的政策，部分改善同昂山素季的关系，还邀请她访日，得到后者的应允，为进一步加强和昂山素季的关系打下了基础。② 日本认识到昂山素季是一位在国际社会与缅甸国内均有巨大影响力的人，以致日本政要每逢访缅都想拜访昂山素季。2013 年，昂山素季终于应邀访问了日本。对于昂山素季关注的农业问题、就业与法治，日本亦是有求必应，扩大援助，力图挽回昂山素季对日本的信赖，以及对日本援助军政府政策的理解。③

　　2015 年 11 月，缅甸顺利举行了新一轮大选。昂山素季领导的民盟得到广大百姓的支持，赢得大选。缅甸政治转型取得标志性进展，受到国际社会的认可与支持。2016 年 3 月 30 日，民盟政府正式履新后，中国、意大利、德国、印度等国外长先后到访缅甸。④ 特别是美缅关系显著升温。5 月，美国国务卿克里出访缅甸，展示了对缅甸

　　① 　外務省：『藤村官房長官とワナ・マウン・ルイン・ミャンマー外務大臣との会談について』、2011 年 10 月 20 日、https：//www. mofa. go. jp/mofaj/kaidan/others/myanmar_ 1110. html, 2021 年 5 月 30 日；外務省：『日・ミャンマー外相会談及びワーキング・ディナー（概要）』、2011 年 10 月 21 日、https：//www. mofa. go. jp/mofaj/kaidan/s_ noda/asean_ 11/myanmar_ 1111. html, 2021 年 5 月 30 日。

　　② 　外務省：『玄葉外務大臣のミャンマー訪問（結果概要）』、2011 年 12 月 26 日、https：//www. mofa. go. jp/mofaj/kaidan/g_ gemba/myanmar1112. html, 2021 年 5 月 30 日。

　　③ 　外務省：『アウン・サン・スー・チー・ミャンマー国民民主連盟議長の訪日（概要と評価）』、2013 年 4 月 19 日、https：//www. mofa. go. jp/mofaj/area/page3_ 000105. html, 2021 年 5 月 30 日；日本国際協力機構：『国際協力機構年次報告書』、2017 年、第 29 頁。

　　④ 　《缅甸外长昂山素季拟 11 月访日，系民盟执政后首次》，《澎湃新闻》2016 年 9 月 21 日，https：//www. thepaper. cn/newsDetail_ forward_ 1531990, 2021 年 5 月 30 日。

政治转型的支持。9 月，缅甸国务资政兼外交部部长昂山素季访问美国。两国一致同意构建双边合作伙伴关系。① 10 月 7 日，美国总统奥巴马宣布终止实施针对缅甸的《国家应急法》，并解除相关制裁措施。② 是故，缅甸走出了孤立的困境，成为国际社会竞相支援与开发的热土。

　　缅甸大选后，日本政府积极接洽民盟方面。民盟胜选结果出炉后，日本派往缅甸的选举监督团团长、日本财团会长笹川阳平便拜会了民盟最高顾问丁乌，转交安倍晋三首相的贺信，表明日本政府的合作意愿，并邀请昂山素季访日。③ 2015 年 11 月 27 日，民盟中央执委、发言人那温（Nyan Win）受邀访日，与日本政府、商界要人举行了会谈。日本外务大臣、外务副大臣、官房长官先后接见了那温，足见日本政府的重视。2016 年 1 月 27 日，以民盟经济委员会委员妙敏（Myo Myint）为首的 15 人民盟代表团受日本财团的邀请访日。④ 2 月 16 日，日本首相辅佐官和泉洋人访缅，拜会昂山素季，并转交了安倍的亲笔信。⑤ 日本政府通过增加和民盟人士接触的机会，厘清新政权的方向，试图与新政权建立友好、互信的关系。

　　昂山素季上台后，日本对缅甸新政府展示出较大的热情与交往的积极性。2016 年 5 月 3 日，日本外相岸田文雄成为缅甸新政府成立后首位访缅的日本内阁大臣。岸田在拜会昂山素季时表达了日本政府对

---

① 《奥巴马晤昂山素季，承诺将解除对缅经济制裁》，《澎湃新闻》2016 年 9 月 15 日，https：//www. thepaper. cn/newsDetail_ forward_ 1531990，2021 年 5 月 30 日。

② 《美国终止实施针对缅甸的"国家应急法"，解除对缅相关制裁》，《澎湃新闻》2016 年 10 月 8 日，https：//www. thepaper. cn/newsDetail_ forward_ 1539512，2021 年 5 月 30 日。

③ 外務省：『笹川陽平日本政府代表のミャンマー訪問』、2015 年 11 月 20 日、https：//www. mofa. go. jp/mofaj/press/release/press4_ 002670. html，2021 年 5 月 30 日。

④ 外務省：『ミョー・ミン・ミャンマー連邦共和国国民民主連盟経済委員会メンバー等による岸田外務大臣表敬』、2016 年 1 月 27 日、https：//www. mofa. go. jp/mofaj/press/release/press4_ 002884. html，2021 年 5 月 30 日。

⑤ 外務省：『和泉総理大臣補佐官のミャンマー訪問』、2016 年 2 月 16 日、https：//www. mofa. go. jp/mofaj/s_ sa/sea1/mm/page4_ 001787. html，2021 年 5 月 30 日。

新政权的支持，邀请昂山素季访日。9 月 7 日，安倍晋三在老挝会晤昂山素季，再度邀请后者访日。11 月，昂山素季应邀出访日本，分别与安倍晋三、岸田文雄举行了会谈，还出席了"湄公河地区的官民合作与携手促进论坛特别会议"。日本对于昂山素季"三顾茅庐"般的访日邀请，与 20 世纪 80 年代缅甸反复邀请日本首相访缅形成鲜明对比，显示出日本政府对昂山素季及缅甸新政权的重视，亦藏不住日本在国际热点问题缅甸政治转型上彰显存在感、提高国际地位的企图。

透过一系列领导人间的会谈可以看出，这一时期日本的缅甸政策，将缅甸定位为共有价值观、具有经济发展潜力与重要地缘政治价值的友邦。在此定位下，日本加大了对缅甸经济援助的力度。2016 年 9 月 7 日，日本首相安倍晋三在与昂山素季的会谈上，表示将为缅甸发展提供超 1250 亿日元的援助，重点资助昂山素季属意的扶贫、农村建设等领域。[1] 11 月，安倍送出更为丰厚的援助，作为昂山素季访日的"礼物"。鉴于缅甸政府极为重视国内民族和解问题，安倍表示今后五年将提供 400 亿日元来支持缅甸少数民族地区的发展。随后在经济合作领域上，安倍提出今后五年为缅甸提供8000 亿日元的援助，推动缅甸都市、电力、运输及农业等领域的发展。[2] 在昂山素季上任短短不到一年时间里，日本已经承诺了近万亿日元的援助，重视之意不言而喻。根据 2017 年版日本《开发协力白皮书》所示，关于 2016 年日本对东亚各国的援助情况，缅甸获得的无偿资金援助合计 20958 万美元、技术援助为 9796 万美元，均高居整个东亚地区的首位。[3]

---

① 外务省：『安倍総理大臣とアウン・サン・スー・チー・ミャンマー国家最高顧問との会談』、2016 年 9 月 7 日、https：//www. mofa. go. jp/mofaj/s_ sa/seal/mm/page3_ 001800. html，2021 年 5 月 30 日。

② 外务省：『安倍総理大臣とアウン・サン・スー・チー・ミャンマー国家最高顧問との会談等』、2016 年 11 月 2 日、https：//www. mofa. go. jp/mofaj/s_ sa/seal/mm/page4_ 002474. html，2021 年 5 月 30 日。

③ 外务省：『開発協力白書』、2017 年、第 103 頁。

　　与此同时，安倍内阁强化意识形态攻势，欲以价值观外交拉拢
缅甸。在 2016 年 9 月老挝的东盟系列会议期间，安倍向昂山素季指
出："缅甸是与日本共有自由、民主、人权、法治等价值观的地区伙
伴。"① 11 月，安倍又对访日的昂山素季称："您同我们共有自由、
民主、人权、法治等价值观……日本是缅甸的朋友，将合官民之力，
全力以赴支持缅甸新政府。"② 从日本外务省的新闻稿来看，昂山素
季的回应虽然没有正面肯定"共有价值观"说，但是她表示，希望
维持日缅间的传统友好关系，与值得信赖的伙伴日本同行。"传统友
好关系""值得信赖的伙伴"这两点均显示出缅甸对日本的重视与
信任。

　　日本还想在印太战略上争取缅甸的合作。缅甸地处中国与印度
之间，东面与泰国接壤，东南面位于马六甲海峡西端，西至印度洋，
西北为印度，北接中国，具有重要的地缘战略价值。安倍于 2017 年
提出印太战略，并在 2018 年版的《外交蓝皮书》中将此列为日本外
交的重点领域之一。③ 2017 年 12 月 14 日，安倍在会见来访的缅甸
总统吴廷觉（U Htin Kyaw）时表示：在自由开放的印太战略之下，
希望通过促进"地区的互联互通"，实现缅甸与地区整体的稳定与繁
荣。2018 年 1 月，日本外相河野太郎在访缅期间与缅军总司令敏昂
莱的会谈中也提到：日本正在推进印太战略，希望同在地缘战略上
极为重要的缅甸进行合作。④ 2 月 7 日，日本首相辅佐官园浦健太郎

---

　　① 外務省：『安倍総理大臣とアウン・サン・スー・チー・ミャンマー国家最高
顧問との会談』、2016 年 9 月 7 日、https：//www. mofa. go. jp/mofaj/s_ sa/sea1/mm/
page3_ 001800. html，2021 年 5 月 30 日。
　　② 外務省：『安倍総理大臣とアウン・サン・スー・チー・ミャンマー国家最高
顧問との会談等』、2016 年 11 月 2 日、https：//www. mofa. go. jp/mofaj/s_ sa/sea1/
mm/page4_ 002474. html，2021 年 5 月 30 日。
　　③ 外務省：『外交青書』第 61 号、2018 年、第 12 頁。
　　④ 外務省：『河野外務大臣のミャンマー訪問（要人との会談）』、2018 年 1 月
12 日、https：//www. mofa. go. jp/mofaj/s_ sa/sea1/mm/page3_ 002344. html，2021 年 5
月 30 日。

到访缅甸，向缅甸军政官员说明了"自由、开放的印太战略"。尽管该战略内含针对中国的意图，但是缅甸方面仍表示了支持。[①]

综上所述，在昂山素季执政以后，日本政府重新将缅甸定位为传统友邦。2015 年，日本记者杉下恒夫发文指出，再次感受到日本人对缅甸的亲近感。文章指出：曾经有很多日本人对缅甸怀有亲近感。然而，在缅甸经历多年的军人统治后，不知不觉间，日本人已经遗忘了缅甸。直到 2015 年大选重新唤起日本人民对于缅甸的关注。在关注原因中，杉下特别提到昂山素季赴日留学的经历以及其父昂山将军与日本的历史联系。[②] 因此，日本对于缅甸的新认知仍受到了历史的影响。当然在不同的时空下，前述认知打上了新时代的烙印，即"共享民主价值观"。在此基础上，日本政府展开经济援助，巩固同友邦缅甸的关系，维护在缅甸的影响力和国家利益。

小　　结

"二战"的历史影响既不会永久地作用于日本对缅甸的援助政策，也不会突然消失，而是潜伏在部分日本人的心底。以奈温为代表的老一代接受过日本教育的缅甸领导人告别领导岗位，以及缅甸战场的亲历者随着年岁增长而逐渐故去，不仅导致历史人际关系的影响力萎缩，而且使日本的缅甸观面临更新问题。日本将奈温一代的缅甸领导人定性为接受过日本教育的"亲日人士"。面对新的缅甸

---

① 外务省：『薗浦内閣総理大臣補佐官のミャンマー及びラオス訪問（結果）』、2018 年 2 月 13 日、https：//www. mofa. go. jp/mofaj/s_sa/sea1/page4_003752. html，2021 年 5 月 30 日。

② 杉下恒夫：「改めて感じた日本人のミャンマーへの親近感」、『ODAジャーナリストのつぶやき』2015 年第 364 巻、https：//www. jica. go. jp/aboutoda/odajournalist/2015/364. html，2021 年 5 月 30 日。

领导人，日本需要重新审视与认知。这一重新审视与认知在受到缅甸政治转型与国际舆论环境影响的同时，亦须建立在过往的日缅交往历史之上。昂山素季既凭借民主改革领袖的身份拥有极高的国际威望，也因为其父而与日本有间接的历史渊源，逐渐占据了日本对缅甸认知的中心角色，进而成为日本援助缅甸的新动力。

结　　论

一　历史影响与日本对缅甸的援助

德国历史学家贝恩德·施特弗尔曾评述说，冷战中的发展援助一方面是针对较贫穷国家的人道主义援助，另一方面还是全球性体制斗争的组成部分。"在这场全球性体制斗争中，超级大国及其阵营彼此对峙，以期获得政治、经济或军事地缘战略上的优势地位，或消解对方的优势。"[①] 此说在一定程度上还原了冷战时期东西方阵营的援助动机，但并不完整，特别是忽视了第二次世界大战带来的历史影响。冷战时期日本对缅甸的援助起源于战争赔偿，由准赔偿到最终发展成政府开发援助。在其演变过程中，"二战"通过历史遗留问题、历史亲历者、历史人际关系以及历史认识对日本的缅甸援助政策产生了历史影响。

第二次世界大战期间，日本入侵英属殖民地缅甸，不仅对缅甸造成了约 38 亿美元的经济损失和十几万缅人的死亡，还在缅甸土地上遗留下近二十万日本侵略军人遗骸。战后，在缅甸的索赔与《旧金山和约》的规定下，日本向缅甸履行了战争赔偿义务，分别在 1954 年与 1963 年解决了战争赔偿问题与赔偿再协商问题。战争赔偿

---

① ［德］贝恩德·施特弗尔：《冷战：1947—1991 一个极端时代的历史》，孟钟捷译，漓江出版社 2017 年版，第 288 页。

问题的解决消除了双边关系的障碍、开启了日本对缅甸经济援助之路、为两国关系奠定了友好的基础。至 1975 年，在日缅关系友好的背景下，缅甸允许日本在其国内展开日军遗骸搜集活动。该历史遗留问题的解决进一步巩固了双边关系。

在这些历史遗留问题的处理上，原南机关与缅甸独立军中的日本旧军人起到润滑剂作用。他们有时受到日本政府指派打探缅甸的意向，有时作为缅甸政府代表向日本政府提出请求或者传递缅甸的想法，还有时作为中间人或者秘密管道参与日本对缅甸的赔偿、援助谈判。除赔偿与援助谈判以外，南机关与缅甸独立军人士也在战后初期的购粮、寻求缅甸同意日本在缅展开日本军人遗骸搜集与纪念活动等领域上发挥了作用，成功游说缅甸政府接受日本方面的主张。

这群旧军人不居庙堂之高，何以能影响国家的外交政策。一方面，个别成员通过国内的人际关系网，跟部分日本领导人取得联系。例如奥田重元因为父亲和妻子的关系，得以与池田勇人相识，并获得后者在推动赔偿问题解决上的承诺。[①] 另一方面，这群人在"二战"时期扶植和培育过"三十志士"与缅甸独立军，与以奈温为首的缅甸军方建立了紧密的联系，即"历史人际关系"。因此，他们在战后较为容易同缅甸高官取得联络，甚至担任缅甸政府职务或顾问，不但能影响缅甸的政策，还能掌握更多的缅甸信息。在奈温时期缅甸相对封闭的状态下，南机关与缅甸独立军人士成为日本了解缅甸的重要途径。当这些人出访缅甸时，他们一般先拜会缅甸领导人，再与日本驻缅大使举行会谈，回国后会向外务省亚洲局东南亚课作报告，进而可以影响日本对缅甸政策的发起端。这些人受到缅甸的重视与信任，亦出于对缅战亡者的缅怀，心向缅甸，希望日缅关系友好，在传递信息时，对缅甸的诉求有更多的同情。[②]

---

① Ma Myint Kyi, *Burma-Japan Relations 1948 – 1954：War Reparations Issue*, p. 122.
② 「大平外務大臣へ」、1963 年 1 月 8 日、『日本・ビルマ賠償及び経済協力協定関係一件　賠償再検討問題についての合意に関する覚書関係』第 6 巻、B–0185。

　　除日本旧军人外，奈温军人政权的存在为日本的缅甸政策提供了历史与现实的基础。奈温政权中，政府高官与中高级军官多有赴日留学或在缅甸接受过日本训练、教育的经历，这是日缅间的历史联系。这样的联系并不意味着日本就会认定此人为"亲日人士"、此人领导的国家是"亲日国"。奈温政权成立之初，日本没有视奈温为"亲日人士"，反而认为奈温政府内非留日学生的昂季属于"亲日人士"。昂季的下台导致日缅关系在一段时间里处于疏远状态。尽管如此，此后奈温政权与日本方面展开了良好互动。奈温不仅邀请南机关与缅甸独立军有关人士访缅、授予南机关人士勋章，而且每次访日都会拜访这些日本旧军人，还在同日本领导人的会谈中，直言缅甸的独立多亏了日本的"帮助"，大幅拉近同日本的关系。再者，日本对缅甸的慷慨解囊亦助推了缅甸对于日本援助的依赖与亲日表态。于是，奈温政权的存在与友日行为使原本属于一部分人的历史认识与联系突破原来的边际，以至更多的日本政府官员、国会议员认识到日本与缅甸的历史联系与现实的友好关系。在此基础上，日本政府形成了缅甸是"亲日国"的认知。

　　在此缅甸观下，日本没有在重视东盟的同时忽视"亲日国"缅甸，而是大幅加强对缅甸的援助力度，20世纪70年代中期以后，每年都会向缅甸提供新的援助。据调查，对缅甸怀有深厚感情的日本外交官和与政府开发援助有关人士，几乎都会提到"日缅特殊关系"对日本援缅的影响。[①] 而"特殊关系"的历史基础便是，以奈温为首的缅军政权是日本殖民侵略的产物。日本在"二战"时期"培育"了以"三十志士"为中心的缅甸民族主义者，帮助、成立和指导过缅军。因此，日本对缅甸外交多了一份历史责任，少了一份历史包袱。前日本驻缅甸大使津守滋在讨论日本为何向陷入经济困顿的奈温政权给予了大量援助时形象地指

---

　　①　根本敬：「ビルマ（ミャンマー）」、『近現代史のなかの日本と東南アジア』、第268—269頁。

出："对于崇拜昭和天皇的亲日政治家，日本政府钱袋子的绳子大概更松一点。"① 日本外相池田行彦曾在一次国会发言中谈道："（日本要）珍惜他人对我国的友爱之情，必须关照并使这样的亲日情感绵绵不绝。"②

日本对缅甸的援助并非全是因为历史的影响，有些在于现实利益驱动，有些则是历史与现实共同影响的结果。日本是一个人口众多、资源匮乏的国家。20 世纪 70 年代初，日本开始支持缅甸的石油开发。石油危机爆发后，日本面临的能源压力倍增，更加渴望能从缅甸进口到石油。不仅如此，日本政府很早就意识到缅甸是一个未开发的资源宝库，希冀通过援助，同缅甸建立友好关系，确保稳定、安全的资源来源。③ 日本遂提出要从"亲日的友好国缅甸进口石油"的说法。除经济利益的驱动外，日本的援助还有政治动机。缅甸地处南亚与东南亚相交之处，北接中国，东与泰国、老挝接壤，相距印度支那地区较近，紧邻冷战的前沿地带，具有重要的地缘战略价值。日本试图通过援助缅甸来达成反共目的，即推动缅甸的经济发展，巩固缅甸中立政权，遏制共产主义的影响力。

不过，经济利益、政治目的的动力有限，不如历史影响更具持续性。缅甸经济发展长期停滞不前。奈温政权对外部势力有极大的警惕心，拒绝外国民间的投资，仅接受官方援助。缅甸当局又采取了限制进口的政策，以致日缅间的贸易量小。结果，在缅甸的日本企业多在从事日本援助项目。因此，缅甸市场对于日本而言无足轻重。缅甸的天然资源固然丰富，但是多位于原始森林密布与少数民族叛乱武装活动之地，以至资源开发举步维艰。至于日本最关心的石油问题，缅甸由于石油产量低下，甚至都不能实

---

① 津守滋：『ミャンマーの黎明：国際関係と内発的変革の現代史』、第 86 頁。

② 第 136 回国会、衆議院安全保障委員会、第 4 号、1996 年 4 月 4 日。

③ 「ビルマの現状と日緬関係」、1971 年 12 月、『日・ビルマ関係 [ネ・ウィン・ビルマ革命委員会議長夫妻訪日（非公式)]』、2016—2195。

现自给自足，还需要从国外进口。20世纪70年代末，缅甸的石油产量在日本的帮助下逐渐攀升。1979年，缅甸首次向日本出口石油。但是，20世纪80年代，石油产量再次萎缩，缅甸难以成为日本主要且稳定的石油来源。① 概言之，不管从贸易角度还是资源角度来看，日本在缅甸的经济利益相当有限。再论政治目的，缅甸长期奉行消极的中立主义外交方针，避免卷入东西两大阵营的冲突，十分顾虑中国的存在，很难在国际冷战、地区冲突等领域为日本提供政治支持。因此，虽然经济利益和政治目的都在某一时段内推动过日本援助缅甸，但只有历史影响贯穿了从战争赔偿、准赔偿到政府开发援助的全过程，支撑着日本援助缅甸的信念，并塑造了援助的框架与机制。

二　日本的历史观与亚洲外交

前一节已经总结了"二战"对日本的缅甸外交与援助政策的历史影响及其生成机制。但是，为何"二战"能够产生如此大的历史影响，抑或日本缘何接受了南机关与缅甸独立军的历史叙事，并形成缅甸是"亲日国"的认知，以致部分日本政界与商界人士提出日缅两国间存在"特殊关系"的论断。有鉴于此，本节有必要全面审视"日缅特殊关系论"，进而挖掘日本的历史观及其影响。

虽然日本援助缅甸的时间长、金额多，但是缅甸长期秘而不发，认为举出特定援助国的名字，有损百姓对于中立主义政策的信任。② 缅甸政府也不欢迎外国民间资本，以致进军缅甸市场的日本企业多

① 外务省：「決裁書　対ビルマ1982年度円借款供与方針（案）」、1982年6月28日、『援助国会議/対ビルマ』、2016—0458；外务省：『外交青書』第32号、1988年。
② 「緩やかに門戸開くビルマ」、『朝日新聞（朝刊）』1984年10月15日第6版。

为落实政府开发援助的相关企业。与泰国首都曼谷不同，当时缅甸首都仰光市内几乎看不到日本企业的招牌。① 再者，1980 年末，日本国会议员打算组建跨党派的日缅友好议员联盟，推测缅甸人民议会有可能成立同样的友好组织。缅甸方面回应，欢迎日本国会议员创立关心缅甸的组织，但是，以缅甸人民议会没有与任何国家之间建立过这种组织为由，婉拒组建同类组织。②

连被日本视为缅甸亲日行为的"昂山旗"授勋也非表面所见那般。1981 年 1 月 7 日，授勋结束后的晚宴上，奈温解释为何时隔 35 年才授勋，谈及内部的反对声音。在晚宴之前的茶歇时间，奈温总统还提到战时轶事：战争末期决心抗日后，他曾被日军包围、抓捕，幸得搭降落伞而下的英军士兵与日军交战，才逃过一劫。奈温似乎意有所指，追求平衡外交，被日本驻缅甸大使橘正忠注意到。不久之后，橘大使对英国驻缅甸大使查尔斯·布思（Charles Booth）透露了他的推测，缅甸政府可能会向英国人授勋。果不其然，2 月 13 日，缅甸政府宣布授予英国国会议员博顿利（A. G. Bottomley）③"昂山旗"勋章。④ 不仅如此，缅甸对日本人的授勋仅是其第三次对外授勋，在此之前还授予过英国将军蒙巴顿。⑤ 因此，日缅关系总体上是友好的，但没有特殊到令缅甸放弃中立主义政策与平衡外交。

---

① 根本敬：「ビルマ（ミャンマー）」、『近現代史のなかの日本と東南アジア』、第 129 頁。

② 橘大使：「サンユー国家評議会書記・ビルマ社会主義計画党（BSPP）総書記への表敬訪問」、1980 年 11 月 21 日、『ビルマ外交（含、対日関係）』、2014—0233。

③ 博顿利在战后初期的彬龙会议上担任英国代表，为尽早实现缅甸独立，在说服英国政府上出了很大的力。「ネ・ウイン大統領とスズキ元大使との会談」、1981 年 2 月 27 日、『ビルマ外交（含、対日関係）』、2014—0233。

④ 橘大使：「邦人叙勲に際しての大統領等の言動」、1981 年 2 月 20 日、『ビルマ外交（含、対日関係）』、2014—0233。

⑤ 橘大使：「ネ・ウイン大統領とスズキ元大使との会談」、1981 年 2 月 27 日、『ビルマ外交（含、対日関係）』、2014—0233。

　　日本驻缅甸大使橘正忠知悉上述事实，曾向日本外务省报告缅甸政府的立场与政策，亦清楚缅甸执政党社会主义纲领党与其他国家的政党没有特别密切的联络关系。[①] 此前的日本驻缅甸大使有田武夫亦告知日本外相鸠山威一郎：奈温总统对外国特别是大国有强烈的猜疑心、不信任感，担忧国内异见人士、叛军勾结外国势力。有田大使指出："缅甸独立后一贯坚持不结盟中立主义，这意味着避免与任何国家保持特殊关系。"不过，他又指出，奈温是与日本有"特殊关系"的人。最后，有田大使做出了自相抵牾的评价，在肯定奈温基本上是一个"日本通""亲日人士"的同时，认为不能期望奈温特别重视对日关系。[②]

　　透过上述相对矛盾的看法，我们基本可以确定日本与缅甸之间并不存在极为亲密友好的"特殊关系"。然而，日本为何不顾双边关系的实际情况，仍然提出"日缅特殊关系论"？这是一部分日本人更想"相信"日本"解放"亚洲的历史叙事。这部分人对于"二战"时期日缅关系的认识，选择性接受并构建南机关、反英与缅甸独立的叙事，遗忘了日军暴行、泰缅铁路下的累累白骨、缅甸独立的虚假性与缅甸反日起义等历史。一位日本旧军人在走访缅甸时曾发出这样的感慨："印度和缅甸谋求独立而反抗英国。日本为支援两国独立运动，与英国作战落败。结果胜利的英国败给了印度、缅甸，允许后者独立。而今，战败国日本的经济也超过了战胜国。"[③] 这样错误的历史观被缅甸的叙事所助长。相比于其他东南亚国家，缅甸在强调原谅、宽恕日军行为的同时，还肯定日本对缅甸独立的"贡献"[④]。该叙事蕴含着加强奈温军人政权合法性的

---

　　① 橘大使：『サンユー国家評議会書記・ビルマ社会主義計画党（BSPP）総書記への表敬訪問』、1980 年 11 月 21 日、『ビルマ外交（含、対日関係）』、2014—0233。

　　② 有田大使：「総理の東南アジア諸国訪問（資料作成）」、1977 年 7 月 15 日、『有償資金協力/対アジア』、2013—1710。

　　③ 植村肇：「ビルマを訪ねて——慰霊祭参加と戦跡巡拝に思う」、第 41—65 頁。

　　④ 缅甸主要肯定的是南机关、缅甸独立军，而非整体的日军。缅甸试图将前者从侵略的日军中剥离出来予以肯定。在与日本人的具体会面时，缅甸人一般会先表态不记恨或者宽恕了日军，然后笼统地感谢日本对缅甸的帮助。

意图，① 证明"三十志士"与缅甸建军的历史价值与合法性。在此说体现出日本侵略的"正面价值"情况下，日本不但在对缅外交上没有历史包袱，还视日缅两国之间存在"特殊关系"，并萌生了令人可笑的历史成就感与援助缅甸的使命感。

　　错误的历史观能有生存的空间是因为战后日本没有形成关于"二战"的统一历史认识。② 驻日盟军统帅部否定了旨在实现大东亚新秩序的"大东亚战争"的称呼与理念，改为使用"太平洋战争"。③ 在统帅部的主导与传播下，日本形成了"东京审判史观"。该史观认为日本从"九一八事变"到太平洋战争的行动是"一部分军国主义"的阴谋之举、是侵略。除这一史观外，日本还有强调帝国主义战争性质的"马克思主义史观"以及肯定战争的保守派声音。保守派的观点以 1964 年林房雄出版的《大东亚战争肯定论》为代表。林房雄歪曲侵略本质，将观察的时间线往前推到黑船事件，主张太平洋战争是日本为实现亚洲解放的集大成之战而加以肯定。日本关于"二战"称呼的多样性体现出历史认识上的纷杂及其背后的多元立意：太平洋战争、大东亚战争、第二次世界大战、15 年战争、亚太战争、东亚百年战争、70 年战争、50 年战争、昭和大战。④

　　历史认识的不统一很大程度上源于冷战爆发后美国占领当局没有清算日本的战争责任。1947 年以后，美国对日占领政策随着冷战局势的演变发生了调整。随着东西方关系趋于紧张，日本在战略地位上越

---

　　① 根本敬：「戦後日本の対ビルマ関係：賠償から『太陽外交』まで」、第 3—6 頁。

　　② 庄司潤一郎：「戦後日本における歴史認識：太平洋戦争を中心として」、第 100—119 頁；黒沢文貴：「再考・戦後の日本近代史認識：昭和戦前期の"戦争の構造"と『歴史の構造』をめぐって」、『丸山眞男記念比較思想研究センター報告』2015 年第 10 号、第 73—87 頁。

　　③ 後藤乾一：「『大東亜戦争』の意味」、矢野暢編：『講座東南アジア学 第十巻 東南アジアと日本』、東京：弘文堂、1991 年、第 167 頁。

　　④ 庄司潤一郎：「戦後日本における歴史認識：太平洋戦争を中心として」、第 100—119 頁。

来越重要，成为美国在太平洋地区安全保障体系的一环。以 1948 年 3 月美国国务院政策设计委员会主任乔治·凯南访日、10 月美国国家安全委员会第 13/2 号文件（NSC13/2）① 的出台为转变标志，美国将冷战纳入对日政策的考量中，强调"须从在国际上遏制苏联，与在日本国内防止社会主义化双重考虑下进行政策的调整。"② 于是，美国对日政策从非军事化、民主化转向经济复兴。日本的战争罪行未像德国般遭到彻底清算。战时日本帝国官员与军人在没有受到严惩的情况下便逐渐复出，重返政治与经济舞台。代表性人物、战后担任过日本首相的岸信介，曾是东条英机内阁的商工大臣。

　　日本也没有自行审查战争责任的意愿。③ 1955 年 6 月 3 日，日本众议院议员、社会党的杉村冲治郎在预算委员会上向时任法务大臣花村四郎质询战争责任问题。花村表示日本作为战败国不得不接受《旧金山和约》，但从日本国内法出发，不能认为被东京审判定罪的日本战犯是战犯，并推卸查证战争责任的问题，将其交给历史学家，"追查战争责任人的责任，这是非常困难的问题，我们力所不能及，但历史学家之后会为我们厘清的……与其费力查证谁应背负战争责任，全国人民反省、放弃战争，这才更为可取且有必要"。④ 在中日邦交正常化之后，1973 年 2 月 2 日，田中角荣首相在国会上面对日本共产党不破哲三的提问时依然采取回避态度："日本曾经出兵中国大陆，这是历史事实。关于您问我这是不是侵略战争，我无法回答。还是将其交由未来的历史来评价。我们已经有了不再发动战争的新宪法。"⑤

　　错误的历史观导致日本多次与其他亚洲国家发生纠纷。首先，

---

① "NSC13/2, Recommendations with Respect to U. S. Policy toward Japan," October 7, 1948, *FRUS*, 1948, The Far East and Australasia, Vol. 6, Washington, D. C. : United States Government Printing Office, 1974, pp. 858 – 862.

② 崔丕：《冷战时期美日关系史研究》，中央编译出版社 2013 年版，第 39 页。

③ 波多野澄雄编：『日本の外交　第 2 巻　外交史　戦後編』、東京：岩波書店、2013 年、第 15 頁。

④ 第 22 回国会、衆議院予算委員会第一分科会、第 1 号、1955 年 6 月 3 日。

⑤ 第 71 回国会、衆議院予算委員会、第 4 号、1973 年 2 月 2 日。

在战争赔偿问题上，日本与印度尼西亚就日本的赔偿责任发生过冲突。负责赔偿问题的日本政府代表倭岛英二主张日本并没有与印度尼西亚进行过战争，印度尼西亚与日本并非"交战国"，故日本不需要向印度尼西亚支付赔偿，从而对印度尼西亚的索赔提出了根本性质疑。印度尼西亚方面辩驳称：在日本侵略时，印度尼西亚属于荷兰。因为荷兰有对日宣战，所以印度尼西亚也是交战国。① 不少日本人认为东南亚作战的对手是英国、荷兰等殖民宗主国，并非以东南亚土著为敌，还颠倒因果关系，以东南亚国家在战后实现独立这一结果为由，诡辩称日军的战争行为是为了"亚洲解放"。② 其次，在日韩邦交正常化问题上，1953 年 10 月 15 日第三次日韩会谈"财产请求权委员会"的谈判中，日本首席代表久保田贯一郎围绕日本对朝鲜殖民统治问题发表了看法，肯定日本在朝鲜的建设以及多年的财政援助等成绩，认为日本没有奴役朝鲜人民，妄言"当时如果日本没有去（占领朝鲜），那么我想中国或俄罗斯可能就进入了"。③ 日本代表粉饰日本对朝鲜半岛殖民统治的说辞激怒了韩国，导致第三次日韩会谈破裂并给两国关系蒙上了阴影。再次，20 世纪 80 年代以来，日本出现了"教科书事件"与"参拜靖国神社事件"等美化军国主义历史、颠覆"反省"事态，甚至显露出日本否认侵略战争历史的修正主义化前景。④ 一系列事态引发亚洲国家的不满与抗议。日本才正面面对历史问题，中曾根康弘首相在 1985 年 10 月首次对外承认中日战争是侵略战争。⑤ 1986 年 8 月 14 日，日本官房长官后藤田正晴就首相参拜靖国神社发表讲话，表态一定要妥善顾及邻国

　　① 倉沢愛子：「戦後日本 = インドネシア関係史」、第 162—164 頁。
　　② 庄司潤一郎：「戦後日本における歴史認識：太平洋戦争を中心として」、第 100—119 頁。
　　③ 安成日：《当代日韩关系研究（1945—1965）》，第 105—109 頁。
　　④ 刘建平：《中日"历史问题"的过程性结构与"历史和解"可能的原理》，《日本学刊》2019 年第 6 期。
　　⑤ 庄司潤一郎：「戦後日本における歴史認識：太平洋戦争を中心として」、第 100—119 頁。

人民的感情，并宣布首相翌日不会正式参拜靖国神社。①

历史问题成为历史包袱，对战后日本的亚洲外交产生了深远影响。战后初期，日本曾努力对外塑造一个"新日本"形象。日本多届领导人在出访东南亚国家期间都向对象国领导人说明过其政策，指出战后的日本绝非昔日之日本，已经清算了扩张主义、帝国主义、军国主义，采取守护自由、贯彻和平的国策。② 20 世纪 50 年代末，在《美日安保条约》的修订上，日本政府向美国提出不希望留下这样的印象，即他们在东南亚地区的经济目标以任何方式与军事安全条约联系起来，担心这可能会引来对日本意图恢复日本军国主义的"大东亚共荣圈"的指控。③ 但错误的历史观令日本的说明与谨慎之举只能得到事倍功半的结果。这不仅使得日本与亚洲邻国间的关系不时受到历史问题的困扰，而且对日本亚洲外交的积极性产生了消极作用。1969 年 11 月，美国政府在总结日本与亚洲的关系时指出："亚洲国家对日本挥之不去的仇恨，限制了日本的能力和致力于地区角色的兴趣。"④

三　历史与人、国家的关系

人与人之间的关系、国与国之间的关系，不仅取决于当下的交往，还立足于历史。不过，在人际关系与国际关系中，并非所有过

---

① 『内閣総理大臣その他の国務大臣による靖国神社公式参拝に関する後藤田内閣官房長官談話』、1986 年 8 月 14 日、https：//www. mofa. go. jp/mofaj/area/taisen/gotouda. html，2021 年 5 月 30 日。

② 「佐藤総理とリー・クアン・ユー首相との会談記録」、1967 年 9 月 25 日、『佐藤総理第一次東南アジア訪問関係　会談関係（1967. 9）』、A－0433。

③ "Telegram From the Embassy in Japan to the Department of State," April 29, 1959, *FRUS*, 1958－1960, Japan; Korea, Vol. 18, Washington, D. C.: United States Government Printing Office, 1994, pp. 135—136.

④ "Background: Japan, Asia, and Aid," November, 1969, *DNSA*, JU01148.

往的事物与关系都具有意义。有意义的"历史"往往是人选择性记忆与阐释的结果。这一主观的"选择性"寄托着他们对于人际关系、国际关系的希望，又隐藏着他们的历史观特别是对于个人、国家在历史中所处位置的认知。"选择"的过程会受制于个人与国家的利益，受到他人的表述与态度的影响，亦有赖于历史的亲历者或群体的影响力。这样的影响力可能来自于亲历者在政治、经济、文化领域中的重要地位，也可能源自外界的赋予。就前者而言，奈温因为其缅甸领导人的地位而在日缅关系中享有极大的影响力。从后者来看，南机关与缅甸独立军中的日本旧军人多不具有较大的政治与经济能量，但获得了缅甸政府的信任与倚重，得以在双边关系中扮演润滑剂的角色。此外，新闻媒体、电影、战记与回忆录①等同样会左右"选择"的过程，提升某部分"历史"的存在感，并能延长这部分"历史"的"有意义"期限。

被选择性记忆与阐释后的"历史"反过来会影响现实的外交政策与国际关系。在日本对缅甸的外交中，选择性记忆下的"历史"塑造了日本的缅甸观。日本视缅甸及其领导人为友邦、"亲日人士"，并产生了日缅间存在"特殊关系"的认识。在这段"特殊关系"中，日本不但没有侵略的历史包袱，还能找到歪曲侵略本质的"历史价值"，由此对缅甸萌生了历史责任感。进而，日本视支持自己扶植过的缅甸领导人为使命，向缅甸提供了大量的经济援助。换言之，"历史"会成为一国处理对外关系的重要参照。它能协助人与国家识别他者，判断彼我间的距离，认识自己，继而影响人与国家的行为。

"历史"需要一定的现实条件才能对人与国家的行为产生影响。以奈温为首的缅甸精英在本国政治外交上占据主导地位，使得日缅两国间的人际关系在双边关系中的角色日益凸显并在历史遗留问题的解决上发挥了重要作用。奈温政权的存在也增强了"日缅特殊关

---

① 有关战记与回忆录对日本战争观的影响，可参见雷娟利《二战后日本"战友会"群体与缅甸战场微观战史书写》，《世界历史》2023 年第 4 期。

系论"的历史依据与现实基础。包括奈温在内的政府高官与中高级军官多有赴日留学或在缅甸接受过日本训练、教育的经历，这是缅甸与日本的历史联系。在现实的两国交往中，奈温政权积极向日本展示友好之意，并在同日本要人的会谈中直言缅甸的独立多亏日本的"帮助"，卸去日本外交上的历史包袱，大幅拉近了同日本的关系。

在此情况下，现实条件的变化会削弱"历史"的影响力。1988年，缅甸国内爆发大规模的抗议示威活动，矛头对准了以奈温为核心的国家领导体制。面对全国性的反政府示威游行，奈温、山友两位党政领导人被迫下台。政治转型加速了缅甸领导层的更新换代。过去与日本有历史联系的领导人告别权力舞台，新一代没有赴日求学经历的领导人上台执政。缅甸领导层的更替动摇了"特殊关系"这一援助动机。日本还因为过往对缅甸援助的数额过多与管理不当而饱受外界的批评。

"历史"并没有因为现实条件的改变而彻底退出历史舞台。1995年12月5日，日本外务大臣河野洋平在参议院的发言中指出："如众位议员们所知，缅甸与我国具有历史的关系。因此，相比于欧美国家，我国更有机会向缅甸提陈各种意见，听取缅甸情况。"[1] 1997年6月4日，在日本众议院外务委员会会议上，众议员岛聪表示，日本曾"帮助"缅甸实现独立，对缅甸的稳定有"历史的责任"，期望政府今后积极展开外交努力。[2] "历史的关系"与"历史的责任"都显示出受到"历史"塑造的认知具有一定的稳定性与持续性。稳定性与持续性，既源于日本在认知上的惯性，又在很大程度上因为该"历史"仍对日本有意义，即帮助日本走出"二战"的历史阴影，重拾国家与民族自豪感，成为"正常国家"。只要日本未走出"战后"时代，日本对外政策就难以摆脱这段"历史关系"的

---

[1]　第 134 回国会、参議院決算委員会、第 2 号、1995 年 12 月 5 日。
[2]　第 140 回国会、衆議院外務委員会、第 18 号、1997 年 6 月 4 日。

影响。

最后，对于"历史"与人、国家这样的关系，我们应坚持客观、全面地认识历史的原貌，不受困于过去的历史问题，也不为选择性的、歪曲或者伪造的"历史"所惑。当印度总理尼赫鲁处理独立后的印度与英国关系时，他强调：指出英国过去的错误，或者其他国家的帝国主义、殖民主义的罪行这很容易，但是只有批评的话，势必难以构筑具有前景的相互合作的良好基础。① 历史认识也绝对不能建构在虚构、伪造、有选择的"历史"之上。因此，学术研究若只选取对自己有利的、愿意接受的部分展开研究和论述，以偏概全，这不是一个正确地对待历史的态度。历史研究者可以做的是，客观、严谨、尽可能地发掘历史的本来面目，多角度揭示人类发展与交往的历史，并向广大民众传播。所谓"读史使人明智"，只有人树立了全面、深刻的历史观，具备了历史分辨能力，才有助于人与国家乃至国际关系的可持续发展。

---

① 秋田茂：『帝国から開発援助へ：戦後アジア国際秩序と工業化』、名古屋：名古屋大学出版会、2017 年、第 38 頁。

参考文献

一　档案文献

1. 未刊档案
日本外務省外交史料館藏

A－0153，『岡崎外務大臣東南アジア訪問関係一件』。

A－0208，『ビルマ内政並びに国情関係雑件　政変関係』第 1 巻。

A－0208，『ビルマ内政並びに国情関係雑件　政変関係』第 2 巻。

A－0358，『池田総理アジア諸国訪問関係一件　ビルマの部』。

A－0429，『ビルマ要人本邦訪問関係雑件』第 1 巻。

A－0429，『ビルマ要人本邦訪問関係雑件　アウン・ジィ准将関係』。

A－0433，『佐藤総理第一次東南アジア訪問関係（1967.9）』第 1 巻。

A－0433，『佐藤総理第一次東南アジア訪問関係　会談関係 （1967.9）』。

B－0162，『日本・ビルマ賠償及び経済協力協定関係一件』第 1 巻。

B－0162，『日本・ビルマ賠償及び経済協力協定関係一件』第 2 巻。

B－0162，『日本・ビルマ賠償及び経済協力協定関係一件』第 4 巻。

B－0162，『日本・ビルマ平和条約関係一件』第 1 巻。

B－0183，『日本・ビルマ賠償及び経済協力協定関係一件　実施関係』第 2 巻。

B-0184,『日本・ビルマ賠償及び経済協力協定関係一件　賠償再検討問題についての合意に関する覚書関係』第4巻。

B-0185,『日本・ビルマ賠償及び経済協力協定関係一件　賠償再検討問題についての合意に関する覚書関係』第6巻。

B-0185,『日本・ビルマ賠償及び経済協力協定関係一件　経済及び技術協力に関する協定及び平和条約第5条1（a）（3）の規定に基づくビルマ連邦の要求に関する議定書関係』第1巻。

B-0194,『日本・フィリピン賠償交渉関係一件』第5巻。

E-0159,『ビルマ経済関係雑件』第5巻。

E-0160,『ビルマ対外経済関係雑件　貿易関係』第4巻。

E-0217,『本邦対ビルマ経済技術協力関係』。

I-0082,『本邦における協会及び文化団体関係雑件　日緬協会関係』。

I-0087,『本邦における協会及び文化団体関係　アジア協会関係　連絡会議関係』第1巻。

M.3.1.7.17-2-11,『経済担当官会議関係　アジア地域関係（貿易合同会議を含む）昭和42年度会議関係』第2巻。

2009-0751,『援助国会議/対ビルマ』。

2010—0039,『牛場大臣 ASEAN 各国訪問』。

2010—0043,『アジア諸国政治（含、対日関係）（ビルマ）』。

2010—0045,『アジア諸国政治（含、対日関係）（ビルマ）』。

2010—0467,『対外経済協力審議会』。

2010—0601,『無償資金協力/対ビルマ（経済協力協定に基づく実施計画）第10，11年度』。

2010—0602,『無償資金協力/対ビルマ（実施）第12年度実施計画』。

2010—3453,『ASEAN 文化基金』。

2010—4180,『ビルマ内政・国情（調書・資料）』。

2011—0727,『日・ビルマ関係（福田総理東南アジア諸国訪問）』。

2011—1427，『ネ・ウィン・ビルマ革命評議会議長夫妻訪日（国賓）』。

2011—1428，『ネ・ウィン・ビルマ革命評議会議長夫妻訪日（国賓）』。

2012—1989，『円借款/対ビルマ』。

2012—1995，『一般無償援助/対ビルマ（昭和53年度）』。

2013—1710，『有償資金協力/対アジア』。

2014—0233，『ビルマ外交（含、対日関係）』。

2014—2885，『伊東外務大臣アジア諸国訪問』。

2014—2886，『伊東外務大臣アジア諸国訪問』。

2014—5046，『田中総理東南アジア諸国訪問』。

2015—2147，『日・ビルマ国交正常化』。

2016—2195，『日・ビルマ関係［ネ・ウィン・ビルマ革命委員会議長夫妻訪日（非公式）］』。

2016—0458，『援助国会議/対ビルマ』。

　　日本外务省根据『情报公开法』解密档案

開示文書、『ビルマ情勢』、01 – 701 – 1。

開示文書、『ビルマ情勢』、01 – 701 – 3。

開示文書、『ビルマ情勢』、01 – 701 – 6。

開示文書、『ビルマ情勢』、01 – 701 – 7。

開示文書、『ミャンマー情勢』、01 – 687 – 1。

開示文書、『ミャンマー情勢』、01 – 687 – 2。

開示文書、『ミャンマー情勢』、01 – 687 – 3。

開示文書、『ミャンマー情勢』、01 – 687 – 5。

　　英国国家档案馆藏（The National Archive of the United Kingdom）

"From R. H. S. Allen to Selwyn Lloyd," May 29, 1957, *Political Relations between Japan and Burma*, The National Archives (UK), FO 371 –

127540.

"From P. H. Gore – Booth to Selwyn Lloyd," July 27, 1956, *Commercial Relations between Burma and Japan*, The National Archives (UK), FO 371 – 123342.

缅甸国家档案馆藏（National Archives of Myanmar）

"Foreign Office Weekly Newsletter," September 11, 1951, National Archives of Myanmar, 15 – 3（31）－43.

"The Note," October 7, 1960, National Archives of Myanmar, 15 – 3（27）－240.

"Speech Delivered by Hon'ble Prime Minister U Nu at the Dinner Given in Honour of His Excellency the Prime Minister of Japan and Madame Hayato Ikeda," Novermber 24, 1961, National Archives of Myanmar, 12 – 3 – 402.

2. 已刊档案（含公开出版文件集、电子数据库和网络资源）

日本国会会議録

第 12 回国会、衆議院外務委員会、第 3 号、1951 年 11 月 2 日。

第 19 回国会、衆議院本会議、第 5 号、1954 年 1 月 27 日。

第 22 回国会、衆議院予算委員会第一分科会、第 1 号、1955 年 6 月 3 日。

第 28 回国会、参議院外務委員会、第 14 号、1958 年 4 月 3 日。

第 40 回国会、衆議院本会議、第 7 号、1962 年 1 月 24 日。

第 43 回国会、衆議院外務委員会、第 27 号、1963 年 6 月 25 日。

第 57 回国会、衆議院予算委員会、第 2 号、1967 年 12 月 11 日。

第 71 回国会、衆議院予算委員会、第 4 号、1973 年 2 月 2 日。

第 114 回国会、参議院外務委員会、第 2 号、1989 年 3 月 28 日。

第 118 回国会、参議院外務委員会、第 2 号、1990 年 4 月 17 日。

第 122 回国会、参議院本会議、第 4 号、1991 年 11 月 13 日。

第 134 回国会、衆議院外務委員会、第 6 号、1995 年 11 月 21 日。

第 134 回国会、参議院決算委員会、第 2 号、1995 年 12 月 5 日。

第 136 回国会、衆議院安全保障委員会、第 4 号、1996 年 4 月 4 日。

第 140 回国会、衆議院外務委員会、第 18 号、1997 年 6 月 4 日。

第 142 回国会、参議院国際問題に関する調査会対外経済協力に関する小委員会、第 3 号、1998 年 3 月 16 日。

第 150 回国会、衆議院外務委員会、第 2 号、2000 年 11 月 8 日。

第 154 回国会、衆議院外務委員会、第 12 号、2002 年 4 月 24 日。

『衆議院議員鈴木宗男君提出外務省による海外の親日派増加作戦に関する質問に対する答弁書』、2007 年 8 月 15 日、衆議院。

日本外務省新聞稿

『内閣総理大臣その他の国務大臣による靖国神社公式参拝に関する後藤田内閣官房長官談話』、1986 年 8 月 14 日、https：//www. mofa. go. jp/mofaj/area/taisen/gotouda. html。

『日ミャンマー外相会談（概要）』、2010 年 1 月 17 日、https：//www. mofa. go. jp/mofaj/press/release/22/1/0117_ 02. html。

『日ミャンマー外相会談（概要）』、2010 年 7 月 21 日、https：//www. mofa. go. jp/mofaj/kaidan/g_ okada/asean_ 1007/myanmar_ gk. html。

『日・ミャンマー外相会談（概要）』、2010 年 10 月 30 日、https：//www. mofa. go. jp/mofaj/kaidan/g_ maehara/haw_ vie_ 10/myanmar_ 1030. html。

『日・ミャンマー外相会談（概要）』、2011 年 6 月 6 日、https：//www. mofa. go. jp/mofaj/kaidan/g_ matsumoto/hungary1106/j_ myanmar_ gk. html。

『菊田外務政務官のミャンマー訪問（概要）』、2011 年 6 月 29 日、https：//www. mofa. go. jp/mofaj/annai/honsho/seimu/kikuta/myanmar1106/gaiyo. html。

『藤村官房長官とワナ・マウン・ルイン・ミャンマー外務大臣との会談について』、2011 年 10 月 20 日、https：//www. mofa. go. jp/

mofaj/kaidan/others/myanmar_ 1110. html。

『日・ミャンマー外相会談及びワーキング・ディナー（概要）』、2011 年 10 月 21 日、https：//www. mofa. go. jp/mofaj/kaidan/s_ noda/asean_ 11/myanmar_ 1111. html。

『玄葉外務大臣のミャンマー訪問（結果概要）』、2011 年 12 月 26 日、https：//www. mofa. go. jp/mofaj/kaidan/g_ gemba/myanmar1112. html。

『アウン・サン・スー・チー・ミャンマー国民民主連盟議長の訪日（概要と評価）』、2013 年 4 月 19 日、https：//www. mofa. go. jp/mofaj/area/page3_ 000105. html。

『笹川陽平日本政府代表のミャンマー訪問』、2015 年 11 月 20 日、https：//www. mofa. go. jp/mofaj/press/release/press4_ 002670. html。

『ミョー・ミン・ミャンマー連邦共和国国民民主連盟経済委員会メンバー等による岸田外務大臣表敬』、2016 年 1 月 27 日、https：//www. mofa. go. jp/mofaj/press/release/press4_ 002884. html。

『和泉総理大臣補佐官のミャンマー訪問』、2016 年 2 月 16 日、https：//www. mofa. go. jp/mofaj/s_ sa/sea1/mm/page4_ 001787. html。

『安倍総理大臣とアウン・サン・スー・チー・ミャンマー国家最高顧問との会談』、2016 年 9 月 7 日、https：//www. mofa. go. jp/mofaj/s_ sa/sea1/mm/page3_ 001800. html。

『安倍総理大臣とアウン・サン・スー・チー・ミャンマー国家最高顧問との会談等』、2016 年 11 月 2 日、https：//www. mofa. go. jp/mofaj/s_ sa/sea1/mm/page4_ 002474. html。

『河野外務大臣のミャンマー訪問（要人との会談）』、2018 年 1 月 12 日、https：//www. mofa. go. jp/mofaj/s_ sa/sea1/mm/page3_ 002344. html。

『薗浦内閣総理大臣補佐官のミャンマー及びラオス訪問（結果）』、2018 年 2 月 13 日、https：//www. mofa. go. jp/mofaj/s_ sa/sea1/

page4＿003752. html。

『安倍総理大臣のAPEC 首脳会議、ASEAN 関連首脳会議及びG20 首脳会合出席』、2014 年 11 月 12 日、https：／／www. mofa. go. jp/mo-faj/ecm/apec/page22＿001649. html。

　　日本外務省公开出版物

アジア局第四課：『賠償及び経済協力に関する日緬交渉記録』、1955 年 4 月。

外務省：『わが外交の近況』第 17 号、1973 年。

外務省：『外交青書』第 32 号、1988 年。

外務省：『外交青書』第 33 号、1989 年。

外務省：『外交青書』第 34 号、1990 年。

外務省：『外交青書』第 36 号、1992 年。

外務省：『外交青書』第 40 号、1997 年。

外務省：『外交青書』第 46 号、2003 年。

外務省：『外交青書』第 47 号、2004 年。

外務省：『外交青書』第 61 号、2018 年。

外務省：『外交青書』第 63 号、2020 年。

外務省：『政府開発援助（ODA）白書』、2011 年版。

　　其他日本政府出版物与网络资源

通商産業省通商政策局編：『経済協力の現状と問題点』、東京：通商産業調査会、1976 年。

「政府開発援助大綱」、1992 年 6 月 30 日、『閣議決定』、https：／／www. mofa. go. jp/mofaj/gaiko/oda/seisaku/taikou/sei＿1＿1. html。

国際協力機構：『国際協力機構年次報告書』、2010—2017 年版。

　　日本"世界与日本"数据库（世界と日本）

『降伏後ニ於ケル米国ノ初期ノ対日方針』、1945 年 9 月 6 日。

『ビルマ側主催宴における田中内閣総理大臣挨拶』、1974 年 11 月 7 日。

『国際戦略問題研究所における中曽根康弘内閣総理大臣演説』、1984 年 6 月 11 日。

英国外交部外交事务绝密档案 (British Documents on Foreign Affairs, BDFA)

Antony Best, *British Documents on Foreign Affairs*: *Reports and Papers from The Foreign Office Confidential Print*, Part V, From 1951 through 1956, Series E, Asia, 1954, Volume 7, Burma, Indo-China, Indonesia, Nepal, Siam, South-East Asia and The Far East and The Philippines, 1954, Bethesda, Md. : LexisNexis, 2008.

数字化美国国家安全档案 (Digital National Security Archive, DNSA)

"Visit of Prime Minister Eisaku Sato of Japan," November 9, 1967, *DNSA*, JU00817.

"Background: Japan, Asia, and Aid," November, 1969, *DNSA*, JU01148.

"Japan's Activist Foreign Policy," December 28, 1984, *DNSA*, JA01258.

"Visit of Prime Minister Sato," January 7, 1965, *DNSA*, JU00420.

美国对外关系文件集 (Foreign Relations of the United States, FRUS)

FRUS, 1948, The Far East and Australasia, Vol. 6, Washington, D. C. : United States Government Printing Office, 1974.

FRUS, 1951, Asia and the Pacific, Vol. 6, Part 1, Washington, D. C. : United States Government Printing Office, 1977.

FRUS, 1952 – 1954, East Asia and the Pacific, Vol. 12, Part 1, Washington, D. C. : United States Government Printing Office, 1984.

FRUS, 1955 – 1957, Foreign Aid and Economic Defense Policy, Vol. 10, Washington, D. C. : United States Government Printing Office, 1989.

FRUS, 1955 – 1957, Southeast Asia, Vol. 22, Washington, D. C. : United States Government Printing Office, 1989.

FRUS, 1955 – 1957, East Asian Security; Cambodia; Laos, Vol. 21, Washington, D. C. : United States Government Printing Office, 1990.

FRUS, 1955 – 1957, Japan, Vol. 23, Part 1, Washington, D. C. : United States Government Printing Office, 1991.

FRUS, 1958 – 1960, Burma, Malaya and Singapore, East Asia-Pacific Region, Cambodia, Vol. 15/16, Part1, Microfiche Supplement, Washington, D. C. : Department of State, 1993.

FRUS, 1958 – 1960, Japan; Korea, Vol. 18, Washington, D. C. : United States Government Printing Office, 1994.

FRUS, 1961 – 1963, National Security Policy, Vol. 8, Washington, D. C. : United States Government Printing Office, 1996.

FRUS, 1961 – 1963, Northeast Asia, Vol. 22, Washington, D. C. : United States Government Printing Office, 1996.

FRUS, 1964 – 1968, Vietnam, June-December 1965, Vol. 3, Washington, D. C. : United States Government Printing Office, 1996.

FRUS, 1964 – 1968, Mainland Southeast Asia; Regional Affairs, Vol. 27, Washington, D. C. : United States Government Printing Office, 2000.

FRUS, 1964 – 1968, Japan, Vol. 29, Part 2, Washington, D. C. : United States Government Printing Office, 2006.

FRUS, 1969 – 1976, Southeast Asia, 1969 – 1972, Vol. 20, Washington, D. C. : United States Government Printing Office, 2006.

二 研究著作与论文

1. 中文著作（含译著）

陈乐民主编：《西方外交思想史》，中国社会科学出版社1995年版。

崔丕：《冷战时期美日关系史研究》，中央编译出版社2013年版。

范宏伟：《和平共处与中立主义：冷战时期中国与缅甸和平共处的成就与经验》，世界知识出版社 2012 年版。

贺圣达、李晨阳编：《列国志：缅甸》，社会科学文献出版社 2009 年版。

林春长：《战争与林旺》，台北：台湾商务印书馆 2006 年版。

米庆余：《日本近现代外交史》，世界知识出版社 2010 年版。

宋成有、李寒梅：《战后日本外交史（1945—1994）》，世界知识出版社 1995 年版。

王正毅：《国际政治经济学通论》，北京大学出版社 2010 年版。

晏伟权、晏欢：《魂断佛国：日军缅甸战败的回忆（1944—1945）》，上海书店出版社 2015 年版。

王捷、杨玉文、杨玉生、王明主编：《第二次世界大战大词典》，华夏出版社 2003 年版。

张光：《日本对外援助政策研究》，天津人民出版社 1996 年版。

张健：《战后日本的经济外交（1952—1972）》，天津人民出版社 1998 年版。

张勇：《摆脱战败：日本外交战略转型的国内政治根源》，社会科学文献出版社 2020 年版。

［德］贝恩德·施特弗尔：《冷战：1947—1991 一个极端时代的历史》，孟钟捷译，漓江出版社 2017 年版。

［美］加布里埃尔·阿尔蒙德、宾厄姆·鲍威尔主编：《当代比较政治学　世界展望》，朱曾汶、林铮译，商务印书馆 1993 年版。

［日］鸠山一郎：《鸠山一郎回忆录》，复旦大学历史系日本史组译，上海译文出版社 1978 年版。

［英］爱德华·卡尔：《历史是什么?》，陈恒译，商务印书馆 2007 年版。

2. 中文论文

安成日：《当代日韩关系研究（1945—1965）》，博士学位论文，南开大学，2000 年。

白如纯：《日本对缅甸经济援助：历史、现状与启示》，《现代日本经济》2017 年第 5 期。

毕世鸿：《冷战后日缅关系及日本对缅政策》，《当代亚太》2010 年第 1 期。

毕世鸿：《缅甸民选政府上台后日缅关系的发展》，《印度洋经济体研究》2014 年第 3 期。

丁见民：《试析二战对美国印第安人的负面影响》，《史学月刊》2013 年第 5 期。

范宏伟、刘晓民：《日本在缅甸的平衡外交：特点与困境》，《当代亚太》2011 年第 2 期。

范宏伟、吴思琦：《美国制裁缅甸政策的形成过程与路径——以国会与政府互动为视角（1988—2008）》，《厦门大学学报》（哲学社会科学版）2021 年第 6 期。

冯昭奎：《日本外交：从战后到冷战后》，《太平洋学报》1994 年第 2 期。

顾关福：《二战对战后国际关系的影响》，《外交学院学报》1995 年第 3 期。

韩召颖、田光强：《试评近年日本对缅甸官方发展援助政策》，《现代国际关系》2015 年第 5 期。

姜富生：《"二战"对战后军队编制体制改革的影响》，《军事历史》1992 年第 6 期。

孔祥伟：《日本对缅甸的赔偿政策及其实施过程（1954—1960）》，硕士学位论文，华东师范大学，2019 年。

雷娟利：《二战后日本"战友会"群体与缅甸战场微观战史书写》，《世界历史》2023 年第 4 期。

李爱慧：《二战对美国华人社会地位的深远影响新探》，《暨南史学》2017 年第 2 期。

廉德瑰：《日本对缅甸的政策调整及其特点》，《东北亚学刊》2012

年第 5 期。

梁志：《中美缓和与美韩同盟转型（1969—1972）》，《历史研究》
　　2016 年第 1 期。

梁志：《缅甸中立外交的缘起（1948—1955）》，《世界历史》2018 年
　　第 2 期。

林晓光：《战后日本的经济外交与 ODA》，《现代日本经济》2002 年
　　第 6 期。

刘建平：《中日"历史问题"的过程性结构与"历史和解"可能的
　　原理》，《日本学刊》2019 年第 6 期。

罗圣荣：《1988 年以来中日官方对缅甸援助比较与启示》，《深圳大
　　学学报》（人文社会科学版）2018 年第 1 期。

彭训厚：《二战及其遗留问题对战后世界的影响学术研讨会在南京召
　　开》，《军事历史》2004 年第 6 期。

钱乘旦：《发生的是"过去"写出来的是"历史"——关于"历史"
　　是什么》，《史学月刊》2013 年第 7 期。

沈勒：《缅甸反法西斯人民自由同盟的分裂》，《世界知识》1958 年
　　第 13 期。

沈勒：《缅甸政局》，《世界知识》1959 年第 5 期。

史勤：《战后日本对缅甸赔偿问题研究（1948—1954）》，硕士学位
　　论文，华东师范大学，2017 年。

史勤：《日本与缅甸关于战争赔偿的交涉》，《世界历史》2018 年第
　　5 期。

史勤：《从战争赔偿到经济合作：二战后日缅关系的发展与挫折》，
　　《东南亚研究》2022 年第 4 期。

史勤：《中日邦交正常化与日本对东南亚国家的外交政策》，《世界
　　历史》2023 年第 1 期。

万文秀：《二战期间日澳关系及其对战后双方的影响》，硕士学位论
　　文，吉林大学，2013 年。

谢国荣：《二战对美国民权运动的影响》，《世界历史》2005 年第

3 期。

徐显芬：《对二十世纪后半期美日经济摩擦的再思考》，《中共党史研究》2019 年第 9 期。

徐志民：《"二战"时期日本在东南亚招募的"南方特别留学生"》，《世界历史》2017 年第 6 期。

余亮：《试论二战遗留问题对日俄关系的影响》，《日本研究论集》2006 年。

张绍铎：《中日对缅经济外交的争夺战（1960—1963）》，《国际观察》2015 年第 5 期。

张旭东：《试论缅甸近代历史上的"1300 运动"》，《南洋问题研究》2004 年第 1 期。

张勇：《"日本型"外交决策的类型特征》，硕士学位论文，中国社会科学院，2003 年。

赵学功：《冷战时期美国东亚政策的演变》，《南开学报》（哲学社会科学版）2010 年第 6 期。

［缅］M·C·吞：《经济合作》，《南洋问题资料》1974 年第 1 期。

［缅］M·C·吞：《日本和缅甸：从贸易得到好处》，《南洋资料译丛》1976 年第 3 期。

［日］石原忠浩：《加温中的日缅关系：简析当前日本对缅甸的经济合作》，《新社会》（New Society For Taiwan）2016 年第 46 期。

［日］田边寿夫：《日本军政下缅甸左翼的活动》，《南洋资料译丛》2007 年第 1 期。

3. 外文著作

秋田茂：『帝国から開発援助へ：戦後アジア国際秩序と工業化』、名古屋：名古屋大学出版会、2017 年。

北岡伸一、御厨貴編：『戦争・復興・発展：昭和政治史における権力と構想』、東京：東京大学出版会、2000 年。

倉沢愛子：『戦後日本＝インドネシア関係史』、東京：草思社、

2011 年。

佐久間平喜：『ビルマ（ミャンマー）現代政治史 増補版』、東京：勁草書房、1993 年。

鈴木孝：『ビルマという国：その歴史と回想』、東京：国際 PHP 研究所、1977 年。

田村正太郎：『ビルマ脱出記』、東京：図書出版社、1985 年。

田辺寿夫、根本敬：『ビルマ軍事政権とアウンサンスーチー』、東京：角川書店、2003 年。

竹山道雄：『ビルマの竪琴』、東京：福武書店、1983 年。

津守滋：『ミャンマーの黎明：国際関係と内発的変革の現代史』、東京：彩流社、2014 年。

永井浩、田辺寿夫、根本敬編：『「アウンサンスーチー政権」のミャンマー：民主化の行方と新たな発展モデル』、東京：明石書店、2016 年。

永野慎一郎、近藤正臣編：『日本の戦後賠償：アジア経済協力の出発』、東京：勁草書房、1999 年。

日本経済新聞社編：『私の履歴書・経済人』第 9 巻、東京：日本経済新聞社、2004 年復刻版。

根本敬：『抵抗と協力のはざま：近代ビルマ史のなかのイギリスと日本』、東京：岩波書店、2010 年。

長谷川啓之監修：『現代アジア事典』、東京：文眞堂、2009 年。

波多野澄雄、佐藤晋：『現代日本の東南アジア政策：1950—2005』、東京：早稲田大学出版部、2007 年。

波多野澄雄編：『日本の外交 第 2 巻 外交史 戦後編』、東京：岩波書店、2013 年。

馬場公彦：『「ビルマの竪琴」をめぐる戦後史』、東京：法政大学出版局、2004 年。

防衛庁防衛研修所戦史室：『イラワジ会戦：ビルマ防衛の破綻』、戦史叢書第 25 巻、東京：朝雲新聞社、1969 年。

宮城大蔵編：『戦後日本のアジア外交』、京都：ミネルヴァ書房、
　2015 年。

吉川利治編：『近現代史のなかの日本と東南アジア』、東京：東京
　書籍、1992 年。

吉川洋子：『日比賠償外交交渉の研究：1949—1956』、東京：勁草
　書房、1991 年。

吉田茂：『回想十年』第 3 巻、東京：白川書院、1982 年。

吉次公介：『池田政権期の日本外交と冷戦：戦後日本外交の座標軸
　1960—1964』、東京：岩波書店、2009 年。

矢野暢：『タイ・ビルマ現代政治史研究』、京都：京都大学東南ア
　ジア研究センター、1968 年。

矢野暢編：『講座東南アジア学　第十巻　東南アジアと日本』、東
　京：弘文堂、1991 年。

渡辺昭夫編：『戦後日本の対外政策：国際関係の変容と日本の役
　割』、東京：有斐閣、2003 年。

C. Li, C. C. Sein, and X. Zhu, eds., *Myanmar*: *Reintegrating into The International Community*, Singapore: World Scientific Publishing Co, 2016.

Donald M. Seekins, *Burma and Japan since* 1940: *From "Co-prosperity" to "Quiet Dialogue"*, Copenhagen: NIAS Press, 2007.

Mary P. Callahan, *Making Enemies*: *War and State Building in Burma*, Singapore: Singapore University Press, 2004.

4. 外文论文

植村肇：「ビルマを訪ねて：慰霊祭参加と戦跡巡拝に思う」、『駒
　澤短期大学放射線科論集』1982 年第 7 巻。

大野徹：「ビルマの現状」、『東南アジア研究』1967 年第 5 巻第
　2 号。

梶村美紀：「ビルマ/ミャンマー人元留学生と元日本兵の絆——今

泉記念ビルマ奨学会の支援活動」、『東アジア研究（大阪経済法科大学アジア研究所）』2019 年第 71 号。

工藤年博：「日本の対ビルマ援助政策の変遷と問題点」、『アジア・アフリカ言語文化研究所通信』1993 年第 79 号。

黒沢文貴：「再考・戦後の日本近代史認識：昭和戦前期の『戦争の構造』と『歴史の構造』をめぐって」、『丸山眞男記念比較思想研究センター報告』2015 年第 10 号。

庄司潤一郎：「戦後日本における歴史認識：太平洋戦争を中心として」、『防衛研究所紀要』2002 年第 4 巻第 3 号。

杉下恒夫：「改めて感じた日本人のミャンマーへの親近感」、『ODA ジャーナリストのつぶやき』2015 年第 364 巻。

添谷芳秀：「戦後日本外交の構図」、『法學研究：法律・政治・社会』1992 年第 65 巻第 2 号。

高嶺司：「日本の対外政策決定過程：対中援助政策決定をめぐる外務省と自民党の主導権争いを事例に」、『名桜大学紀要』2015 年第 20 号。

武島良成：「南機関小稿」、『東南アジア研究』2001 年第 38 巻第 4 号。

チッソー：「ビルマと対外援助——世界銀行のビルマ援助国会議（1976—1986）」、東京大学大学院総合文化研究科、1989 年国際関係論コース修士論文。

日本世界経済調査会編：『海外経済事情』第 161 号、1954 年 12 月 1 日。

根本敬：「『日本とビルマの特別な関係』?：対ビルマ外交に影を落としてきたもの」、『アジア・アフリカ言語文化研究所通信』1993 年第 77 号。

根本敬：「戦後日本の対ビルマ関係：賠償から『太陽外交』まで」、『フォーラム Mekong』2001 年第 3 巻第 4 号。

長谷川隼人：「岸内閣期の内政・外交路線の歴史的再検討：『福祉

国家』、『経済外交』という視点から」、博士論文、一橋大学、2015年。

広田純：「太平洋戦争におけるわが国の戦争被害」、『立教経済学研究』1992年第45巻第4号。

藤田順也：「日系家電メーカーの初期海外活動：松下電器のビルマへの技術援助」、『広島経済大学経済研究論集』2015年第38巻第2号。

吉次公介：「ミャンマー民主化と日本外交」、『世界』（SEKAI）2014年第864号。

吉次公介：「佐藤政権期における対ビルマ経済協力：対ビルマ円借款の起点」、『立命館法学』2019年第387・388号。

Aung Kin, "Burma in 1979: Socialism with Foreign Aid and Strict Neutrality," *Southeast Asian Affairs*, 1980.

David I. Steinberg, "Japanese Economic Assistance to Burma: Aid in the 'Tarenagashi' Manner?" *Crossroads: An Interdisciplinary Journal of Southeast Asian Studies*, Vol. 5, No. 2, 1990.

Donald M. Seekins, "Japan's Aid Relations with Military Regimes in Burma, 1962 – 1991: TheKokunaika Process," *Asian Survey*, Vol. 32, No. 3, March 1992.

James Reilly, "China and Japan in Myanmar: Aid, Natural Resources and Influence," *Asian Studies Review*, Vol. 37, No. 2, 2013.

Ma Myint Kyi, *Burma-Japan Relations* 1948 – 1954: *War Reparations Issue*, Ph. D. dissertation, University of Tokyo, 1988.

Patrick Strefford, "Japanese ODA Diplomacy towards Myanmar: A Test for the ODA Charter," *Ritsumeikan Annual Review of International Studies*, Vol. 6, 2007.

Patrick Strefford, "How Japan's Post-war Relationship with Burma Was Shaped by Aid," *Asian Affairs*, Vol. 41, No. 1, March 2010.

Ryan Hartley, "Japan's Rush to Rejuvenate Burma Relations: A Critical Reading of Post-2011 Efforts to Create 'New Old Friends'," *South East Asia Research*, Vol. 26, No. 4, 2018.

Saito Teruko, "Japan's Inconsistent Approach to Burma," *Japan Quarterly*, Vol. 39, January-March 1992.

Takehito Onishi, "Southeast Asia in the Minds of Post-World War 2 Japanese: An Afterthought on the Themes of Harp of Burma," *Ikoma Journal of Economics*（生駒経済論叢）Vol. 2, No. 2·3, March 2005.

三　报纸

1. 中文报刊

《日向缅购米廿二万吨　每吨价格为四十五英镑》，《新仰光报》1954 年 12 月 28 日，NY - 003 - 3119 - 0021。

《缅日赔偿细则谈判　日方传将达成协议》，《新仰光报》1955 年 10 月 6 日，NY - 003 - 3119 - 0030。

《向缅购米十万吨事　日本内部又生歧见》，《新仰光报》1955 年 10 月 11 日，NY - 003 - 3119 - 0031。

《宇汝在同盟代表大会上讲话摘要》，《新仰光报》1958 年 1 月 30 日，NY - 003 - 2996 - 0017 - 0018。

《对缅要求赔款准备赖拖　藤山爱一郎企图以"经济合作"名义搪塞》，《新仰光报》1959 年 5 月 24 日，NY - 003 - 3119 - 0074。

《日本财部再度表示拒绝增加对缅战争赔款》，《新仰光报》1959 年 8 月 10 日，NY - 003 - 3119 - 0068。

《缅日举行第四次谈判　双方意见仍分歧》，《新仰光报》1959 年 9 月 5 日，NY - 003 - 3119 - 0077。

《缅政府断然宣布全部停止开发日货信用票》，《新仰光报》1959 年 12 月 22 日，NY - 003 - 3119 - 0080。

《缅甸报纸评论缅日经济关系　认日方态度骄横破坏了国际贸易平衡的惯例》，《新仰光报》1959 年 12 月 26 日，NY - 003 - 3119 - 0082。

《缅甸舆论责日经济扩张　支持政府采取抵制日本货物入口的措施》，《新仰光报》1959 年 12 月 27 日，NY - 003 - 3119 - 0084。

《日本对缅甸的战争赔款》，《新仰光报》1961 年 8 月 20 日，NY - 003 - 3120 - 0013。

《缅甸要求日本增加战争赔款　德钦阵同池田开始谈判　缅方开盘二亿美元日政府将于下周答复》，《新仰光报》1961 年 10 月 6 日，NY - 003 - 3120 - 0028。

《缅甸要求增加战争赔款　日外相表示绝对做不到　但小坂对投资缅甸很感兴趣》，《新仰光报》1961 年 10 月 7 日，NY - 003 - 3120 - 0029。

《由于日本拒绝增加战争赔款　缅代表团奉命停止谈判　德钦阵部长等将于明天回仰》，《新仰光报》1961 年 10 月 14 日，NY - 003 - 3120 - 0036。

《德钦阵等离开东京　对日拒绝增加赔款表遗憾　但希望新的谈判获得成功》，《新仰光报》1961 年 10 月 16 日，NY - 003 - 3120 - 0037。

《缅甸报纸透露当局意向　缅对日可能断绝经济关系　日执政党反对在仰光重新谈判赔款问题》，《新仰光报》1961 年 10 月 17 日，NY - 003 - 3120 - 0038。

《日商在缅非法活动已经引起当局疑虑》，《新仰光报》1961 年 11 月 3 日，NY - 003 - 3120 - 0043。

《部长宇叫迎昨报告日本赔偿谈判经过》，《中国日报》（仰光）1954 年 10 月 6 日，NY - 003 - 3119 - 0003。

《缅日和约　缅文"新光报"社论》，《中国日报》（仰光）1954 年 11 月 5 日，NY - 003 - 3119 - 0009。

《缅采购大批火车及铁轨　日商竞相投标　日本政府通知商人勿减低价格》，《中国日报》（仰光）1954 年 11 月 15 日，NY - 003 - 3119 - 0017。

《瑞迎派百四十名同盟最高执委　昨举行最高执委会议》，《中国日报》（仰光）1958 年 6 月 23 日，NY－003－2996－0074。

《我目睹缅甸政变（续）》，《远东日报》（提岸）1958 年 10 月 26
日，NY－003－3008－0116。

丁刚：《缅甸新政府释放政治和解信号》，《人民日报》2011 年 8 月
22 日第 3 版。

暨佩娟、孙广勇：《缅甸改组内阁为经济改革开路》，《人民日报》
2012 年 6 月 8 日第 21 版。

《奥巴马晤昂山素季，承诺将解除对缅甸经济制裁》，《澎湃新闻》
2016 年 9 月 15 日。

《缅甸外长昂山素季拟 11 月访日，系民盟执政后首次》，《澎湃新
闻》2016 年 9 月 21 日。

《美国终止实施针对缅甸的 "国家应急法"，解除对缅相关制裁》，
《澎湃新闻》2016 年 10 月 8 日。

2. 外文报刊

「ビルマ通貨単位変更」、『朝日新聞（朝刊)』1952 年 6 月 18 日第
2 版。

「米、ビルマ援助打切り」、『朝日新聞（朝刊)』1953 年 5 月 29 日
第 2 版。

「岡崎外相・ビルマ使節団長会談　対日賠償額を提示」、『朝日新
聞（夕刊)』1954 年 8 月 19 日第 1 版。

「対ビルマ交渉に期待　政府、賠償比率も変更か」、『朝日新聞
（朝刊)』1954 年 8 月 20 日第 1 版。

「ビルマとの交渉を成功へ」、『朝日新聞（朝刊)』1954 年 8 月 21
日第 2 版。

「目下、現金要求なし　岡崎外相言明」、『朝日新聞（朝刊)』1954
年 8 月 22 日第 1 版。

「使節団長、記者団と会見」、『朝日新聞（朝刊)』1954 年 8 月 24
日第 1 版。

「総額で足ぶみ　日本側腹案と大差」、『朝日新聞（朝刊）』1954
　　年8月24日第1版。

「蔵相から財政経済事情説明　使節団長へ」、『朝日新聞（朝刊）』
　　1954年8月24日第1版。

「交渉前途に希望を表明　左社懇談会で」、『朝日新聞（朝刊）』
　　1954年8月26日第1版。

「ビルマ使節歓迎の夕」、『朝日新聞（朝刊）』1954年8月26日第
　　8版。

「ビルマに協力約す　硫安業界」、『朝日新聞（朝刊）』1954年8月
　　29日第4版。

「歓迎の夕にニコニコ　ビルマ親善使節団一行」、『朝日新聞（朝
　　刊）』1954年8月29日第7版。

「ビルマ開発投資会社　アジア協会具体案作成へ」、『朝日新聞
　　（朝刊）』1954年8月31日第1版。

「『合弁会社』を希望　賠償あくまで三国同額　西下の使節団長
　　談」、『朝日新聞（朝刊）』1954年8月31日第1版。

「『合弁』は綿紡などに　使節団長語る」、『朝日新聞（夕刊）』
　　1954年8月31日第4版。

「四億ドル二十カ年払い　ウ・チョウ・ニェン代表宣明」、『朝日新
　　聞（朝刊）』1954年9月3日第1版。

「進まぬ賠償交渉　対フィリピン・ビルマ・インドネシア・ベトナ
　　ム」、『朝日新聞（朝刊）』1954年9月3日第3版。

「副総理と会談」、『朝日新聞（夕刊）』1954年9月4日第1版。

「双方で若干歩み寄り」、『朝日新聞（朝刊）』1954年9月5日第
　　1版。

「重要問題で一時間　ダレス長官　ビルマ使節とも会談」、『朝日
　　新聞（夕刊）』1954年9月10日第1版。

「池田、ウ・チョウ・ニェン会談」、『朝日新聞（朝刊）』1954年9
　　月11日第1版。

「ビルマの経済」、『朝日新聞（朝刊）』1954 年 10 月 3 日第 4 版。

「ビルマ経済の現状　農業生産に重点」、『朝日新聞（朝刊）』1954
　　年 12 月 6 日第 2 版。

「ビルマの遺骨収集へ　仏教会や日赤などを中心に_ 遺骨・遺体」、
　　『朝日新聞（朝刊）』1955 年 6 月 2 日第 7 版。

「ビルマの遺骨収集を　遺族会ら設立準備会開く」、『朝日新聞
　　（夕刊）』1955 年 6 月 11 日第 3 版。

「合弁で倉庫と精米所　農林省　タイ、ビルマに交渉」、『朝日新
　　聞（朝刊）』1955 年 8 月 24 日第 4 版。

「ビルマへの化学肥料調査団派遣決る」、『朝日新聞（朝刊）』1955
　　年 12 月 9 日第 4 版。

「肥料工場の建設で一致、白石氏帰国談　日本ビルマ合弁経済提
　　携」、『朝日新聞（朝刊）』1956 年 3 月 8 日第 4 版。

「一、二カ月中に一応の結論　ビルマ合弁硫安工場建設」、『朝日
　　新聞（朝刊）』1956 年 6 月 9 日第 4 版。

「海賊船が襲う　真珠採取船_ ビルマ」、『朝日新聞（朝刊）』1956
　　年 8 月 6 日第 7 版。

「ビルマに合弁会社　硫安業界が乗出す」、『朝日新聞（朝刊）』
　　1957 年 2 月 9 日第 4 版。

「経済協力で話合い　岸首相とビルマ副首相_ ビルマ訪問」、『朝
　　日新聞（朝刊）』1957 年 5 月 23 日第 1 版。

「まだある経済侵略への不安　ビルマで岸首相も痛感」、『朝日新
　　聞（夕刊）』1957 年 5 月 24 日第 1 版。

「クーデター　無血で陸軍が政権を握る」、『朝日新聞（朝刊）』
　　1958 年 9 月 27 日第 1 版。

「ネ・ウィン将軍に組閣要請　ビルマ首相」、『朝日新聞（夕刊）』
　　1958 年 9 月 27 日第 1 版。

「ビルマ、再検討を要求　賠償『他国より不利』と」、『朝日新聞
　　（朝刊）』1959 年 5 月 22 日第 1 版。

「あすビルマと予備交渉」、『朝日新聞（朝刊）』1959 年 7 月 22 日
　第 1 版。

「ビルマ賠償第二回交渉」、『朝日新聞（夕刊）』1959 年 7 月 31 日
　第 1 版。

「賠償金額は公正　予備交渉　日本、ビルマに反論」、『朝日新聞
　（朝刊）』1959 年 8 月 14 日第 4 版。

「ビルマ、全面拒否　賠償再検討の日本提案」、『朝日新聞（朝
　刊）』1959 年 9 月 5 日第 1 版。

「日本商品の輸入一時停止か　ビルマ貿易省」、『朝日新聞（夕
　刊）』1959 年 12 月 17 日第 2 版。

「日本品買い付け中止　ビルマ政府賠償問題に不満?」、『朝日新聞
　（朝刊）』1959 年 12 月 19 日第 4 版。

「ビルマ、対日信用状の開設を停止」、『朝日新聞（夕刊）』1959
　年 12 月 25 日第 2 版。

「日本人の滞在不許可　ビルマ政府考慮か」、『朝日新聞（朝刊）』
　1960 年 1 月 3 日第 1 版。

「ビルマ米追加買い入れ　通産相が提案」、『朝日新聞（夕刊）』
　1960 年 1 月 8 日第 1 版。

「ビルマ米輸入一万五千トンふやす」、『朝日新聞（夕刊）』1960
　年 2 月 2 日第 2 版。

「輸出を再開　きょうからビルマ貿易」、『朝日新聞（朝刊）』1960
　年 2 月 10 日第 1 版。

「賠償など解決したい　訪日を前にウ・ヌー氏談」、『朝日新聞
　（朝刊）』1960 年 3 月 20 日第 1 版。

「行きづまりの経済協力」、『朝日新聞（朝刊）』1960 年 3 月 29 日
　第 4 版。

「三重革命時代　ビルマを回って」、『朝日新聞（朝刊）』1960 年 3
　月 30 日第 4 版。

「対ビルマ協力　前内閣の方針通り　首外相で一致」、『朝日新聞

（夕刊）』1960 年 8 月 25 日第 1 版。

「日本提案の線で交渉　賠償再検討　ビルマ回答」、『朝日新聞
　（朝刊）』1960 年 9 月 16 日第 2 版。

「賠償再検討問題　選挙後に解決　外相、ビルマ蔵相に語る」、
　『朝日新聞（朝刊）』1960 年 10 月 18 日第 1 版。

「合弁は国有化しない　ビルマ賠償団が答弁_ 賠償」、『朝日新聞
　（朝刊）』1961 年 10 月 7 日第 1 版。

「財界に合弁協力求める　ビルマ代表団_ 賠償」、『朝日新聞（朝
　刊)』1961 年 10 月 7 日第 1 版。

「日本代表の派遣ビルマ正式要請　ウ・ヌー首相が親書_ 賠償」、
　『朝日新聞（夕刊)』1961 年 10 月 31 日第 2 版。

「中旬に外相を派遣　ビルマ賠償再検討交渉_ 賠償」、『朝日新聞
　（朝刊）』1961 年 11 月 4 日第 2 版。

「政府、ネ・ウィン政権承認通告_ 外交」、『朝日新聞（夕刊)』
　1962 年 3 月 8 日第 1 版。

「パキスタン大使柿坪氏　ビルマ大使小田部氏　閣議で決定」、
　『朝日新聞（夕刊)』1962 年 9 月 21 日第 1 版。

「ネ・ウィン氏あす来日」、『朝日新聞（朝刊)』1966 年 9 月 18 日
　第 1 版。

「（解説）悩み多いネ・ウィン政権　西側訪問の背景」、『朝日新聞
　（朝刊）』1966 年 9 月 18 日第 3 版。

「まずビルマを訪問　佐藤首相、きょう外遊へ出発_ 佐藤首相・東
　南アジア歴訪」、『朝日新聞（朝刊)』1967 年 9 月 20 日第 1 版。

「ビルマ議長と会談　首相、きょうにも共同声明」、『朝日新聞
　（夕刊)』1967 年 9 月 21 日第 1 版。

「新規借款、妥結急がす　首相、ネ・ウィン議長に約束」、『朝日新
　聞（朝刊）』1967 年 9 月 22 日第 1 版。

「ビルマの印象　首相に同行して　外交転換に慎重」、『朝日新聞
　（朝刊）』1967 年 9 月 22 日第 3 版。

「インドネシア・比・ビルマに　経済援助強める　日米会談で　首相強調へ」、『朝日新聞（夕刊）』1967 年 11 月 8 日第 1 版。

「独立運動助けた19 人を招く　ビルマ元首_ 国際親善」、『朝日新聞（夕刊）』1967 年 12 月 2 日第 10 版。

「ビルマ元首から招待された旧軍事顧問　宝楽稔」、『朝日新聞（夕刊）』1967 年 12 月 7 日第 14 版。

「（特集）日本の援助に強い期待　パキスタン　ビルマ　本社記者対談」、『朝日新聞（朝刊）』1968 年 3 月 13 日第 5 版。

「ビルマと日本　工業を支える経済協力」、『朝日新聞（朝刊）』1968 年 4 月 4 日第 18 版。

「ビルマへ三千万ドル　円借款供与の大筋合意」、『朝日新聞（朝刊）』1968 年 9 月 25 日第 2 版。

「ビルマに百八億円の円借款」、『朝日新聞（朝刊）』1969 年 2 月 16 日第 7 版。

「ネ・ウィン議長　来日」、『朝日新聞（朝刊）』1970 年 4 月 15 日第 2 版。

「首相、ネ・ウィン議長と会談」、『朝日新聞（夕刊）』1970 年 5 月 6 日第 2 版。

「日本・ビルマ　航空協定に仮調印　ラングーンに乗入れへ」、『朝日新聞（夕刊）』1971 年 6 月 7 日第 2 版。

「ビルマに46 億の円借款供与」、『朝日新聞（朝刊）』1972 年 3 月 11 日第 9 版。

「『日中後』も政策不変　外相、慎重な姿勢強調　アジア・太平洋大使会議始る」、『朝日新聞（朝刊）』1972 年 11 月 21 日第 2 版。

「予備調査終え帰国　ビルマ総合学術調査隊」、『朝日新聞（朝刊）』1973 年 3 月 21 日第 22 版。

「ビルマ加盟を承認」、『朝日新聞（朝刊）』1973 年 4 月 28 日第 9 版。

「ビルマ　日本の経済進出批判　ウ・バ・ニエイン組合相語る」、『朝日新聞（朝刊）』1973 年 7 月 18 日第 7 版。

「地域協力を話し合い　きょうから東南ア開発閣僚会議　農業重視
　　を強調へ」、『朝日新聞（朝刊）』1973 年 10 月 11 日第 11 版。
「石油危機　ビルマ沖に集まる目　激しい試掘権争い　有望・良質
　　で一躍注目」、『朝日新聞（朝刊）』1973 年 11 月 23 日第 7 版。
「ビルマの遺骨　やっと本格収集へ　戦友、遺族ら百四十人　今秋
　　にも出発」、『朝日新聞（朝刊）』1974 年 1 月 13 日第 18 版。
「ビルマ沖の油田開発　日本の参加、来週調印　三鉱区で年末から
　　試掘見通し」、『朝日新聞（朝刊）』1974 年 5 月 18 日第 7 版。
「65 億円の借款供与　ビルマと首相合意_ 田中首相ビルマ訪問」、
　　『朝日新聞（朝刊）』1974 年 11 月 8 日第 1 版。
「ビルマへ遺骨収集団　戦友の『埋葬地図』頼りに」、『朝日新聞
　　（夕刊）』1975 年 1 月 9 日第 6 版。
「ビルマに65 億円の商品借款」、『朝日新聞（朝刊）』1975 年 6 月
　　19 日第 9 版。
「ビルマ副首相きょう来日」、『朝日新聞（朝刊）』1976 年 11 月 25
　　日第 2 版。
「遺骨収集団をゲリラ銃撃　ビルマ　団員ら10 人が負傷」、『朝日
　　新聞（朝刊）』1976 年 4 月 10 日第 23 版。
「（解説）戦争賠償終わる　一人が五千円を負担　日本経済復興に
　　も効果」、『朝日新聞（朝刊）』1976 年 7 月 23 日第 4 版。
「ビルマに資金協力　外相、検討を約束」、『朝日新聞（朝刊）』
　　1976 年 11 月 28 日第 1 版。
「日本語講座が人気独占　親近感あげる学生たち_ ビルマ」、『朝
　　日新聞（朝刊）』1977 年 12 月 25 日第 3 版。
「竪琴が教える平和の音色　留学姉妹励ます輪　ビルマ戦友会が心
　　こめ」、『朝日新聞（朝刊）』1979 年 3 月 18 日第 23 版。
「ビルマ原油　戦後初輸入　三菱石油が契約」、『朝日新聞（朝
　　刊）』1979 年 9 月 28 日第 9 版。
「門戸開放早めるビルマ　急増する西側援助」、『朝日新聞（朝

刊)』1979 年 10 月 16 日第 7 版。

「旧日本兵に最高称号　ビルマ（独立に貢献）」、『朝日新聞（夕
　　刊)』1981 年 1 月 5 日第 10 版。

「けさビルマ外相と会談　伊東外相」、『朝日新聞（朝刊)』1981
　　年 1 月 20 日第 2 版。

「外相、南西ア外交団と懇談」、『朝日新聞（朝刊)』1981 年 7 月 7
　　日第 2 版。

「首相、ビルマ副首相と会談」、『朝日新聞（朝刊)』1982 年 5 月
　　11 日第 2 版。

「38 年ぶり教官と再会　ビルマの協同組合相　幼年学校時代回
　　想」、『朝日新聞（朝刊)』1983 年 1 月 30 日第 22 版。

「『親日』の思い根強く＿ モンスーン　ビルマ・人と心」、『朝日新
　　聞（朝刊)』1983 年 3 月 30 日第 7 版。

「円借款増額に応じる態度　外相ビルマ首脳との会談で表明」、
　　『朝日新聞（夕刊)』1983 年 3 月 22 日第 2 版。

「親日感情に好印象　ビルマ訪問の安倍外相」、『朝日新聞（朝
　　刊)』1983 年 3 月 23 日第 2 版。

「鈴木前首相　タイ・ビルマへ」、『朝日新聞（朝刊)』1983 年 7 月
　　4 日第 2 版。

「ビルマから戦争の傷超え留学生と恩師再会　四十年ぶり　日本語
　　先生どこに　『お礼を』と国鉄技師長」、『朝日新聞（夕刊)』
　　1984 年 4 月 16 日第 14 版。

「ビルマの竪琴　竹山道雄氏が死去」、『朝日新聞（夕刊)』1984
　　年 6 月 16 日第 15 版。

「空港拡張など460 億円を供与　日・ビルマ首脳会談」、『朝日新聞
　　（夕刊)』1984 年 7 月 3 日第 2 版。

「ビルマの竪琴　市川崑監督が再映画化　竹山道雄氏らの鎮魂歌
　　に」、『朝日新聞（夕刊)』1984 年 7 月 18 日第 13 版。

「緩やかに門戸開くビルマ」、『朝日新聞（朝刊)』1984 年 10 月 15

日第 6 版。

「首相に『訪問』要請　ビルマ副首相」、『朝日新聞（朝刊）』
　1985 年 4 月 24 日第 2 版。

「特別推薦作品に『ビルマの竪琴』」、『朝日新聞（夕刊）』1985 年
　7 月 20 日第 11 版。

「藤尾氏、離日前に首相と会談_藤尾政調会長、シンガポール、ビ
　ルマへ」、『朝日新聞（夕刊）』1985 年 8 月 28 日第 2 版。

「自民党視察団がビルマ到着」、『朝日新聞（朝刊）』1985 年 9 月 2
　日第 2 版。

「日本映画金賞に『ビルマの竪琴』」、『朝日新聞（夕刊）』1985 年
　11 月 28 日第 15 版。

「ビルマ首相、来月 9 日来日」、『朝日新聞（夕刊）』1986 年 8 月 8
　日第 2 版。

「パゴダの国から_今日の問題」、『朝日新聞（夕刊）』1986 年 9 月
　11 日第 1 版。

「中曽根首相、ビルマ首相と会談」、『朝日新聞（夕刊）』1986 年 9
　月 11 日第 2 版。

「日本商社、ビルマから撤退へ」、『朝日新聞（朝刊）』1986 年 12
　月 19 日第 9 版。

「ビルマ軍事政権を承認　政府決定　経済援助も再開」、『朝日新
　聞（夕刊）』1989 年 2 月 17 日第 1 版。

「封じ込められた民主化の象徴　ミャンマー　スー・チー女史宅を
　見た」、『朝日新聞（夕刊）』1989 年 8 月 22 日第 1 版。

「スー・チー女史に自由を_社説」、『朝日新聞（朝刊）』1989 年 8
　月 24 日第 5 版。

「ノーベル平和賞　スー・チーさんに　ミャンマー民主化に貢献」、
　『朝日新聞（朝刊）』1991 年 10 月 15 日第 1 版。

「スー・チー氏の解放を求める　米と国連事務総長_平和賞」、
　『朝日新聞（夕刊）』1991 年 10 月 15 日第 2 版。

「スー・チー女史のノーベル賞受賞　軍事政権に国際圧力　民主化勢力に力　ミャンマー」、『朝日新聞（朝刊）』1991 年 10 月 15 日第 7 版。

「『スー・チーさん解放の契機に』京大時代の知人ら期待_ 平和賞」、『朝日新聞（朝刊）』1991 年 10 月 15 日第 30 版。

「スー・チーさん受賞　政府も歓迎_ 平和賞」、『朝日新聞（朝刊）』1991 年 10 月 16 日第 3 版。

「援助全面停止　日本に求める　スー・チーさん書簡」、『朝日新聞（朝刊）』1993 年 1 月 16 日第 3 版。

「『スー・チーさんを救え』　国会署名　自民議員も大勢参加」、『朝日新聞（夕刊）』1993 年 3 月 13 日第 8 版。

「スー・チーさんの人権に配慮求める」、『朝日新聞（朝刊）』1993 年 10 月 30 日第 2 版。

「スー・チーさん『解放を』と外相が要請」、『朝日新聞（朝刊）』1994 年 6 月 25 日第 3 版。

「スー・チーさん解放　自宅に軟禁 6 年間　軍事政権が通告」、『朝日新聞（朝刊）』1995 年 7 月 11 日第 1 版。

「『スー・チーさん解放を歓迎』米、自由の保障を注視_ 世界の反響」、『朝日新聞（夕刊）』1995 年 7 月 11 日第 1 版。

「民主化に期待　各国の反応」、『朝日新聞（夕刊）』1995 年 7 月 11 日第 2 版。

「民主化、日本も協力　村山首相」、『朝日新聞（夕刊）』1995 年 7 月 11 日第 2 版。

「ミャンマー民主化への第一歩_ 社説」、『朝日新聞（朝刊）』1995 年 7 月 12 日第 5 版。

「日本、発言力維持に躍起　ASEAN と特別首脳会議」、『朝日新聞（朝刊）』2003 年 12 月 7 日第 3 版。

「ミャンマーのキン・ニュン首相、スー・チー氏と『接触』」、『朝日新聞（朝刊）』2003 年 12 月 11 日第 4 版。

「最近のミャンマー情勢」、『ミャンマーニュース』1992 年第 415
号、第 11—12 頁。

「最近のミャンマー情勢」、『ミャンマーニュース』1992 年第 417
号、第 14—15 頁。

"Burma to Seek Loans," August 20, 1954, *New York Times*, p. 23.

索　引

一　人名

艾森豪威尔　13

安倍晋三　27,182,183

安倍晋太郎　162,163

岸田文雄　182,183

岸信介　7,9,13,14,52,62,195

昂季　64,71—79,81,83—91,93,96,
189

昂山　20—22,25,32,135,169,171,
172,185,192

昂山素季　31,159,168—186

奥巴马　182

奥田重元　22,30,49,68,71,72,74—
80,85,90,109,188

巴莫　19,24,32

宝乐稔　109

波莱亚　86

波莫就　21

波扬乃　86

博顿利　192

不破哲三　195

布什　177

财前道雄　109

成田知巳　4

池田勇人　13,37,42,47,49,62,64,
66,80,86,92,188

川岛威伸　20,109,135

川岛正次郎　97

川口顺子　176

村山富市　175

大锯四方太　109

大平正芳　78,79,83,89,160,161

大野茂男　109

大泽茂山　24

丹瑞　173—175

岛聪　168,199

稻村　138

稻田义信　109

稻垣平太郎　36

德奎利亚尔　172

德钦丁　57,63—66,68,76

迪安·腊斯克　65

荻原弘明　128

丁佩 87

丁乌 169,170,182

东伦 95

东条英机 195

杜勒斯 47

儿岛齐志 20

法眼晋作 10

饭冢定辅 89,96

飞岛齐 138

福田赳夫 122,134,137,139,145

福田康夫 178

冈村宁次 5

冈崎胜男 34,42

高濑侍郎 95

高木陆郎 37

高桥八郎 20,75,85,90,109,135,137,148

高杉晋 21,71

宫泽喜一 128,173

龟冈高夫 138

国分正三 20

和泉洋人 182

河野太郎 184

河野洋平 174,176,199

横路节雄 71

基辛格 114

吉田茂 7,8,36,37,45,47

加久保尚身 20

今泉清词 30

鸠山威一郎 193

久保田丰 37

久保田贯一郎 196

菊池义郎 27

菊田真纪子 180

橘正忠 142,147,192,193

觉梭 23,71,86,128

克里 181

拉扎利 176

劳雷尔(何塞·劳雷尔) 24

礼貌 135,136,161

镰田俊夫 109

林房雄 194

铃木大和 109

铃木敬司 19,20,22,34—36,49,105,124

铃木善幸 95,135,149,154,161

铃木孝 119,123,124

罗伯特·肯尼迪 84

罗瑞卿 60,76

马里亚诺·劳雷尔 24

貌貌 167,199

貌貌卡 135,162,165

面田纹次 21

妙敏 182

敏昂莱 184

木部文广 109

那温 182

奈温 21,30,58,60,65,69—78,84—91,93,94,96—109,111,112,118—125,127,128,131,132,134—138,148,159—162,167,185,188—190,192—194,198,199

南益世　19

尼赫鲁　200

尼克松　10,113,114

牛场信彦　140

片山博　29

漆莱　141,142

漆棉　86

钱德拉·鲍斯　24

强柢　24

乔治·凯南　195

钦纽(Khin Nyo)　86

钦纽(Khin Nyunt)　175

日高震作　20

三木武夫　95,110

涩泽　156

森正信　109

山本政义　20,109

山崎拓也　173

山田元八　172

山友　86,135,162,163,167,199

山之口甫　27

杉村冲治郎　195

杉井满　20,109,135

杉下恒夫　185

盛东　23

盛温　24,167,199

矢口麓藏　71,72

市川昆　29,167

笹川阳平　182

水岛　28,30,38

水谷伊那雄　20,135

水落敏荣　5

寺岛泰三　5

松本冈明　180

松野赖三　103

苏莱　154

苏貌　167,170,172,173,199

苏敏　23,71

梭丁　42,75,78,86,88,96,103

太田三郎　50

汤川宏　135

藤尾正行　163,173

田中角荣　113,116,124,128—130,
132,195

樋口猛　20

温纳貌伦　180

倭岛英二　33,196

吴巴瑞　86,87,103

吴巴迎　127

吴登敏　156,157

吴登盛　27,179,180

吴蒂汉　22,70,72,75,89,106,110,
111

吴丁　41

吴东丁　136,147,149,154,161,163

吴东盛　58,63,77,97,101

吴觉迎　37,41—49,52,57,69,72,
74,78,86

吴拉昂　51,58

吴伦　23,128,131,148,151

吴貌貌季　157

吴年温　177

吴努　14,32,34,57—62,64—69,73,76,87,93

吴梭　19,42

吴吞　59

吴翁觉　174

武藤利昭　157

西堀正弘　154

西山昭　103

下田武三　101

小坂善太郎　64,65

小长谷绰　37

小川清四郎　111

小和田恒　176

小笠原三九郎　37,44

小室和秀　135

小田部谦一　81

绪方竹虎　46

玄叶光一郎　180,181

野田毅　20

伊东正义　134,142,160

伊福满男　109

伊关佑二郎　30

樱内义雄　149

永山俊三　20

有田武夫　131,138,145,147,193

宇野宗佑　169

羽田孜　174

园浦健太郎　184

约翰逊　107

早川崇　135

藻昆卓　33,60,65,76

扎栗　24

斋藤吉史　109

昭和天皇　124,169,190

植村肇　25—27,29,30,130,138,164,193

植田谦吉　5

中川融　42

中野铁造　173

中曾根康弘　161,197

周恩来　65,114

竹山道雄　28—30,38,165,167

椎名文雄　109

佐藤荣作　4,9,10,12,15,92,97,98,103—105,108,110,113,118,122,124,132

二　地名

阿拉干　120,126

巴黎　125,152

北京　65,114,117

滨名湖弁天岛　172

冲绳　8,9,15,27,98

大阪　23,30,45,111

德拜因　177

德岛　29

东京　15,20,23,42,65,66,71,92,98,126,148,152,154—157,166,177,194,195

河内　9

吉隆坡　161

静冈　172

九州　25

克钦邦　86,109

硫磺岛　27

马达班盆地　125

马达班湾　121,125

马六甲海峡　115,139,184

曼德勒　22,25

曼谷　21,161,192

毛淡棉　26

湄公河　178,183

蒙育瓦　120

密支那　109,128

日本关西地区　111

塞班岛　27

三亚　21

塔曼提　22

台湾　21,22,35,110

威廉斯堡　161

西贡　133

厦门　20,41,51,58,177

仰光　19,22,23,26,37,41,49,51,
　52,54—60,64,65,86,87,103—
　106,152,164,176,192

伊洛瓦底盆地　125

伊洛瓦底三角洲　145

印度支那　14,112,134,139—142,
　160,190

英帕尔　25

三　组织机构名

巴鲁昌发电站　53

不辜负英灵会　5

大本营　20

大藏省　63,82,123

德岛县缅甸战友会　29

帝国大学预科学校第一高等学校　28

第15军　21,26

第28军　26

第33军　26

第一物产　35

东京大学教养学部　28

东京都政府　42

东京银行　51

东南亚国家联盟　116

东西交易　25

东洋工业公司　100

东洋棉花公司　36

队友会　6

发展援助委员会　144,152

飞岛建设　138

菲律宾协会　36

富士银行　51

共同石油　126

关东军　5

国际货币基金组织　152,166,179

国际协力银行　3

国家恢复法律和秩序委员会　167,
　173,175,199

国家计划和财政部　128,131

国立农产品买卖厅　86

国民党残部　52

护士大学　175

进出口银行　54

京都大学东南亚研究中心　172

经济合作与发展组织　92,155

经济团体联合会　4,5

靖国神社　5,196,197

久保田铁工公司　100

劳动组合总联合会　4

联合国安理会　136

联合国开发计划署　152

陆军中野学校　20

鹿儿岛大学　128

满铁调查部　21

贸易发展部　59

贸易与工业部　86

美国国务院　153,169,195

美国司法部　84

缅甸独立军　21—23,35,49,69,71,
　85,124,163,188,189,191,193,198

缅甸反法西斯人民自由同盟　32,57

缅甸方面军总司令部日语学校　24

缅甸革命委员会　72,86,111,127

缅甸工业部　37,41

缅甸国防军　21,22,64

缅甸国家和平与发展委员会　179

缅甸合作社部　23

缅甸经济开发公司　71,86,87

缅甸经济开发公司东京事务所　71

缅甸联邦银行　59

缅甸陆军幼年学校　23

缅甸内政部　33

缅甸赔偿使团(驻日赔偿使团)51,58

缅甸桥梁技术训练中心　146

缅甸石油公司　53,86

缅甸外国语学院　131

缅甸外交部　75,86,96,98,103—
　105,128

缅甸外交部国际组织经济总局　141

缅甸外交部亚洲局　42

缅甸下议院　19

缅甸英灵显彰会　130

缅甸援助国会议　148,150—157,
　165,166

缅军历史编纂所　75

民盟经济委员会　182

敏加拉洞干部培养所　23

南机关　20—22,34—36,38,49,68,
　69,85,90,105,135,188,189,191,
　193,198

南洋协会　36

内外通商公司　36

欧共体　152

七国集团　140,161

青山学院大学文学部　24

情报文化部　23

全国民主联盟(民盟)　169—171,
　175—179,181—182

全缅甸会　6

全缅战友团体联络协议会　27,130,
　138

全日本佛教会　42

泉谷达郎　109,135

日本参议院　173

日本工营　37

日本共产党　195

日本国际问题研究所　176

日本国际协力机构　178

日本国土开发股份公司　37

日本海外经济协力基金　3,131

日本厚生省　6,130

日本硫铵工业协会　53

日本陆军士官学校　23,128

日本贸易协会　36

日本缅甸方面军　26

日本缅甸协会　30,34,36

日本社会党　4,49

日本石油开发公团　126

日本外务省　16,42,43,58,62,71,
　81,82,96,97,99—103,107,108,
　111,116,118—121,128,134,135,
　139,140,156,168,169,184,193

日本外务省经济合作局　146,157

日本外务省亚洲局　30,33,63,73

日本文部省　29

日本乡友联盟　5

日本亚洲协会　36

日本遗族会　5,6,130

日本战友团体联合会　5

日本众议院　4,71,195

日本众议院外务委员会　168,199

日本驻缅甸大使馆　3,26,73,86,89,
　141,156

日本驻仰光总领事馆　50

日绵实业　35,36

日缅协会　19,36,42

日野汽车制造公司　100

三井石油开发　126

三菱石油　126,137

社会党(缅甸)　87

石油资源开发　126

世界银行　41,150—153,155—157,
　166

松下电器产业公司　100

通产省　3,82,146

外务省东南亚第二课　119,127,148

我缅人协会(德钦党)　20

兴亚院　20

亚洲经济恳谈会　36

亚洲开发银行　3,14,15,93,94,125,
　152,154

亚洲文化会　42

亚洲协会缅甸委员会　37

仰光大学　87

仰光国立第三小学　103

仰光生物化学研究所　145

印度国民军　24

印度尼西亚协会　36

印度尼西亚债权国会议　110,150,
　151

英国驻缅甸大使馆　52,86

越南复国同盟会　24

住友　87

驻日盟军统帅部　7,194

自民党　4,5,13,77,79,97,163,173

自卫队　5

后　　记

　　近年来，社会围绕文科价值的讨论热火朝天。作为文科中的一员历史学的价值与定位又当如何？历史学人曾以"以史为鉴"的资治功能自诩，也以求真精神为傲。然而，时过境迁，历史的资治功能因为国家与社会日新月异而效果不彰。同时，历史学研究又无法做到还原历史的原貌，只能无限趋近历史真相。于是，学习历史（学）有何用成为历史学人经常收到的问题。这在考问历史学的价值与定位，追问着历史学与其他学科的关系，历史与人、社会、国家、自然环境的关系，历史与当下、未来的关系。虽不能系统、全面地回答这些问题，但我希望能借思考历史与外交的关系，为历史学的价值增添新的注脚。

　　同样，我也在学术研究过程中，不断发现自我，寻找自己在学术时空中的位置。长达十一年的求学生涯，从本科的历史学专业，到硕士研究生阶段的世界史专业冷战史方向，再到博士学位论文选定日本与东南亚关系史作为研究对象，最后确定了本书的选题"历史影响与外交政策：二战后日本对缅甸援助研究"。书的选题源于我对中日历史问题的关切，寄托着打破"二战"史与冷战史的断代研究隔阂的想法，也承载着我对于日本与东南亚关系史研究意义的探索。

　　不论是本书的选题、写作还是学术探索之路，我的每一步离不开众位师长的教诲、亲友的支持。在本书即将付梓之际，我想向他们致以谢意。首先想感谢我的博士生导师范宏伟老师。范老师的刻苦治学、博学睿智、精彩讲课、犀利且切中要害的评论，都是我崇拜、敬佩之处。选题的意义、研究的视野、行文的逻辑与史料的运用是老师在教导中反复强调的点，令我受益匪浅。在范老师的指引下，我的学术得以更加精进，顺利完成了学业与本书的写作。感谢范老师多年来对我的悉心指导和帮助！

饮水思源，我还想感谢硕士生导师梁志老师。梁老师是我的启蒙恩师。本硕七年时光，我得到了梁老师的谆谆教诲。没有梁老师的指引，我也许就不会踏入学术之门，更没有机会探索历史之奥妙。在此感谢梁老师对我多年的教导与帮助！

我亦想感谢厦门大学的诸位师友们在学习、工作、写作过程中给予我的帮助。感谢庄国土、聂德宁、高艳杰、冯立军、施雪琴和张长虹等师长在学业上给予我的指点。感谢周雪香、佳宏伟、李小平、叶兴建、贾凯等同事在工作上的关照。感谢陈洪运师兄多年来的帮助。从师大到厦大，师兄对我关怀备至，给了我不少克服困难的勇气与经验。还有很多的师友与同门亦曾给予我帮助与支持，感谢陈双燕老师、伍庆祥师兄、叶丽萍师姐、陈非儿、吴思琦、游洲、朱君、刘馨遥！

再渡东瀛，求学京大，特别感谢京都大学东南亚研究所三重野文晴老师的邀请与指导，让我得以来到京大并领略到东南亚区域研究的魅力。感谢云南大学毕世鸿老师的引荐，感谢国家留学基金委的资助与中国驻大阪总领事馆的关照。感谢立命馆大学吉次公介老师在研究上提供的宝贵意见与建议。还要感谢花晓波学长、徐伟信学长、龚冰怡在学习、生活中给予我的帮助！

除了厦大与日本的师友们，我在史料的搜集与本书写作过程中得到过华东师范大学徐显芬老师、首都师范大学姚百慧老师、苏州科技大学彭永福师兄、新加坡国立大学尤晨雪、京都大学范艳芬的帮助，一并表示感谢。徐老师是我走进日本研究与日本史料的领路人之一。姚老师慷慨相助，将首师大馆藏的英国缩微档案无私相赠。彭师兄在英国访学期间替我搜集了英国的有关档案。尤晨雪、范艳芬对于我的书稿提出诸多宝贵意见，有助于书稿进一步的修改与完善。

本书能顺利出版，幸得国家社会科学基金优秀博士学位论文出版项目的资助、中国社会科学出版社的垂青、编辑老师们的悉心编辑与审校。特别感谢本书的责任编辑张湉老师，一遍又一遍，不厌其烦地帮我审校、修改书稿。也要感谢我的硕士研究生吴思怡、吴奕霖、吴迪、郑敏在修改中提供的帮助！

最后我想感谢我的父母与妻子范瑞。在博士学业遇阻、孤滞他国异乡的时候，在工作压力大、论文被拒稿的时候，他们都是我精神的港湾与强大的后盾，是我完成学业与研究的支柱，更是我前进的动力。我希冀自身的成长与学问的进步让我有足够的能力来照顾和保护他们。

史 勤

2024 年 7 月 1 日